Christian Schultz-Gerstein – Rasende Mitläufer

Christian Schultz-Gerstein: geb. 1945, wurde im März 1987 in seiner Wohnung tot aufgefunden. Todesursache unbekannt. Studierte Germanistik und Theologie in Hamburg und Tübingen. Schrieb ab 1970 als freier Journalist für die »Zeit«. Zwischen 1976 und 1984 Kulturredakteur beim »Spiegel«, anschließend für kurze Zeit beim »Stern«. Veröffentlichungen: »Der Doppelkopf – Nach einem Gespräch mit Jean Améry«, Frankfurt 1979.

Wir danken dem Nachrichten-Magazin »Der Spiegel« für die freundliche Genehmigung des Abdrucks.

Edition
TIAMAT
Deutsche Erstveröffentlichung
Herausgeber:
Klaus Bittermann
1. Auflage: Berlin, September 1987

Grimmstr.26 – 1000 Berlin 61
Satz: Gegensatz Berlin
Druck: Schwarzdruck Berlin
Umschlagentwurf unter Verwendung eines Bildes von
René Magritte: »Die ergebene Leserin«, 1928
ISBN: 3-923118-16-3

Christian Schultz-Gerstein

Rasende Mitläufer

Porträts, Essays, Reportagen, Glossen

Mit einem Vorwort von
Wolfgang Pohrt

Critica
Diabolis
14

Edition
TIAMAT

INHALT

Vorwort

Wolfgang Pohrt

Christian Schultz-Gersteins Tod wurde der Öffentlichkeit durch eine Notiz in der ZEIT vom 27. März 1987 bekannt. Dort las man auch, auf Seite 66 in Spalte vier, das kurze, griffige Resümee eines längeren, faseligen Artikels. Der Autor, ein Evolutionsprodukt der Meinungsbranche, und die lebendige Widerlegung des Dogmas von *survival of the fittest*, hatte unter dem sinnigen Titel »Im Todeskreis der Schuld« sein Bekenntnis zur Weltanschauung eines exemplarischen Spießers abgelegt, dessen Selbstbehauptungswille in seiner Entschlossenheit zur Selbstaufgabe triumphiert, weil er die Identifikation mit dem großen, vermeintlich glanzvollen Kollektiv als Entschädigung braucht für die glanzlose Kümmerlichkeit der Existenz, die er führt: »Denn ich möchte, trotz allem, darauf beharren, daß „wir" unschuldig sind. Es muß, trotz und mit Franz Josef Strauß, endlich ein Ende haben mit dem gekrümmten Gang. Mir leuchtet vieles ein, was dieser Mann, dem ich kaum ein Wort glaube, den Deutschen von seiner bayerischen Kanzel aus predigt: Die deutsche Geschichte ist länger als zwölf Jahre, sie hat Traditionen hervorgebracht, auf die wir stolz sein können, niemandem ist auf die Dauer mit der deutschen Bußfertigkeit gedient und mit dem ewigen schlechten Gewissen.«

Daneben, auf gleicher Höhe, nur eine Spalte weiter, war unter dem Titel »Christian Schultz-Gerstein« ein moritatenhafter Kurznekrolog abgedruckt, welcher der Standpauke gleichsam Nachdruck verlieh, als mitgelieferte Probe aufs Exempel. Wie von der Vorsehung oder dem kollektiven Unbewußten planvoll zusammengefügt, schloß sich der mahnenden Betrachtung über den »Todeskreis der Schuld« die sinntriefende wahre Geschichte aus dem Leben an, die mit dem vorzeitigen Tod des unbelehrbaren Helden eigentlich nur ihr logisches, voraussehbares und verdientes Ende findet: »Kurz nach Kriegsende geboren, ließ ihn dennoch die Vergangenheit nicht los. Den Namen „Gerstein“ legte er sich zu, um zu bekunden, daß er darunter litt, Sohn eines NS-Richters zu sein, und gern einen Mann wie den Widerstandskämpfer Kurt Gerstein zum Vater gehabt hätte. Sein Idol wurde Bernward Vesper, der Sohn des Naziautors Will Vesper, der im Leben nicht Fuß fassen wollte oder konnte; und später Jean Améry. Nach dem Studium – Germanistik und Theologie – begann er 1970 für die ZEIT blendend formulierte, manchmal schroffe Rezensionen zu schreiben, die klarmachten, daß hier einer selbst den klassischsten Klassikern mit eigenen Gedanken gegenübertrat. Kein Freund der „herrschaftlichen Anstandskultur“, fühlte er sich niemals wohl in den Apparaten, die er verachtete und doch mit Leidenschaft bediente: weder als fester Mitarbeiter der ZEIT noch, ab 1976, als Kulturredakteur des SPIEGEL und schließlich beim STERN. Freunden sagte er vor einigen Wochen, er reise jetzt nach Israel. Tatsächlich trat er eine andere Reise an. Als die Polizei seine Hamburger Wohnung letzten Sonnabend aufbrach, war er schon zwei Wochen tot.«

Kein Wunder, durfte der zu Rückschlüssen fähige Leser folgern, wenn einer nicht nur, was verzeihlich wäre, »selbst den klassischsten Klassikern mit eigenen Gedanken« gegenübertritt, sondern wenn er »schwülen Stil durchs Zölibat verhinderter Lustgreise«, »ranziges Altherren-Gerede« und »gedankenlos verwendetes Ärmelschoner-Vokabular« ausgerechnet beim »Mode-Autor« Botho Strauß entdeckt, statt mit konformer Begeisterung in obligatorische Hymnen auf die belletristische Tagesproduktion einzustimmen, deren Lobpreisung nur der kulturpolitische Teil des allgemeinen Credos ist: *Wie es jeden Tag besser und schöner wird,* und: *Wie haben wir es doch wieder so herrlich weit gebracht.* So kommt es eben, durften sich rivalisierende Kollegen trösten, wenn einer blendend formuliert, wenn er mit dem Wort von der »greisen Feierlichkeit eines Kammermusikabends« grell die Stimmung beim Klagenfurter Um-die-Wette-lesen beleuchtet, und wenn er also statt zur kalkulierten Konzilianz zur unberechenbaren Schroffheit neigt – in jener besonders korruptionsanfälligen Klüngel-Branche, in welcher eine Hand die andere wäscht und alle Wichtigtuer vom gemeinsamen Betrug am Publikum leben. Wie anders hätte einer enden sollen, der sich unter dem höhnischen Titel »Danke fürs Dabeisein« über Leute mokierte, die von dem landesüblichen Irrglauben besessen sind, sie müßten die von ihnen bedienten Apparate auch noch achten und lieben. So geht es halt, konnten die Neudeutschen beifällig nicken, wenn jemand Jean Améry bewundert, und wenn er obendrein ungerührt der massiven Drohung trotzt, die im schnulzigen Gewäsch vom »Todeskreis der Schuld« steckt, welches die bekennende Gewissenlosigkeit in den Rang einer unumgänglichen Überlebensstrategie befördert.

Schultz-Gerstein war, wie nun endgültig der Tenor des zitierten Kurznachrufs beweist – der übrigens, von einem längeren Artikel in TEMPO abgesehen, die einzige Reaktion des sonst so geierhaft nekrophilen Feuilletons auf den Tod eines seiner bekanntesten Schreiber blieb – im bundesrepublikanischen Kulturbetrieb ein innig gehaßtes Ärgernis. Denn weit entfernt davon, nach der Devise *arm, aber ehrlich* der aufrechten Gesinnung fügsam den profanen Erfolg zu opfern; noch weiter entfernt davon, wie die ZEIT interessehalber unterstellt, von der Vergangenheit des Vaters nicht loszukommen und daher ebenso pflichtschuldig wie erwartungsgemäß nach langer, schwerer Qual an der als Erblast übernommenen moralischen Bürde zu sterben, gehörte Schultz-Gerstein vielmehr zu den in der BRD sehr seltenen, vom Glück begünstigten Personen, deren Arbeit ebenso wie ihr Auftreten, ihre Haltung und ihre Erscheinung zweierlei zu beweisen scheint: daß einerseits Ruhm, Einfluß und eine glänzende Karriere selbst hier weder ausnahmslos an den Verzicht auf Verstand, Talent und Gewissen gebunden sind, noch stets erlitten, erschwitzt, erdient oder erstrampelt werden müssen, und daß andererseits die Herkunft aus einer deutschen Normalfamilie und der langjährige Aufenthalt in diesem Land allen Milieutheorien zum Trotz nicht das Bewußtsein und die Vorlieben einer Person zwangsläufig determinieren. Er bewies, daß es weder an den Vorvätern noch an den Umständen liegt, wenn heute die alternden Protestbewegungsrebellen von einst ihren Vorvätern immer ähnlicher werden. Schon äußerlich hob er sich von jenen Kollegen ab, die entweder den neuerdings einfühlsam-euphemistisch als »Körperpanzer« bezeichneten Kummerspeck gleichsam als Sichtbeleg für den gezahlten Aufstiegspreis in den Gesichtszügen und um die Leibesmitte tragen, oder deren konfektionierte Vitalität andernfalls das

Konservierungsmittel verrät, nämlich den eisernen Durchhaltewillen. Als namenloser Schreiber, der seine Artikel Redakteuren offeriert, die im Regelfall die eigene Bedeutungslosigkeit durch die schlampige oder schikanöse Behandlung fremder Manuskripte kompensieren, profitierte man daher auch von Schultz-Gersteins Souveränität, dem anderen wie sich selber gönnerhafte Leutseligkeit ebenso zu ersparen wie ritualisiertes Imponiergehabe.

Dem fortdauernden Verlangen nach der strafenden und schützenden Führergestalt korrespondiert hier eine traditionelle Aversion gegen Star-Figuren, denn als Entweihung und Verhöhnung ihrer heiligsten Sehnsüchte wird es von den Völkischen empfunden, wenn das Publikum leichtfertig und zu Unterhaltungszwecken an Glamour-Boys oder Glamour-Girls die kostbare Devotion verschwendet, die rechtmäßig dem politischen, militärischen oder geistigen Leithammel gehört. Schon die gängige Einstufung Schultz-Gersteins als *Starschreiber* oder *Edelfeder* verrät daher Ressentiments nicht nur gegen seine Person, sondern überhaupt gegen Figuren, denen man Bewunderung und Zustimmung kaum verweigern kann, obgleich sie weder Macht besitzen noch Gehorsam verlangen. Zum *Starschreiber*, der freilich, anders als der Name suggeriert, in der BRD stets nur branchen- und schichtenspezifische Popularität genießt, wurde Schultz-Gerstein als Verfasser von Texten, die jeden Rezensenten dazu verleiten, daß er sie wohlmeinend statt unter Journalismus unter Literatur rubriziert. Statt aber nach dem Leineneinband und der Goldprägung zu schielen, womit sie der Gönner beglücken will, faszinieren die Texte gerade durch den Verzicht auf jegliches Kokettieren mit der Ewigkeit. Sie lesen sich wie die literarische Konsequenz aus der unabweisbar gewordenen und desto grimmiger bestrittenen Erkenntnis, daß heute neben dem Journalismus keine Literatur existiert; daß der Journalismus allen Bemühungen zum Trotz, ihn naserümpfend von den vermeintlich unvergänglichen Werken der Dichter und Denker abzugrenzen, längst die einzig noch existierende Literaturgattung darstellt, weil sich das Publikum mit Recht lieber an Zeitungen und Zeitschriften hält, statt den ereignisarmen Mitteilungen einer ökonomisch zurückgebliebenen und politisch reaktionären Gilde unverdiente Aufmerksamkeit zu schenken; daß also, wenn jemand im letzten Viertel des zwanzigsten Jahrhunderts schon von der Schnapsidee nicht loskommen kann, sein Leben schreibenderweise verbringen zu wollen, er auch die Konsequenz ziehen muß, sich auf den Journalismus einzulassen. Im Unterschied zu solchen Kollegen, die ihr Leben lang die verhinderten Dichter sind, weshalb sie insgeheim den eigenen Beruf verachten, daher schlampige, schlechte Artikel schreiben, aber bei jedem Poesiealbumsvers feuchte Augen kriegen und sich irgendwann mit einem eigenhändig verbrochenen Roman oder Theaterstück blamieren, hat Schultz-Gerstein nicht den Drang zum Höheren besessen, der in die Niederungen des Kunstgewerbes führt. Er, der Spielschulden zu bezahlen pflegte; der sich nicht als Künstler, sondern als Profi begriff – er konnte Überschriften wie den »Rasenden Mitläufer«, den »Radikalen für alle Fälle«, das »Evangelium der kritischen Opportunisten« titeln, die man im Unterschied zu Gedichten nicht auswendig lernen muß, damit man sie nicht vergißt. Sein Ehrgeiz war es, kompromißlos, ohne Vorbehalt und Rückversicherung für den Tag zu schreiben. Entstanden sind Texte, die man noch 15 Jahre nach ihrer Veröffentlichung mit roten Ohren liest, weil sie nicht altern, sondern weil umgekehrt die zeitliche Distanz erst ihre Qualität erschließt. Schultz-Gersteins großer Coup, die anstößig guten Artikel ausgerechnet dem SPIEGEL zu verkaufen, der die Meinung durch den Abdruck konzessioniert und dafür die besten Preise zahlt; die vielzitierte »Bilderbuchkarriere«, die eben keine Laufbahn war, sondern ein gelungener Streich – dies ließ vorübergehend sogar den hiesigen Journalismus als ein zwar anrüchiges, aber doch reizvolles Spiel erscheinen. Nicht erst sein Tod, sondern schon sein Abschied von der SPIEGEL-Redaktion, schien umgekehrt – ablesbar an der von den verbliebenen Kollegen verbreiteten Langeweile – zu zeigen, daß sich in diesem Gewerbe weder die Mühe noch der Einsatz lohnt.

Stets wird die Niederlage von Personen, die hochkommen und nicht buckeln, blödeln, strampeln, treten oder renommieren müssen, mit einer Mischung aus Genugtuung und Erleichterung registriert, weil nämlich ihr Scheitern als einziger Rechtfertigungsgrund die zahllosen kleinen Schlampereien, Dummheiten, Gemeinheiten und faulen Kompromisse als existenzerhaltende Notwendigkeiten zu legitimieren scheint, die normalerweise der Preis nicht erst fürs Hochkommen, sondern schon fürs bloße Dabeisein sind. Dem Alltag der durch ihre Brechung Verhärteten verleiht die Abfolge kleiner Schandtaten freilich nicht nur Kontinuität, sondern gleichzeitig tritt als Folge bald nicht mehr verspürter

Selbstüberwindung eine Versteinerung ein, deren sichtbarer Ausdruck beispielsweise die wächserne Starre in den Gesichtszügen hiesiger TV-Unterhalter von Genscher bis Bangemann ist, welche die Emotionsarmut und die Teilnahmslosigkeit unheilbarer Autisten auf die Mattscheibe bringen, und deren allgemeine Erscheinungsweise Interesselosigkeit ist, eine lähmende Apathie, ein Zustand, in welchem, wie Schultz-Gerstein einmal schrieb, die Zeitgenossen »einfach nur ihr Ende abwarten und bis dahin, der Pflicht zum Überleben gehorchend, die Zeit totschlagen – in der Ehe, allein vorm Bierglas oder in der Selbsterfahrungsgruppe«, mit dem Effekt, daß sich »die übliche Frage des Überlebensroutiniers, warum denn nur Menschen sich umbringen, unversehens in die Gegenfrage (verkehrt), warum um alles in der Welt Menschen weiterleben.«

Im Widerstand gegen einen Zustand permanenter Bedrohung durch Realitätsverlust hat Schultz-Gerstein seine Artikel formuliert, und wie keinem anderen ist ihm das Kunststück geglückt, die bundesrepublikanische Öffentlichkeit, die ein tödliche Langeweile verbreitendes Panoptikum ist, schreibend als eine quirlige Menagerie von zwar garstigen, aber doch wenigstens nicht durchgängig nur ausgestopften Tieren erscheinen zu lassen. Der Einsatz war hoch: Der Botho Strauß-Artikel aus dem Jahr 1982 war als Kriegserklärung gemeint, und Schultz-Gerstein, damals beim SPIEGEL, hat darin, wie er einmal erzählte, seinen Ressort-Chef porträtiert, dem die Ähnlichkeiten kaum verborgen blieben. Wenn jetzt eine den Möglichkeiten des Verlags entsprechende und daher zu kleine Sammlung seiner Artikel erscheint, obgleich Schultz-Gerstein zu Lebzeiten an einer Buchveröffentlichung seiner Texte dezidiertes Desinteresse zeigte, so liegt dies einmal daran, daß es das Schicksal toter Schreiber ist, daß ihre Produkte einem Herausgeber in die Hände fallen. Zum anderen möchte man sich bisweilen zumindest lesend in die nun endgültige vergangene gute alte Zeit zurückversetzen, in der selbst Mumien noch Funken sprühen, weil ein Schultz-Gerstein sich an ihnen rieb.

Christian Schultz-Gerstein

Rasende Mitläufer

Porträts, Essays, Reportagen, Glossen

Das Evangelium der kritischen Opportunisten

Über den Mode-Autor Botho Strauß

In solchen Tönen ist seit der *Blechtrommel* des Günther Grass kein deutscher Schriftsteller mehr von den Kritikern gefeiert worden wie Botho Strauß. Endlich wieder eine »Sprache, die man in der deutschen Literatur lange vermißt hat«; endlich wieder ein literarisches »Ereignis, wie in der deutschen Literatur schon lange keines mehr stattfand«; ein »Ton der Reinheit« wurde vernommen, »der in der gegenwärtigen deutschen Literatur ohne Vergleich ist«; Joachim Kaiser griff in der SÜDDEUTSCHEN ZEITUNG gar dem Urteil der Nachwelt vor mit der Feststellung: »Das Erscheinen dieses Buches ist ein historisches Datum.« Und der Kritiker Peter von Becker ernannte in seinem kürzlich erschienenen Buch *Der überraschte Voyeur* Botho Strauß zum Adepten Adornos, zum Verfasser der »Minima Moralia der achtziger Jahre.«

Das Neue, das Unvergleichliche haben die Literatur-Experten in dem Buch *Paare, Passanten* ausgemacht, in dem Strauß sich als erzählender Kulturphilosoph versucht. Wie aber staunt man, dann ein Buch zu lesen, das nicht nur neu und unvergleichlich, sondern in der Kultur-Moral der 50er Jahre stehengeblieben ist, als das Fernsehen und die Rockmusik noch des Teufels waren, des Menschen wahre Bestimmung aber darin lag, ein gutes Buch zu lesen und klassische Musik zu hören. Wie der selige Süsterhenn mit der Aktion »Saubere Leinwand« einst, so tritt uns jetzt Botho Strauß als Anwalt der reinen Seele mit Abitur, Allgemeinbildung und Belesenheit entgegen und kämpft den alten Kampf gegen ihre Verunreinigung durch neumodische Belanglosigkeiten. Der Ungeist des Fernsehens, die böse Reklame, die banalen Magazine – die ganze verbotene jugendgefährdende Welt des pfäffischen Bildungskleinbürgertums der Adenauer-Ära breitet Strauß noch einmal aus.

Auch wenn er nicht geradezu vor den Gefahren des Lippenstiftes und des lasterhaften Tanzvergnügens warnt, die das Seelenheil junger Mädchen bedrohen, so ächtet er doch im schwülen Stil durchs Zölibat verhinderter Lustgreise die heutige Sexualität und Freizügigkeit. Die nämlich tut bei Strauß, was sie auch in katholischen Groschenheften immer tut: Sie verletzt das Geheimnis der Liebe, zerstört jene Sphäre, die, so Strauß in sauertöpfischer Ekstase, »die undurchdringlichste und verschlingendste des Menschen ist«. (Doch auch wieder nicht so undurchdringlich, daß Strauß nicht, hinterm phraseologischen Gebetbuch hervorlugend, sehr konkret nach den Maßstäben des sexuellen Gebrauchswertes unterscheiden könnte zwischen »Kind« und »reifem Mädchenkörper«.)

Dieses ranzige Altherren-Gerede von »Männern in den Jahren der Reife«, die backfischhaften Übertreibungen eines geistig neureichen Kulturspießers, dessen »Liebe zur Literatur« sich nicht einfach von selbst versteht, sondern sich »gleich dem Universum« ausdehnt, die kleinmütigen Oberschüler-Ressentiments gegen »fette Autopfleger sonntags am Straßenrand«, die ständige Angeberei mit der eigenen Bildung, die wahllos noch das Geräusch des TV-Zeilentransformators in das »trizein« des Homer verwandelt – all diese dumpfen Attitüden, mit denen Strauß um Aufnahme in den Kreis der geistigen Elite bettelt: Das kann es ja wohl nicht sein, was die Strauß-Enthusiasten so betört; denn dieses Dörrzeug aus dem humanistischen Herbarium ist bei Hans Carossa und in jeder Morgenandacht genausogut zu haben.

Tatsächlich wird Strauß von der WELT bis zur FRANKFURTER RUNDSCHAU für etwas anderes gelobt, für die Reinheit der Sprache, die »frei von Klischees« sei, für die Präzision seiner Wahrnehmung, Loblieder, die in der Behauptung gipfeln, es sei in *Paare, Passanten* »kein Wort entbehrlich«.

Dieses hymnische Votum des Literaturbetriebs kann nur nachvollziehen, wer das von Strauß gedankenlos verwendete Ärmelschoner-Vokabular mit Wörtern wie »für gewöhnlich«, »nachgerade« oder »mitunter« den Sternstunden der Poesie zurechnet. Und wenn bei Strauß das Meer nicht anders als in Freddys Sehnsucht-Schlagern seine »Weise« singt oder ein Wille, statt plötzlich zu erlöschen, »mit eins getilgt« erscheint, dann wird es auch nicht gerade leichter zu verstehen, wo die Literaten hier »große deutsche Prosa« entdecken. Die Ex-und-hopp-Floskeln jedenfalls, mit denen Strauß mal das »Klima von neudeutscher, kleinbürgerlicher Schlüpfrigkeit«, mal Leute vom »deutsch-wohlgelaunten Schlag« abhakt, erinnern weniger an hohe deutsche Dichtkunst als an feuilletonistische Schnellgerichte.

Zugegeben, man darf die Bibel des deutschen Literaturbetriebs nicht gar so genau lesen, darf nicht etwa stutzig werden, wenn ein Autor, der allenthalben Beziehungslosigkeit, Einsamkeit und Vereinzelung diagnostiziert, dennoch so schreibt, als wären wir alle eine große Familie, und der also weiß, was »jeder von sich selbst kennt«, woran gewisse Filmszenen »jeden von uns erinnern« und was tief drinnen »in jedem von uns« verborgen ist.

Man darf dieses Buch nicht auf die Goldwaage legen und etwa die Winzigkeit für verräterisch halten, daß Strauß bei einem seiner Nachweise, ein präziser Beobachter des Alltäglichen zu sein, einen Rheinländer authentisch Dialekt sprechen läßt, indem er ihm das zwar durch Tegtmeier überregional bekannte, aber eben nicht im Rheinland, sondern im Ruhrpott beheimatete »Woll« in den Mund legt.

Zugegeben auch, daß man nicht weiter nachforschen darf, warum Strauß die »Phrase von der Identität« und das Wort »Beziehung« »nicht mehr hören« kann, die inhaltlichen Entsprechungen im Heino-Deutsch jedoch, wo Identität »geistige Heimat« oder »lebendige Gemeinschaft«, Beziehung »Bindung« heißt, dem Leser wie Hostien auf die Zunge legt. Wer in *Paare, Passanten* einem literarisch-philosophischen Meisterwerk begegnen will, der muß schon das paradoxe Kunststück fertigbringen, sich bei dem Inhalt dieses Meisterwerks nicht lange aufzuhalten.

Die Bereitschaft zu solch blinder Gefolgschaft weckt Botho Strauß dadurch, daß er seinen Lesern ständig suggeriert, an exklusiven Wahr- und Weisheiten teilzuhaben, die weder für wahr noch für weise, sondern womöglich für reine Hochstapelei zu halten vom Autor sogleich bestraft wird mit dem Ausschluß aus dem Orden der Wissenden, die im Falle des Unglaubens als »fette Autopfleger« oder »teilnahmslose Fernsehbürger« beim menschlichen Kroppzeug landen.

Wenn Strauß in gestrenger Pose Axiome aufstellt wie etwa dieses: »Ohne Dialektik denken wir auf Anhieb dümmer; aber es muß sein: ohne sie!«, dann bleibt zwar dunkel, warum wir ohne

Dialektik auf Anhieb dümmer denken und aus welchem Grund wir gar unsere Dummheit kultivieren und auf Dialektik verzichten sollten, aber eben diese dunkle Unbestimmtheit stellt den Leser vor die Wahl, sich entweder zu den Plattköpfen zu zählen, die für tiefe Philosophie zu doof sind, oder aber, das Unverständliche verstehend, zu Gefolgsleuten des Dichters zu werden. Ist man in seinen Geheimbund der erleuchteten Nachbeter eingetreten, wird man von Strauß geadelt und über die Nichtswürdigkeit derer erhoben, die nicht dazugehören und die es am besten gar nicht gäbe.

Während »wir Wenige«, wir Botho und Strauß, mit letzten Dingen wie der »Lage der Menschheit« ringen, erdreisten sich da draußen »jüngere Denker-Satiriker«, »unentwegt Naßforsches« von sich zu geben, Leute, so »dämlich«, daß Strauß sie keines Blickes würdigt, weil »man keine eleganten Fechtübungen an Vogelscheuchen macht«. Was aber macht man dann mit diesen Vogelscheuchen? Arbeitslager? Steinbruch? Publikationsverbot? Man wird sehen, fest steht nur, daß sie verschwinden müssen; denn: »Solange kein Größerer das Sagen hat, wird uns dies freche Durcheinander unterhalten.« Solche herrisch vorgetragenen, aber leeren Botschaften können nur dann einen verführerischen Reiz ausüben, wenn man ihnen huldigt als einer willkommenen Gelegenheit, ihren Hohlraum mit Inhalten zu füllen, die im eigenen Namen auszusprechen man nicht wagt.

Wer im Kulturbetrieb, deren Repräsentanten sich aufgeklärt, kritisch und immer noch irgendwie, irgendwo links gebärden, wer von ihnen würde schon auf eigene Rechnung bekennen, daß er von Aufklärung nun die Nase voll habe, man ihn mit Dialektik und linker Theorie verschonen möge, daß er im übrigen Demokratie und Gleichberechtigung für einen Anschlag auf die menschlichen »Rangordnungen« halte. Im Schutz der »großen deutschen Prosa« des Botho Strauß aber bejubelt allen voran Joachim Kaiser, daß in *Paare, Passanten* »die Herrschaft des aufklärerischen, dialektischen, geist-soziologischen Denkens abgetan, beerdigt« werde. »Vorbei die kritische Theorie«, atmet Kaiser mit der Strauß-Lektüre erleichtert auf, um sich dann das freche Durcheinander der »linken Flügelstürmer« mit ihrem »dummen Eifer« vorzuknöpfen.

Wie anbetungswürdig dagegen Strauß, der nicht die bürgerliche Prestige- und Privilegienkultur attackiert, sondern »das Fundierte, Gebildete, gesittet Kluge« hochhält, daß im »herunterdemokratisierten formlosen Gesellschaftsbewußtsein« so auf den Hund gekommen ist, daß Strauß am Ende noch dem Verlust des »äußeren Zwangs« nachtrauert, jener vordemokratischen Zeit, als Bildung noch ein Synonym für Macht und Zweifelsfreiheit war. Wenn Kaiser den Strauß schließlich auch noch dafür lobt, daß er »keineswegs unberechtigt die Rangordnungen« wiederherstelle, »über die man eben noch so schön demokratisch gleichberechtigt hinaus zu sein meinte«, dann endlich begreift man auch, warum die Literaten ein Buch so emphatisch feiern, in dem doch nur der Muff von 1000 Jahren noch einmal ausgeschwitzt wird.

Denn in der von Strauß »keineswegs unberechtigt« wiederhergestellten Rangordnung kommt der Bildung und dem, der sie hat, wieder jene statuarisch-unantastbare Geltung zu, deren Verlust die Kultur-Kommandanten seit Jahren schon einzuklagen versuchen, vor allem gegen die Jugend, die auf ihr Kommando nicht hören mag. Der Kulturphilosoph gibt es ihnen schwarz auf weiß, daß die »geistige Heimat« derer, die um »die Doxa (das Gemeinte)« wissen und die nicht gewöhnliche nostalgische Gefühle, sondern »illud tempus« im Herzen tragen, bei Kanon-Größen wie Rilke liegt, nicht »in den geschredderten Formen der Gegenwartslyrik«, nicht im jungen deutschen Film, der nur »Mangel an Wesen« dokumentiert, und schon gar nicht in der Negermusik, die aus den jugendlichen »Quadrophenia-Hirnen« deutsches Kulturgut herausgeblasen hat.

Das hat die Jugend nun davon, daß sie »kein Gramm mehr von sich selber spürt«, aber so muß es ja enden, wenn man die Schauer und Wonnen der Bildungserlebnisse nie empfangen hat, von denen Strauß wie von gefährlichen Abenteuern kündet, so ganz im alten Stil deutscher Gelehrter, die nie aus dem Bibliothekszimmer herausgekommen sind, aber dort im »Wagnis der Sprache« schweren Stürmen ausgesetzt waren. Nun hätte aber Botho Strauß nicht das Wunschkind eines Literaturbetriebs werden können, in dem man alles, nur nicht von gestern sein will, wenn er die Ladenhüter deutschen Kulturbewußtseins nicht präsentiert hätte als das geistige Eigentum kritischer Zeitgenossen, die Bescheid wissen, was in der Wirklichkeit läuft.

Punker und Leser der TAGESZEITUNG, Schönheiten aus dem Bräunungscenter und die »Ferienbekanntschaft im Club Méditerranée« werden en passant erwähnt; Strauß greift tief in die Beziehungskiste von Paaren, den Film *Im Reich der Sinne* hat er gesehen und Adornos *Minima Moralia*, behauptet er jedenfalls, gelesen; bei Hausbesetzer-Demonstrationen hat er mal reingeschaut, auch den Protest gegen die Neutronenbombe verfolgt; überdies kann er einen »Dark Mind« von anderen Nerzen unterscheiden, und auch islamische Revolution und ökologische Katastrophe sind ihm geläufig.

Diese Verlautbarungen des Zeitgenossen sind freilich ebenso austauschbar, weil ohne Bindung an einen Zusammenhang oder eine spezifische Person, wie die gegenteiligen Äußerungen, in denen Strauß die »Gegenwartsfreaks«, »die Menschen der Stunde« oder die »Medienmasse« abtut als »Gewalt der Belanglosigkeit«. Wenn Strauß sich etwa von der liberalisierten Sexualität tief gelangweilt zeigt, weil sie »chaoslos und angstfrei« sei, dann ist das mitnichten die Ansicht eines nach Umsturz dürstenden Kopfes. Auch da spricht nur der akkurate Buchhalter gegenwärtiger und vergangener intellektueller Moden, der in seiner Zettelkasten-Boutique eben auch psychoanalytische Quintessenzen von Wilhelm Reich und David Cooper vorrätig hat.

Kaum aber wechselt das Stichwort, da konvertiert der Karteikarten-Chaot schon wieder zur Gegenpartei des geistigen Ordnungsdienstes und verkündet: »Kaum bedarf die Literatur jetzt der Kräfte des Chaos.«

Diese Kulturphilosophie, die einfach darin besteht, daß Strauß mit derselben Unumstößlichkeit widerruft, was er gerade verkündet hat, daß er jeder Mode nachläuft, um sie anschließend als Mode zu denunzieren und sich mit seherischer Gebärde aufs Große und »Ganze, wie es wirklich ist auf der Welt« zurückzuziehen, diese Philosophie ist genau das Evangelium, das der Literaturbetrieb deshalb so inbrünstig nachbetet, weil es den Opportunismus der Saison-Denker, die noch in jeder Tendenzwende mit kritischem Bewußtsein sich mitgewendet haben, zur höheren Vernunft nonkonformer Intellektueller erklärt.

Der blanke Haß der schönen Seelen

Über Peter Handkes »Über die Dörfer«

Alltäglicher, gewöhnlicher kann der äußere Rahmen eines Stückes nicht sein. Die Personen sind Bauarbeiter oder Verkäuferinnen in einem Warenhaus, die Szenen spielen an so proletarischen Orten wie etwa auf einer Großbaustelle im Gebirgstal, und die Geschichte, um die es vordergründig geht, handelt von einem Erbschaftsstreit zwischen drei Geschwistern, wie er sich jeden Tag ereignen kann. Der Autor ist nun aber nicht Mitglied im »Werkkreis Literatur der Arbeitswelt«, sondern, im Gegenteil, der Dichter Peter Handke, der die niedere Realität in Richtung Bibel oder Thukydides zu übersteigen versucht, der in aller Bescheidenheit gar meint, die Ewigkeits-Größe dieser Vorbilder bereits erreicht zu haben und also spricht: »Ich glaube schon, daß das, was ich schreibe, stärker ist als die Geschichte.«

Die faustischen Höhenflüge haben dann auch in Handkes »dramatischen Gedicht« *Über die Dörfer* seine Figuren mitzumachen. Die Bauarbeiter reden nicht über Mörtel, Zement oder Schichtzulagen, sie sprechen wie die Seher in der attischen Tragödie. »Großer Geist des Weltalls, komm heute einmal herab auf uns, entfalte dich im weiten Luftraum ... und lüpf als Spitze des Fallschirms das Innere unserer Brust«, hallt es da aus Arbeitermund über die Großbaustelle, die beschworen wird, sich zu »beleben gemäß dem alten Spruch zu namenloser Schlichtheit.«

Betonbögen verwandeln sich unter Handkes erschauendem Blick in »Formglieder des allerältesten Altertums«, und allen Ernstes prüft er den Beton auf seine Tauglichkeit zur planetarischen Mystifikation mit der Frage: »Kann nicht der Beton zurück zu Urgestein gedacht werden?«

Wenn endlich auch noch einer dieser Bauarbeiter in einem

hymnischen Sprechgesang von seinen Marmeladenbroten kündet – »Jahrelang ernährten wir uns von Brot und gelblicher Marmelade« – und dann im dunklen Erlösungs-Deutsch fortfährt: »Doch eines Abends stand am Himmel das Sinnbild aus Jade«, dann scheint die Grenze vom hohen Pathos zur bloßen Lächerlichkeit unumkehrbar überschritten zu sein.

Doch dann, etwa in der Mitte des Stücks, geschieht etwas Unvorhersehbares, etwas, das Handke selber vielleicht gar nicht gewollt hat, aber nicht länger verhindern konnte: Die wallenden Figuren kippen ihm unversehens von den Kothurnen, die Nebelwand aus Pathos und priesterlicher Geheimnistuerei reißt jäh auf, man traut seinen Augen nicht, wenn plötzlich diese andächtigen Figuren aus dem mystischen Kleingewerbe mit kalter Raserei hervorbrechen und haßerfüllt auf jene Realität losstürmen, die sie zuvor mit dem Mantel der Religiosität gnädig verdeckt hatten.

Zum Beispiel Gregor. Aus Übersee ist er in sein alpenländisches Heimatdorf gekommen, um mit seinen Geschwistern, dem Bauarbeiter Hans und der Verkäuferin Sophie, die Sache mit dem Haus zu regeln, das er, als Ältester, von den verstorbenen Eltern geerbt hatte, auf das er aber verzichten soll, damit die Schwester eine Hypothek aufnehmen und ein eigenes Geschäft eröffnen kann. Der Mann ist kaum angekommen, da greift ihm auch schon die Heimat derart ans Herze, daß Bäume und Sträucher, der Fluß und die Wiese, der Beton und die Großbaustelle zu Altären werden, vor denen man Gregor beten hört: »O Fluß im Nebel. O Herbstfarben am anderen Ufer ... O Erde, die man einst das Reich des Lichtes genannt hat...«

In solchen Sphären kann der bloße Gedanke an Geschäft, Hypothek und Ladenkasse nur als teuflische Versuchung empfunden werden. Und richtig – Gregor weist Schwester Sophies Geschäftspläne im Namen der Schöpfung zurück, versucht, sie dem edlen Menschengeschlecht zu erhalten, indem er ihr die Tantalus-Qualen einer Geschäftsfrau ausmalt, die – welch mörderisches Los – »im Wald oder am Meer statt dem Rauschen bloß das Kassenrasseln« hört. Gregors Vorrat an abgestandenen Weihwassern scheint unerschöpflich zu sein. Doch dann ist es wie abgeschnitten, der Tränensack der süßlichen Wiegenlieder ist plötzlich knochentrocken. Das Elternhaus, der »Hauptort meiner Träume«, in endlosen Sermonen gegen das Widernatürliche von Geschäftssinn und Hypothek verteidigt, Gregor will den Plunder nicht mehr haben. Die Heimat, über Seiten hinweg in jedem Grashalm, in den Adern jedes Blättchens erschaut, sie ist ihm nur noch ein leerer Wahn, eine ausgestorbene Gegend.

Der große Weltüberwinder, der sich fast schon bis zum ewigen Leben vor- und davongebetet hatte, bricht plötzlich zusammen. »Wir stammen«, schleudert er seinen Geschwistern voller Haß entgegen, »von Verlierern ab, die wie Käselaibe ins Grab gerollt sind, und wir werden ihnen ebenso nachrollen, jeder für sich.«

Das Kind seines Bruders Hans, das mit seiner Sparbüchse rasselnd dasitzt und die sogenannte Zukunft noch vor sich hat, es ekelt ihn an, wie es dahockt »auf seinem weißen Verlierer-Hintern«, wie es jetzt schon »dumm dreinschaut wie der im voraus Schuldiggesprochene, und sein ganzer Stolz ist der Knall, mit dem sein aufgeblasener Kaugummi platzt.« Die Einsicht in die ganze Lächerlichkeit der eigenen pathetischen Existenz fährt schließlich aus ihm heraus, wenn er dem Kind die Zukunft um die Ohren schlägt: »Er wird einer der Schreihälse sein, die im Namen aller auftreten, und die keiner haben will. Mit Geld wird er klimpern, wo es für ihn nichts zu kaufen gibt, und das große Wort wird er führen, während ihn die, die das Sagen haben, schweigend verachten.«

Wie Gregor hält auch Bruder Hans, der Bauarbeiter, die Betstunden, zu denen Handke ihn zwang, nicht durch. Den Weltgeist hatte er beschworen, die Großbaustelle antikisch besungen, das Leben zum »Rätsel« hochgeweiht. Jetzt tönt es wie Rache am eigenen kosmischen Gehabe, wie erlöst vom das Schöne, Wahre, Gute nicht stiftenden Pathos räumt Hans auf mit den falschen Tönen. »Endlich das Wort: Es heißt „Krieg"...« Sein eigenes Kind, »mein Fleisch und Blut«? »Das war einmal. Soll es doch Teil all der feindlichen Haufen sein«. Der blaue Berg im Herbst? »Das war einmal. Nie wieder soll ein Omnibus anhalten mit einem altvertrauten Gesicht darin.« Aus dem äußeren Ablauf, aus dem Plan des Stückes ist kaum abzuleiten, weshalb der blanke Haß in die zuvor so schönen Seelen fährt.

Ihre Andacht wird durch kein Ereignis, durch keinen Einfall irgendeiner plumpen Trivialität gestört, nicht einmal die Anwesenheit von Betonmischmaschinen konnte ja Handkes Prediger irritieren. Und auch das Auftreten der »Alten Frau« ist von Handke nicht als Bedrohung seiner strebend um die mittlere Reife in höhere Vernunft bemühten Figuren konzipiert. Dennoch stürzen sie nach dem Auftritt der Frau aus ihren Kanzeln ab.

Mit ihr kommt in Handkes Stück eine Strenge der Sprache und der Wahrnehmung von alttestamentarischer Kraft, durch die sich die hochtrabend-bänglichen Heimat-und-Ursprungs-Frömmeleien ganz von selbst erledigen. Heimat, dieses Wort kennt die Frau gar nicht, dazu hat sie zuviel gesehen.

»Ich möchte dieses Dorf verfluchen und seine Bewohner, die nur noch auf das Läuten der elektrischen Kegelbahn hören, ich möchte ihre Mäuler verfluchen, die wie Sparbüchsenschlitze sind, in die nur hineingesteckt wird, wo aber nichts mehr herauskommt. Ich möchte ihre falschen Trachten verfluchen, mit den gipsweißen Strümpfen, den ledernen Sturmriemen vor der Brust und den Hirschhornknöpfen, groß und löchrig wie Totenschädel.« Und sie weiht die Zuschauer ein, in welche Heimat Gregor zurückgekehrt ist. »Du bist in einem Land, das so klein ist wie bösartig; voll von Gefangenen, die in ihren Zellen vergessen werden, und noch voller von den vergeßlichen Kerkermeistern, die nach jeder Schandtat dicker im Amt sind, mit Stimmen, die tönen, als hätte man ihnen Todeslautverstärker in die Kehlen eingesetzt, mit den Arm- und Beinbewegungen von vergifteten Enterhaken, mit Augen, aus denen mit jedem Blick die Stechwespen ausschlüpfen.«

Würden nach diesen sprachlichen Attentaten auf eine unerträgliche Realität Handkes Figuren in ihrem pastoralen Singsang fortfahren, sie würden auf der Stelle zu kleinmütigen Durchhalte-Optimisten schrumpfen. Das weiß natürlich ein so effektkundiger Ästhet wie Handke instinktiv, und gerade weil dem dichtenden Jünger Jesu seine erhabenen Geschöpfe hoch und heilig sind, kann er sie jetzt nicht der Lächerlichkeit preisgeben, sie müssen notgedrungen mit der Sprache herausrücken. Ihrer Pathetik beraubt, erweisen sie sich plötzlich als hochkarätige Hasser, als Figuren eines Dichters, der anderen Schriftstellern eine Qualität doch immer noch voraus hat – seine Unberechenbarkeit.

Die ist nun aber für Handke selber offenbar derart bedrohlich, daß er am Ende doch seine Personen aus der Apokalypse heraus- und zur göttlichen Ordnung ruft. Diesen Akt zur Willkür besorgt ein weiblicher »Geist des neuen Zeitalters«, den Handke – wir sind nun wieder im Tante-Emma-Laden der Religiosität, im Reich der andächtigen Verehrung fürs Kleine Latinum – »Nova« nennt, das heißt nämlich auf Deutsch »die Neue«. Nova erneuert nun Hans und Gregor zu den kniefälligen Meßdienern der Schöpfung, die sie freilich am Anfang schon waren.

»Dankbarkeit« haucht sie ihnen ein. »Dankbarkeit ist die Begeisterung, und erst das Bedankte erscheint als die Dauerform – erst die Dankbarkeit gibt den Blick in die weite Welt.« »Als Götter« sollen sich nun entdecken, die gerade die Schöpfung niedergerissen haben. Und das Kind, jenes mit dem ekelhaften »weißen Verlierer-Hintern«, Nova setzt ihm zum Zeichen der Zuversicht in die erleuchtete Zukunft der Götter-Menschheit eine Krone auf. Da ist Handke schließlich doch wieder beim tiefen Sinn des Schlagers »Es wird ja alles wieder gut« eingekehrt. Aber, und da liegt die Dramatik seines »dramatischen Gedichts«, auf dem Weg ins gemütliche Wirtshaus »Zum Tiefsinn« hätte es ihn beinahe in die Hölle verschlagen, die gleich nebenan liegt.

Der rasende Mitläufer

Über Rainald Goetz und seinen Roman »Irre«

Zum diesjährigen Klagenfurter Wettlesen um den Ingeborg-Bachmann-Preis [1983] wurde, wie schon immer, viel getuschelt und geunkt. Welcher Autor den Preis schon deshalb nicht bekäme, weil Reich-Ranicki ihn nicht leiden könne; wer eigentlich der Favorit für den Preis sei, aber mit Sicherheit leer ausgehen werde, weil er gerade einen anderen Literatur-Preis erhalten habe, und so weiter. In diese routinierte Geschwätzigkeit, mit der man sich im literarischen Leben, in Klagenfurt zumal, die Zeit totschlägt, drang dieses Jahr das beunruhigende Gerücht, es befinde sich unter den eingeladenen Autoren ein »Genie«, »einer der« – mehr wollten Verleger und Lektor nicht verraten.

Äußerlich unterschied sich Rainald Goetz von den anderen Literaten, die sich allemal unauffällig, über Äußerlichkeiten erhaben geben, durch einen gewissen punkmäßigen Aufzug mit gefärbten Haarsträhnen, Turnschuhen und dem unerläßlichen Hundehalsband ums Handgelenk. In der ihm zugedachten Eigenschaft als Genie tat er mir ein bißchen leid, weil sein Anblick mich nur an die streberhaft modernen jungen Leute in Herbert Reineckers »Kommissar« erinnerte. Der Streber als Punker, das hat ja nun wirklich gerade noch gefehlt. Tatsächlich entblödete sich Goetz auch nicht, mit brav die Regeln verletzender Verspätung zu seiner Lesung zu erscheinen. Nunmehr gekleidet wie zur Konfirmation, trug er ein Prosastück vor, das sich, wie denn sonst, »Subito« nannte.

Darin streberte er gegen den von lauter Nullen betriebenen Literaturbetrieb im allgemeinen und gegen die »Klagenfurter Scheiße« im besonderen. Und weil ein Streber-Punker nicht ohne Rasierklinge aus dem Haus geht, hatte Goetz auch die Rasierklinge dabei und ritzte sich die Stirn, aus der das Blut strömte, bis ihm schlecht und der Vorgang auch für die Medien zu einer Nachricht wurde. – Abends saß der Bluter von Klagenfurt kleinlaut und sichtlich anlehnungsbedürftig in einem Lokal, auf der sensationell geschlitzten Stirn nichts als ein lächerliches Hansaplast über der telegenen Wunde. So wieder unter die klatschsüchtigen Literaten zu gehen, das hatte ja nun fast schon wieder ein bißchen waghalsige Größe.

Auch in seinem demonstrativ ausgeflippten Prosastück hatte es eine kurze Passage gegeben, die einem nahezu Ehrfurcht einflößte. »Der Bahnhof«, hieß es da, »hat mit seiner Fassade düster im Rücken gesogen, die Penner haben Raspe ohne eine Begierde angebettelt, das war ein kleiner Hauch von der Seite, aber stracks ist Raspe vorangegangen...« Aber dann wieder lautes, ächzendes Zeug und diese muffige Rasierklingen-Geschichte. Natürlich war Rainald Goetz, ohne einen Preis bekommen zu haben, der mediale Sieger von Klagenfurt: Blut und Literatur, das konnten sich die blutleeren Feuilletons nicht entgehen lassen. Wie weiland Peter Handke in Princeton mit seiner Beschimpfung der Gruppe 47, so war Rainald Goetz nun mit seinem Klagenfurter Blutauftritt bekannt geworden.

Seinen ersten Roman kann eine Literaturredaktion jetzt nur noch vorsätzlich ignorieren. Und richtig, das Goetz-Buch war noch gar nicht öffentlich, nur in Vorausexemplaren für die Literaturexperten erschienen, da setzte auch schon ein mystifikatorisches Raunen ein. Man hörte von Literaten, die den Roman derart bewunderten, daß sie sich außerstande sahen, eine Rezension zu verfassen. Andere stammelten nur, ob man das Buch von Goetz schon gelesen habe.

Es ist dieser erste Roman des 1954 geborenen Rainald Goetz allerdings ein erschütterndes und ein in seiner selbstmitleidlosen Unerbittlichkeit Furcht erregendes Buch. Im ersten Teil erscheint Raspe, die Hauptfigur, Assistenzarzt an einer psychiatrischen Klinik, als zerfetzter, durch die alltäglichen Erfahrungen im medizinischen Wahnbetrieb von Schuld, Ohnmacht und himmelschreiendem Größenwahn geschüttelter Ich-Erzähler und Mittäter. Mal steigert er sich angesichts des in Karriere-Rivalitäten, Kantinenklatsch und Aktenordnern verschwindenden Patientenunglücks ins »klare Bewußtsein der Sendung«, auserwählt zu sein, den Weißkitteln, »den Ahnungslosen«, den wahren Weg zu zeigen.

Dann verfällt er auch schon wieder in eine kalte Ohnmacht und betrachtet mit einer wie Rache anmutenden Tatenlosigkeit den Sekundenzeiger seiner Uhr, wie er die Minuten und die Stunden eine nach der andern tötet. Goetz stimmt nun allerdings nicht das wohlfeile moralische Schießbuden-Lamento gegen eine seelenlose Psychiatrie an, schon deshalb nicht, weil sein Protagonist bei allen Skrupeln und Einsichten ein geradezu rasender Mitläufer ist, der als Agent seiner »Blitzkarrierephantasien« den Ober- und Chefärzten an den Lippen hängt, Kongresse besucht, Referate hält und stets zu Diensten ist, wo er bei Vorgesetzten Pluspunkte sammeln kann. Raspes Kopf wird zum »Echoraum«, der von den Stimmen der Kollegen widerhallt, bis er selber genauso redet wie sie. Er weiß, daß die Patienten zu ihren Leiden einen jahrelangen Weg zurückgelegt haben, aber er speist sie nun auch mit diesen eiligen Formeln der abwesenden Teilnahme ab, die nur noch in Medikamenten denkt. Wohl ist ihm, versteht sich, nicht dabei. »Können wir nicht doch irgendwie helfen?« fragt er sich dann, um »merkwürdig gestärkt«, die Akte des Patienten Wörmann aufzuschlagen, der Raspe entnehmen wird, welche Dosis welcher Medikamente in diesem Fall angezeigt ist.

Raspe (oder Goetz) schont sich nicht. Keine Ausrede läßt er sich durchgehen, keine bessere Einsicht als Rechtfertigung für die Fortsetzung seines Mitläufertums gelten. »Raspe schämte sich«, heißt es an einer Stelle. »Er war so willig, er war so behende, er funktionierte so gut.« Aber im selben Atemzug tut er derlei zerknirschte Selbstanklagen auch schon als bloße »Nachtgedanken« ab. Die Qualen dieses gelehrigen Psychiatrie-Funktionärs, der nach oben kommen will in einer von ihm als menschenverachtend erkannten Institution, werden zum Schock, wenn er deren, wenn er seine Opfer nur einmal nicht mit den toten Augen der Macht, nicht aus der betriebsblinden Kittel-Perspektive wahrnimmt. Einem Vorgesetzten, Professor Schlüssler, ist für die gleich beginnende Vorlesung kurzfristig ein Demonstrations-Patient ausgefallen. Der beflissene Raspe sorgt Hals über Kopf für Ersatz aus seinem Patienten-Bestand und sitzt nun als Zuschauer zwischen der Studenten im Hörsaal. Der Professor bittet die Schwester, »den Herrn Fottner«, das Objekt von Raspes Dienstbarkeit, hereinzubringen. Was Raspe, außer Dienst, jetzt sieht, spottet aller Karriere-Gedanken und aller medizinischen Wissenschaft.

»Nur ein Paar Pantoffeln war Herr Fottner. Die kämpfen sich millimeterweise gegen den mächtigen Wunsch nach Stillstand und endgültiger Ruhe durch die blauschwarze Maserung des Linoleums. Wollte nicht auch das Linoleum die Pantoffeln halten und sich anverwandeln? Einfach Boden werden, Getretenes, und ewig liegen. Aber die Pantoffeln waren nicht einmal Pantoffeln, Feierabend Fernsehbier, sondern Schlapfen, Schlürfendes also, farblos und abgewetzt, das noch nie hoch wollte, weg vom Boden, immer schon nur geschleift wurde und Verzweiflungsschuhwerk war. Gegenüber diesen durch den Boden sich voran schiebenden Schlapfen hing der restliche Mensch ganz zurück.« Wenige Seiten später fährt es aus Raspe heraus wie der klemmende Korken aus der Flasche: »Ich will nicht werden wie ich bin.«

Tatsächlich ist Raspe im letzten Teil des Romans nicht mehr Assistenzarzt in der psychiatrischen Klinik, sondern Mitarbeiter im kulturellen Leben, weil er nach mehreren Wochen Nichtstun »jetzt in meine Leere gerne etwas hineinfüllen« würde, »vielleicht eben eine Kultur.«

So zufällig und grundlos das Motiv für Raspes Absprung in den Kulturbetrieb ist, so plausibel ist die hämmernde Unnachsichtigkeit, mit der er ausgewählte Repräsentanten dieses Betriebs verfolgt. Wenn er gegen »die depperte Gescheitheit« eines Achternbusch-Routiniers Amok läuft, wenn er im »Schlamm des Verantwortungsvollen Denkens (VD)« wühlt, wenn er sich die Ohren zuhält vor dem »gewohnheitsmäßig wacker empörten Tonfall« und vor all den »dümmsten engagierten Richtigkeiten« in den Medien, wenn er »ÖkoMumpitz, FriedensHetze, nicht zu vergessen die Medien-, Video- und Computer-Gefahr«, nicht ertragen kann, dann wütet immer der ehemalige Assistenzarzt Raspe mit seiner »Trauer über das Gar Keinem Helfen Nicht Können«. »Diese Trauer brennt und sengt in einem. Als Asche könnte man unten aus seinem Ärztekittel unten raus fallen.«

Vor dieses verzweifelte Bewußtsein werden von Raspe die Kulturgrößen zitiert, die nicht anders als die Weißkittel in seiner Klinik mit routinierter Anteilnahme über jedes Glück oder Elend triumphieren, indem sie es zum bloßen Anlaß nehmen, ihre Verfügungsgewalt, ihre Verantwortung zu demonstrieren. Raspe treibt sie, »die dummkritischen Verantwortungsbürger«, die nichts erschüttern kann, die nur einen ahnungslosen Durchblick haben, in einer »Peinsackparade« vor sich her. Da gibt es nun kein Halten mehr, auch nicht vor dem Thron von Raspes Gott, dem Dichter »Ee« wie Hans Magnus Enzensberger. Der hatte ihm einmal gestanden, »ein Spieler« zu sein, aber »nur Risiko-Spiele« zu machen. »Bravo, nieder mit den Zillionen Kultur-Langweilern!« hatte Raspe gerufen. Jetzt aber erscheint ihm auch der Dichter »Ee« als ein nur besonders gewiefter Langweiler, der jedes Risiko scheut und »mit brillanten Formulierungen gratisrecht« hat.

Auch der scheinbar ständig von neuen Erkenntnissen umgetriebene Enzensberger nur ein kulturbetriebsames Gewohnheitstier, von dem inzwischen »der Letzte Landarzt schon heute« weiß, daß er sich doch längst bereits in die »morgige ultraneueste Ecke« davongemacht hat.

Die Kultur, mit der Raspe seine Leere füllen wollte, ist selbst eine Leere, am Ende hat er nicht einmal mehr Lust, »Peinsäcke zu verdreschen«. »Doch was jetzt?« fragt er, abermals ratlos.

Berechtigte Frage.

Ein Radikaler für alle Fälle

Über Urs Jaeggi und seinen Roman »Grundrisse«

Wenn man dem Urteil der Literaturkritiker trauen darf, dann ist Urs Jaeggis neuer Roman *Grundrisse* ein Meisterwerk. Beim diesjährigen Klagenfurter Vorlese-Wettbewerb [1981] zeichnete die elfköpfige Jury, besetzt mit so gewichtigen Mitgliedern wie Peter Härtling, Adolf Muschg und Walter Jens, den Soziologie-Professor Jaeggi mit einen Ausschnitt seines Romans mit dem Ingeborg-Bachmann-Preis aus.

Der repräsentative Kritiker-Durchschnitt, die 29 Juroren der SWF-Bestenliste, lobten die *Grundrisse* im Oktober gleich auf den vierten Platz. Die FAZ feierte in einer voluminösen Rezension gar ein epochales Literaturereignis. »Der zeitgeschichtliche Roman hat wieder eine große Perspektive«, verkündete da der Kritiker Ueding und ernannte Jaeggi zum Nachfolger der großen Gesellschaftsromanciers, zum Nachfolger von Döblin und Musil, von Koeppen und Grass.

Nach der Lektüre des so gelobten Buches staunt man nicht schlecht, denn der zum Döblin-Nachfolger gekürte Jaeggi bringt in seinem Roman das Kunststück fertig, nahezu 300 Seiten vollzuschreiben, ohne daß man am Ende wüßte, wovon denn nun die ganze Zeit die Rede war. Zwar beschwört der Autor fortwährend: »Etwas ändert sich«, »etwas hat sich verändert« und im Kopf der Hauptfigur sei »irgend etwas explodiert«. Nur, was da explodiert sei, was sich verändert haben soll, erfährt man nicht, weshalb der Autor denn auch fortfährt zu wiederholen, daß sich »etwas verändert hat«.

Wenn Jaeggi Handlung immer nur vortäuscht, indem er sie behauptet, statt sie erzählend zu entwickeln, so ergibt sich das zwangsläufig aus der Tatsache, daß auch seine Figuren nur Behauptungen sind. Die Ehefrau Ursula ist »radikal«, Tochter Ruth ist 13 und auch »radikal«, Ehemann Albert ist Architekt, um die 40 und hat damals bei der Apo mitdemonstriert und so weiter. Weil diese Figuren keine in Verhaltensweisen, Empfindungen oder Wahrnehmungen nachwirkende individuelle Vorgeschichte haben, bleibt, was immer Jaeggi ihnen auch andichtet, beliebig und ohne Zusammenhang.

Dieselbe Tochter Ruth, die gegen die »Scheißerziehung« aufbegehrt, die gegen die Folterstaaten in Lateinamerika protestiert und zu Anti-Atom-Demos fährt, könnte genausogut Mitglied der Jungen Union sein und meinen, daß ohne Atomstrom die Lichter ausgehen; derselbe Robert, der »aus der Nähe lustig wirkt«, könnte auch aus der Nähe grämlich wirken; derselbe Albert, der da »fühlt, wie er eine Weile zu allem fähig wäre«, könnte genauso grundlos fühlen, wie er zu nichts fähig wäre – es würde diesen sogenannten Roman gar nicht verändern, wenn man Jaeggis Figuren mit irgendwelchen anderen Wort-Plaketten zudeckte.

Derart haltlos ist die Sprache des Bachmann-Preisträgers, daß sie, was sie vergegenständlichen will, verflüchtigt. Gerade so, als hätte Jaeggi mit jener Tinte geschrieben, bei der das eben Geschriebene sich wenig später in ein leeres Blatt verwandelt. Das liest sich dann etwa so: »Für sein Empfinden ist die Landschaft zu flach, obwohl gerade die flach und öd scheinende Weite ihn, der aus einer Hügellandschaft kommt, andererseits fasziniert.« Obwohl, könnte hier jedermann ins Blaue hinein weiterdichten, die Hügellandschaft wiederum den Reiz hat, nicht so flach zu sein wie die flache Landschaft, die aber ihrerseits wiederum den Charme (oder sonstwas) der Hügellosigkeit für sich hat. Nein, nach Sinn und Zusammenhängen darf man hier nicht fragen.

Warum der Architekt Albert Knie plötzlich nicht mehr Architekt sein will und die Betonburgen, die er gerade noch mitgeplant hat, nun als Verbrechen an der Menschheit empfindet; wie es denn eigentlich zur Beziehungskrise mit Ehefrau Ursula gekommen ist; welche Erfahrungen Tochter Ruth antreiben, die Schule als »Foltermaschine« zu hassen – von Jaeggi erfährt man nur ereignislose Endresultate, amtliche Mitteilungen über Personen, die man nicht kennt und in diesem Roman auch nicht kennenlernt.

Wieso aber applaudiert der Literaturbetrieb einem Buch, dem es an literarischer Qualität so sehr mangelt, daß selbst Jaeggis Bewunderer ihre Lobeshymnen mit dem verlegenen Eingeständnis beschließen, Sprache und Stil des Autors ließen doch sehr zu wünschen übrig?

Um das zu verstehen, muß man wissen, daß Literaturkritiker sich als engagierte Intellektuelle begreifen, die jede Gelegenheit zur Bekundung ihrer kritischen Zeitgenossenschaft begierig am Schopfe packen. Und Jaeggis Roman ist da ein wahrhaft paradiesisches Angebot.

Auf seinem ideologischen Grabbeltisch findet der kritische Zeitgenosse alles, was man so braucht, um als kritischer Zeitgenosse durchzugehen. Der Protagonist war einst in der Apo aktiv, er kannte »Rudi D.«, heute sympathisiert er mit Hausbesetzern und steht der Anti-Atom-Bewegung nahe. Die Gefährdung der Umwelt ist ihm ebenso geläufig wie die Krise der Ehe, die er mit einem Sprung in die Beziehungskiste quittiert. Dank Tochter Ruth, 13, fehlt es auch am Dialog mit der Jugend nicht. Und weil Jaeggis Hauptfigur den Beruf aufgibt, wird zu alldem der kritische Zeitgenosse noch mit dem Aussteiger-Problem bedient.

Umweltzerstörung? Beziehungsfrost? Apo-Vergangenheit? Der engagierte Literaturkritiker muß gar nicht mehr hinhören, denn dieser Autor nimmt ihm ja beständig das Wort aus dem Mund. Und eben dies gilt ihm als hohe Roman-Kunst, daß es aus einem Buch herausschallt, wie er in sein Feuilleton hineingerufen hat. So gesehen ist Jaeggi in der Tat ein vollkommenes Meisterwerk gelungen.

Aus amtlichen Höhen

Über H. C. Buch und sein »Gorlebener Tagebuch«

Im März 1977 zog sich der Schriftsteller Hans Christoph Buch aus Berlin auf seinen ländlichen Zweitwohnsitz ins niedersächsische Wendland, unweit von Gorleben, zurück, um dort ungestört mit der Arbeit an einem Roman zu beginnen. Bei seiner Ankunft findet er im Briefkasten ein Schreiben »An die Bewohner des Landkreises Lüchow-Dannenberg« vor, der Absender ist die Gesellschaft für Wiederaufbereitung von Kernbrennstoffen, die dem Landvolk um Gorleben den Widerstand gegen das geplante Entsorgungszentrum auszureden versucht.

Damit aber war es um die Ruhe des Dichters auch schon geschehen. Er läßt, ohnehin kein Freund des eigenen Berufsstandes – »Schriftsteller sind Pharisäer« –, den Atomkraft-Gegner über den Literaten siegen, verwirft die Romanpläne und beteiligt sich am Bürgerkampf gegen den atomaren Supermarkt vor der eigenen Haustür.

Diese Entscheidung nach Apo-Väter-Sitte – gegen die Literatur, für den politischen Kampf – teilt Buch jedoch auf literarischem Wege mit, und sie ist in der Tat nur eine von zahlreichen auswendig gelernten Posen, mit denen er in seinem *Gorlebener Tagebuch* die Bestnote in kritischem Zeitgeist für sich beansprucht.

Zum Beweis unerschrockener Kernkraft-Gegnerschaft gibt Buch den Machthabern und Atombefürwortern in aller Welt Saures, daß die Stammtische wackeln. Da geigt er etwa dem niedersächsischen Ministerpräsidenten die Meinung und nennt ihn den »Oberganoven Albrecht«, dem er am liebsten »eins in die Fresse schlagen« möchte. Da haut er in einer Tagebucheintragung vom Mai 1977 dem Schah von Persien, der »alten Sau«, die

»richtig scharf« auf deutschen Atommüll ist, denselben um die Ohren. Und auch »die brasilianischen Foltergeneräle« bekommen zu spüren, daß ihre Tage unweigerlich gezählt wären, wenn, ja wenn in dieser Welt Hans Christoph Buch das Sagen hätte. Hat er zwar nicht, schreibt aber trotzdem so, wie es bei politischen Kannegießern eben üblich ist.

Nicht weiter überraschend, daß dann auf die schneidigen Bekenntnisausbrüche immer wieder die kleinlaute Befürchtung folgt, womöglich doch eben zu weit gegangen zu sein. Derselbe Buch, der dem für Gorleben verantwortlichen Ernst Albrecht »jede, aber auch jede Schandtat zutraut«, der will dann doch aus seinem Herzen auch wieder keine Mördergrube machen und tut Abbitte bei Oberganoven und Foltergenerälen mit dem Vorsatz, auch »im politisch Andersdenkenden den Menschen zu sehen.«

Wenn Buch seine kategorisch verkündeten Meinungen oder Gefühlszustände unablässig ebenso kategorisch auch widerruft, wenn etwa der Atomgegner »das Wort Atom schon nicht mehr hören kann« oder wenn dem Mitstreiter der Gorlebener Bürgerinitiative die »Scheißsitzungen« langsam »auf den Wecker gehen«, dann erzeugen auch solche meinetwegen aufrichtigen Geständnisse nicht jene Lebendigkeit einer zerrissenen Seele, die da glaubhaft gemacht werden soll. Denn was immer diesen geständigen Leidensmann bewegt – der Polizeieinsatz gegen Demonstranten, die Liebe zu Rebecca, deretwegen er in der Bürgerinitiative mittut, die Ausrottung der Pottwale oder seine Spannungen zu Ehefrau Andrea –, allemal teilt Buch seine Empfindungen und Beobachtungen in einer anschließenden, geschichts- und vorgeschichtslosen Instanzen-Sprache mit, als sei er in das Gorlebener Protest-und Liebesleben nicht, wie er behauptet, verwickelt, sondern lediglich von einem intellektuellen und poetischen Kreisvorstand beauftragt, die Oberaufsicht federführend zu übernehmen. Jedenfalls blickt er auf die Umwelt, deren Schutz er auf seine Fahnen geschrieben hat, aus derart lebensfernen amtlichen Höhen herab, daß alles zu bloßer Statistik erstarrt.

Ob Buch einen alten Mann, der die demonstrierenden Atomgegner verwünscht, zum »Nazirentner« stempelt, ob ihn das Wort »Endlagerung« an – woran schon? – »Endlösung« erinnert oder ob ihm die Natur »wie auf einem alten holländischen Gemälde« vorkommt – in diesem durch die geplante Atom-Müll-Deponie und durch allerlei Amouren angeblich so erschütterten Bewußtsein hat jedes Ding seinen unerschütterbaren, felsenfest etikettierten Platz. Vor allem auch die Frauen, um die Buch gelegentlich feministisch besorgt ist, deren ganze Persönlichkeit sich aber dann doch nur danach bemißt, ob sie ihren Herren zu befriedigen wußten. Über den Beischlaf mit der Dame N. aus dem Nachbardorf heißt es übellaunig: »Das Schönste daran war die Heimfahrt.«

Wenn man auch aus diesen wie Amtshandlungen ausgeführten Sätzen nicht erfährt, was denn dieser Tagebuch-Schreiber mit der grünen Opposition oder was er mit Rebecca zu schaffen hat, die er so leidenschaftlich liebt, daß er – »Wir umarmten uns mehrere Minuten lang« – den Aufruhr der Gefühle mit der Stoppuhr mißt, so ist das *Gorlebener Tagebuch* dennoch ein aufschlußreiches Dokument.

Immerhin hat man nach nahezu 500 Seiten den Typus des kritischen Parasiten kennengelernt, der bei der grünen Opposition ein- und ausgeht, solange auch ARD und ZDF dabei sind, der aber, mit sich allein gelassen, den Anblick eines Atomkraftwerks unversehens wie das schönste Ferienerlebnis verbucht.

»Gestern«, notiert Buch, »gestern habe ich vom Zug aus mein erstes AKW gesehen.« Mein erstes AKW – man mag es niemandem neiden.

Die Zerstörung einer Legende

Über den Nachlaß Bernward Vespers

Ein Buch sollte es werden, wie man »in Deutschland seit urlanger Zeit keine Literatur gemacht hat«, eine »Melodie« wollte der Autor »vorsingen«, die »aller Welt hundert Jahre in den Ohren klingen soll«. Und Bernward Vesper hatte recht mit seinem aggressiven Eigenlob: Sein Roman *Die Reise*, 1977 posthum erschienen, löste ein bestürztes Interesse aus wie kein anderes deutsches Buch dieses Jahrzehnts.

Als »Nachlaß einer ganzen Generation« (DIE WELTWOCHE), als die erschütternde Erzählung »von einer lebenslangen Totgeburt ins deutsche Vater-Land« (ZEIT), als der »radikal ehrliche« Versuch, »Kampf, Verzweiflung, Ohnmacht und Allmacht (der Apo-Generation) zu beschreiben« (STUTTGARTER ZEITUNG) – so, als das schlechthin gültige Buch über Bewußtsein und Entwicklung der deutschen Nachkriegsjugend, wurde der Roman des 1938 geborenen Vesper gelesen.

Inzwischen ist *Die Reise* anerkannter Gegenstand akademischer Examens- und Doktorarbeiten, und sogar bis zu Politikern wie dem Sozialdemokraten Peter Glotz, der sich in seinem Buch *Die Innenausstattung der Macht* über mehrere Seiten mit Vespers *Reise* auseinandersetzt, ist der Roman vorgedrungen. Fasziniert hat vor allem die scheinbare Zwangsläufigkeit und Unentrinnbarkeit der Vesperschen Existenz, wie er sie nachgezeichnet und schließlich mit seinem Selbstmord (im Mai 1971) trügerisch beglaubigt hat.

Alles, was zu einer deutschen Bilderbuch-Tragödie dazugehört, findet man in der *Reise*: Da ist der dominierende Vater, der NS-Dichter Will Vesper, der seinem Sohn verbietet, das Geschenk einer jüdischen Klassenkameradin anzunehmen; da ist die Mutter, die das heranwachsende Kind in lächerliche Bleyle-Hosen steckt und unnachsichtig darüber wacht, daß der Sohn den verhaßten Griesbrei aufißt; da ist der unverbesserliche deutsche Lehrer mit dem Rohrstock und ein Schulunterricht, in dem es nicht um Aufklärung über den Faschismus, sondern um den Bau des Lanzettfischchens geht.

So minutiös und mit einer solch rachelüsternen Kraft der Erinnerung schildert Vesper seine Nachkriegsjugend als das Leben eines von allen Seiten aussichtslos Umzingelten, daß er sich mit jeder Seite mehr in die Rolle des Opfers hineinsteigerte, der er schreibend entrinnen wollte.

Nur verständlich daher, daß *Die Reise* bislang als ein düsteres Meisterwerk abgrundtiefer Hoffnungslosigkeit gelesen und als Dokument des Scheiterns interpretiert wurde, in dem »sich das kollektive Scheitern jener Generation widerspiegelt, die Mitte der sechziger Jahre aufbrach« (FRANKFURTER RUNDSCHAU). Mit solchen naheliegenden Verallgemeinerungen und von Vesper selber eingefädelten Vermutungen wie etwa der, es sei bei ihm »die ideologische Imprägnierung« durch den NS-Vater »so perfekt gelungen, daß sich jeder Versuch des Aufbegehrens sogleich totlief« (SÜDDEUTSCHE ZEITUNG), alle diese gewiß auch durch den Selbstmord begünstigten Mythologien, in denen der Linke Vesper stets nur als das letztlich und von vornherein chancenlose Objekt übermächtiger Verhältnisse erscheint, wird man jetzt aufgeben müssen. Ende Dezember 1979 erscheint die 16. Auflage der *Reise* in einer um rund 150 Seiten erweiterten letztgültigen Fassung (»Ausgabe letzter Hand«). Dieser bislang unveröffentlichte Teil setzt sich aus teils stichwortartigen, teils ausformulierten Notizen zusammen, die Vesper seiner letzten Lebensgefährtin hinterlassen hatte und die Vespers Herausgeber Jörg Schröder erst im vorigen Jahr entdeckt hat.

Als Patient in der Psychiatrie der Hamburger Universitätsklinik hatte Vesper vom März bis Mai 1971, vollgepumpt mit Psychopharmaka – »Die Medikamente wirken so stark, daß man nicht einmal mehr weinen, auch nicht lachen kann – man geht umher wie der steinerne Gast« – alle Lebensenergien auf die Fortsetzung seines Buches konzentriert, an dem er bis wenige Tage vor seinem Selbstmord arbeitete.

Die deprimierende Anstalts-Situation hat Vesper nicht daran gehindert, einen ganz neuen Anlauf auf die eigene Biographie zu nehmen. War er zwei Jahre und mehr als 500 Seiten lang vorzugsweise als der kaputte Typ aufgetreten, der von der Erziehung, von der Schule, vom System ruiniert und seines revolutionären Elans beraubt worden war schon in früher Kindheit, so dämmert es Vesper jetzt, daß er selber bisher in seiner Autobiographie gar nicht vorkam. Auch wenn er sich gelegentlich immer noch als »das Produkt einer Klasse« bezeichnet und nicht vollends auf die Chiffren soziologischer Selbstentschuldigung verzichten kann –, schließlich gelingt es Vesper einfach nicht mehr, sich auszuweichen, er beschließt: »Ich lüge mir nicht länger in die eigene Tasche.« Eine Woche vor seinem Tod verfaßt er ein Selbstporträt, mit dem er die ganze bisherige Autobiographie noch einmal umstürzt.

Nichts mehr von dem beredsamen Vorkämpfer für die dritte und eine bessere Welt überhaupt, nichts mehr von dem heroischen Liebhaber der notfalls mit Gewalt zu befreienden Massen, und vor allem keine Rede, keine Ausrede mehr von den anderen, die er bislang in negativem Heroismus für seine Existenz verantwortlich gemacht hatte. Statt dessen die Stück um Stück betriebene Entmythologisierung seiner selbst.

»Die eine Meinung vertreten, ohne die andre zu bekämpfen (die er gerade zuvor noch vertreten)«; »Bereit, sich zu demütigen, zu unterwerfen, seine Meinung zu verleugnen – um das Ziel, Macht zu erhalten, zu erreichen«; »Oft wechselte er die Schauplätze, um mit den gespeicherten Daten, die er hier ergattert, dort zu erschrecken«; »Voll manipulierbar«. Mit diesem Eingeständnis, im Grunde nie ein oppositioneller Kopf gewesen zu sein, sondern einfach ein kluger Opportunist mit der schnellen Witterung für die jeweilige Lage an der Meinungsbörse, hat Vesper dennoch nicht, wie es auf den ersten Blick scheinen könnte, nur eine Lebenslüge gegen eine andere eingetauscht. Er hat sich auf diese Weise vielmehr Zutritt zu jenem aktiven Teil seiner Biographie verschafft, den er sich verschweigen mußte (und auch verschwiegen hat), solange die schützende Legende vom linken Märtyrer stimmen sollte, der am täglichen Faschismus in Deutschland zerbrochen war. Den aber hat er in Wahrheit von Jugend auf und bis weit in die sechziger Jahre mit subalterner Großspurigkeit selber praktiziert.

Deutschnational schon Vespers frühe Lyrik. Da dichtet der 15jährige etwa die Insel Helgoland an: »Nordseeumbrandetes Eiland / Dein deutscher Boden wurde wieder deutsch!«. In einer Huldigung an seine Schwester Heinrike schepperte es ähnlich: »Du gehst die stete Bahn von Müh und Fleiß, / die nie mein Flattergeist beschreiten kann. / Du wirst die Heiligste der Erde sein, / wirst deutschen Kindern deutsches Leben schenken...«

Vespers sprachlicher Hang und Drang zu Macht und Größe, wie er sich in seiner Massenproduktion derartiger Gedichte manifestiert, war keineswegs nur die Jugendsünde eines vom Elternhaus zu faschistischem Denken Verführten, als die er in der *Reise* etwa seinen Einsatz für die rechte Reichspartei ausgibt. Damals war er 15, aber immerhin 22 war er, als er im Oktober 1960 schrieb: »Außerdem verachte ich die Masse, 96 %, die Herde ist ... Ich nähere mich immer mehr den großen Existenzfragen jenseits des Körperlichen ... Wir haben in Deutschland keine intellektuelle Redlichkeit, nicht Anstand, Würde, Achtung, Scham – überall Profitgier, überall Charakterlosigkeit. Mein Stolz ist es, das zu durchschauen und auszusprechen und für mich all das Verlorene zu erwerben und zu verteidigen – die Masse, die triebhafte, instinktlose, verblödete mitzuschleppen, nein, danke.« Diese Masse hinter sich zu lassen und einer aus der 4 %-Elite zu werden, entfaltete Vesper eine manische Betriebsamkeit mit dem einen Ziel, berühmt, und das hieß für den Dichter-Sohn, gedruckt zu werden. Bei Suhrkamp, bei Hanser, bei der damals führenden Literaturzeitschrift »Akzente« bot Vesper jahrelang ebenso unermüdlich wie vergeblich seine Gedichte an, mit rührend erpresserischen Begleitbriefen des Inhalts, er würde im Falle einer negativen Entscheidung »sehr bedauern, zu einem anderen Verleger gehen zu müssen.« Nicht minder geschäftig korrespondierte Vesper zugleich mit Zeitungen und Zeitschriften: mit dem Monatsblatt »Jugendherberge«, mit dem »Karlsruher Boten«, mit der »Lanze«, mit dem »Jungenleben« oder der »Deutschen Soldaten-Zeitung«. Und in diesen Druckwerken wurden seine Arbeiten auch tatsächlich veröffentlicht. So erschien etwa in der »Jugendherberge« 1960 ein Vesper-Aufsatz zum Thema »Wandern«. »Wanderung ist Konzentration. Wir sollten mehr wandern, um gründlicher zu werden«, herrscht da der Verfasser das verweichlichte Abendland an. Dieser menschenleeren Einschüchterungs-Sprache aus letztinstanzlichen Herren-Wörtern, die Vesper bevorzugt, entspricht seine wahllose und panische Liebedienerei bei jedem, der nur im Brockhaus stand.

Als 1956 in Ägypten der Suez-Krieg ausbrach, drückte Vesper, 18 Jahre alt, in einem Brief dem Staatspräsidenten Nasser, gleichsam von Oberhaupt zu Oberhaupt, die Daumen für den Sieg der »gerechten Sache«. Den Nobelpreisträger Albert Schweitzer beglückwünschte er zu seiner aufopferungsvollen Arbeit in Lambarene, und tagaus tagein korrespondierte Vesper heute mit Golo Mann, morgen mit Theodor Heuss, Heinrich Böll oder Carlo Schmid.

All diese mit bürokratischem Fleiß betriebenen Aktivitäten, die nahezu ein Dutzend Leitz-Ordner füllen und jahrelang Vespers Leben ausgefüllt haben, erwähnt er in der *Reise* mit keinem Sterbenswort. Daß er aber auch diese tabuisierten Zonen seiner Biographie noch freigeben wollte, belegen zahlreiche Karteikasten-Stichworte zur *Reise*, die in der von Herausgeber Schröder so genannten »Ausgabe letzter Hand« nachzulesen sind. Da findet man Andeutungen jener opportunistischen »Versuche, sich bei der herrschenden Klasse einzukaufen« oder Hinweise auf den ebenso kopflosen wie sklavischen Kulturgehorsam (»Bildung: Quantität, irrsinnige Mengen „habe ich schon gelesen"«). Hätte Vesper alles, was er sich in Stichworten vorgenommen hatte, auch tatsächlich noch ausgeführt, die *Reise* wäre eine Autobiographie geworden, die sich jedem be- oder entlastenden Deutungssystem entzogen hätte. Denn wie wollte man beispielsweise die seitenlangen Hohn- und Haßtiraden gegen den Vater, wie sie im Roman stehen, mit der Zettelkastennotiz zusammenbringen: »Ich konnte nicht verstehen, wie die lost generation ihr Väter hassen konnte«? Oder wie sollte man sich erklären, daß Vesper nach dem Tod des Vaters 1962 zusammen mit seiner Verlobten Gudrun Ensslin einen Verlag gründete, um dessen NS-nahe Werke wieder unter das deutsche Volk zu bringen?

In einer Rezension für die Zeitung »Das deutsche Wort« erklärte Gudrun Ensslin im September 1963 die Edition der Will-Vesper-Gesamtausgabe, von der dann nur ein Band erschien, zur »Aufgabe für das nationale Deutschland«. Und den für seine Hitler-Oden berüchtigten Will Vesper kürte sie zum »liebenswertesten, unterhaltendsten und geistreichsten Dichter, den Deutschland in diesem Jahrhundert besessen hat.« Von dieser Einschätzung waren beide derart beseelt, daß sie Besprechungsexemplare auch an einen Publizisten in Israel schickten. Als der diese »Zumutung« und »Geschmacklosigkeit« mit scharfen Worten rügte, heftete Gudrun Ensslin den Brief mit der lakonischen Notiz ab: »Voilà. Gar nicht drum kümmern.«

Während sie an Will Vesper keinen Makel entdecken konnten, waren sie jedoch gleichzeitig zutiefst empört über den damaligen PEN-Generalsekretär Krämer-Badoni, der in einem »Twen«-Aufsatz vom August 1963 das Mitläufertum unter Hitler gerechtfertigt hatte. Daß Krämer-Badoni, geboren 1913, zur Zeit des Nationalsozialismus ja schließlich in einem denkfähigen Alter gewesen sei und dennoch unter Hitler publiziert habe, warfen sie ihm vor und verurteilten ihn – »Sie sind mitverantwortlich, Herr Krämer-Badoni« – zur Mitschuld »für die Ereignisse in Deutschland«. Dieses Nebeneinander vollkommen gegensätzlicher Haltungen zieht sich wie ein roter Faden durch den von Vesper ausgeblendeten Teil seiner Biographie.

Als Vesper 1961 in Tübingen Germanistik und Soziologie zu studieren anfing, machte er sich gleich wieder mit dem ihm eigenen generalstabsmäßigen Eifer daran, in die Klasse der Privilegierten aufzusteigen. Ungeniert biederte er sich bei dem Star des damaligen Tübinger Universitätslebens, bei dem Altphilologen Walter Jens, an. Für die ZEIT verfaßte der Student Bernward Vesper ein vor herrischer Ergebenheit nur so strotzendes Porträt des »ritterlichen«, des »gewissenhaften« Hochschullehrers mit dem »esprit flamboyant«, der dann auch in der gewünschten Weise reagierte. »Ich finde es vorzüglich«, bedankte sich Jens in einem Brief an Vesper, »nicht, weil es ein wenig schmeichelhaft ist, sondern weil Sie ein ganz hervorragender Stilist sind, ein so vorzüglicher Ecrivain, daß ich Sie gern kennenlernen möchte.«

Und mit Fleiß bombardierte Vesper fortan die Feuilleton-Redaktionen mit überschwenglichen Rezensionen von Jens-Büchern. Beglückt vermerkte Jens auf einem Manuskript: »Wunderbar, wirklich vollendet. Ihr W. J.« Vermutete Vesper jedoch, wie etwa bei dem Schriftsteller Ernst Jünger, den er zur Vorbereitung für ein Jens-Colloquium um Auskünfte zu seinem Werk bat, eine Gegnerschaft zu Jens, dann bekannte er wendig, auch nicht eben ein Freund dieses einseitigen, in Vorurteilen befangenen Mannes zu sein. Aber während er sich mit der Beflissenheit eines Kammerdieners in den Universitätsbetrieb stürzte, wußte er zugleich, daß eben dieser Betrieb, all die akademische Wichtigkeit der Professoren, Seminare, Vorlesungen, Bibliotheken und Referate nur ein tödlicher, starr in sich selbst rotierender Leerlauf war. Klar und düster beschrieb Vesper 1963 in der Skizze zu einem Hörspiel, was er an den ausgetrockneten Brüsten der Alma mater fühlte. »Vorbei an den Büchern, den Werken, den Dokumenten, die alle auf eine unheimliche Art zu stimmen aufgehört hatten, die nach Staub rochen, während er an ihnen vorbeiging wie an den Professoren und Assistenten, die alle zu Verabredungen gingen nach Stundenplänen, die gelb angeschlagen waren und die auf eine geheime, wie verabredete Art nicht stimmten, so wie die Verabredungen von den Studenten nicht mehr eingehalten wurden, weil die Studenten gedankenlos vorbeigingen an den Systemen, die auf geheimnisvolle Art zu stimmen aufgehört hatten, und an den Türen, hinter denen die Studenten an langen Tischen saßen und die Texte entzifferten, die von Professoren erdacht waren, die vorbeigingen, begleitet von ihren Assistenten, die sich schon längst auf ein Zeichen hin verwandelt hatten ....«

Die Wüstenei dieser einander ständig dementierenden Gedanken und Verhaltensweisen kann man im nächsten Jahr besichtigen. Vespers Herausgeber Jörg Schröder und der Lektor Klaus Behnken sichten derzeit den umfangreichen Nachlaß an Briefen, Manuskripten, Merk- und Tagebüchern, die als komparativer Band zur *Reise* erscheinen sollen. Wenn Vesper denn ein Prototyp der Apo-Generation ist, dann wird man aus diesem dokumentarischen Band erfahren, was diese Generation sich selbst verschwiegen hat: nämlich den eigenen biographischen Anteil an den Verhältnissen und Lebensformen, die sie anders vielleicht geduldiger, selbstbewußter eben bekämpft hätte.

»Alle sind irgendwie ausstoßungswert«

Über die Psychagogin Christa Meves

Von dunkler »Seelennacht« und vom »deutschen Elend«, das »unaufhaltsam seinen Lauf« nimmt, künden ihre Bücher, in denen die westliche Welt als ein einziger Pfuhl von Verfall und Sünde erscheint. Wohin die Psychagogin Christa Meves auch blickt – »aus allen Ecken quillt die Morbidität der seelisch Verstörten und Zerstörten ans Licht.« Kein Stadtguerillero könnte die kapitalistische Gesellschaft düsterer schildern als die apokalyptische Reiterin aus Uelzen an der Ilmenau.

Steigende Selbstmordquoten und ein Heer von rauschgiftsüchtigen Frührentnern; Schulen, die »ein Spektakulum des Desasters (sind)«, und Ehen, die »nicht mehr halten«; Politiker, die sich für die Zukunft »nicht mehr verantwortlich« fühlen, und »ein Sozialstaat, (der) immer mehr Menschen unzufrieden und unglücklich« macht. Und da ist denn der Tag auch schon nicht mehr fern, da »gesündere oder klügere Völker« uns moderne Menschen zu den Babyloniern, Etruskern und Hethitern hinabstoßen werden auf den Meeresgrund der Geschichte.

Den Kampf um die leib-seelische Gesundheit des verweichlichten Abendlandes führt Christa Meves schon seit 15 Jahren, in denen sie mehr als 1000 Vorträge, »alle vier Tage einen«, wie jemand errechnet hat, gehalten und gut zwei Dutzend zur Umkehr mahnende Bücher publiziert hat. Ihre Schreckensmeldungen vom drohenden »Marsch in die Volksneurotisierung«, von der am »schlurfend-lässigen Gang«, an »Unrasiertheit« und »Langmähnigkeit« abzulesenden Verwahrlosung der Jugend, ihr Aufschrei angesichts der Denaturierung des Lebens durch die Frauenemanzipation fand freilich erst offene Ohren, als Anfang der 70er Jahre die kulturelle Tendenzwende einsetzte, zu deren Galionsfigur Christa Meves wurde.

Inzwischen haben ihre Alarm-Bücher über *Manipulierte Maßlosigkeit* (18 Auflagen seit 1971) oder *Kinderschicksal in unserer Hand* eine Gesamtauflage von annähernd zwei Millionen Exemplaren erreicht; und ob die Bildungsexperten der SPD tagen oder besorgte Pädagogen, wie vor einigen Wochen, einen Kongreß »Mut zur Erziehung« veranstalten, wo immer beratschlagt wird, wie man die Jugend am besten in den Griff bekommt, ist Christa Meves dabei.

Daß man sich ausgerechnet von einer katastrophensüchtigen Seelenkundlerin, die des Menschen bessere Zukunft gern »im Feuerofen der Not« geschmiedet sähe und die zur Wiedergewinnung von Lebensfreude anempfiehlt, »bereits morgens beim Zähneputzen« daran zu denken, »wie rasch das Leben dahinfliegt«, daß man sich just von einer Apologetin der nun einmal »unvermeidbaren Krisen und Katastrophen unseres Lebens« Hinweise zur Beseitigung derselben erhofft, läßt bereits die Hoffnungslosigkeit ahnen, die Christa Meves ihrer ratsuchenden Kundschaft denn auch nur vergoldet.

Zwar erklärt sie barsch: »Unser Leben muß anders werden«, und zwar »jetzt sofort, ohne Umschweife«; aber ihre vor Dringlichkeit zitternden Appelle gleichen dann doch nur der wegwerfenden Aufforderung an Unglückliche, gefälligst auf der Stelle glücklich zu sein.

So erteilt sie in ihrem Buch, das unter dem Blaulicht-Titel *Antworten Sie gleich!* erschienen ist und »Lebenshilfe in Briefen« verheißt, einer 34jährigen Ehefrau, die die protzigen Launen ihres Paschas nicht mehr aushält und ein eigenes Leben ohne ihn zu beginnen erwägt, den hilfreichen Rat, sie möge nur ja auf dem Eheposten bleiben, »das Lachen wieder lernen« und, wenn der Mistkerl heimkomme, »ihre Not ... nicht fortgesetzt auf dem Gesicht tragen.«

Denn, so verdammt die Durchhalte-Psychagogin ihre Leser-Patienten allemal zu erbittertem Optimismus, Fröhlichkeit kehrt wieder ein, »wenn man (sein) Leid als die eigene ganz persönliche Schicksalsprüfung zu erleben lernt.« Lebenshilfe nicht als Beitrag zur Überwindung von Problemen, sondern als Beitrag zur Versöhnung mit ihnen ist das Geschäft der Psychagogin Meves. Und ihre Therapie – »durch Entbehrungen reifer und stärker« – zielt denn auch weniger darauf ab, den Sorgenkindern zur Erkenntnis ihrer individuellen Bedürfnisse zu verhelfen, als darauf, die Einhaltung der bestehenden Normen durchzupauken,deren Verletzung eben die Krankheit ist, gegen die sie zu Felde zieht.

Gar Schreckliches, Abschreckendes erfährt man daher über die gesundheitsschädlichen Folgen emanzipatorischer Lebensaktivitäten, über Frauen etwa, die dem »Schlachtruf zur Befreiung« folgten und auf »vermännlichende Irrwege« gerieten, indem sie sich für den Beruf engagierten oder akademische Studien trieben, statt, wie es im Aktenordner der weiblichen Natur steht, ihr Nest zu bauen. »Solche junge Frauen«, weiß Christa Meves aus ihrer »Erfahrung« zu berichten, »sind schon nach wenigen Jahren ... seelische Wracks«, die eine »diffuse Traurigkeit durch ... überstarken Verbrauch von Zigaretten und Alkohol übertönen (müssen)«.

Die Furcht vor der Befreiung der Subjekte aus der Unmündigkeit beherrscht die gottesfürchtige Psychagogin derart, daß sie nicht nur die jüngsten von der antiautoritären Bewegung initiierte Versuche, menschlichere, herrschaftsfreiere Formen der Erziehung und des Zusammenlebens zu entwickeln, beim lieben Gott als widernatürlich verpetzt. Die verspätete Apo-Gegnerin rechnet gleich mit der gesamten Geschichte der Aufklärung ab.

So muß sich etwa Immanuel Kant, der philosophische Urvater des mündigen Bürgers, von der Alleinerbin des Weltgeheimnisses eine »hochmütige Überschätzung der Verstandeskräfte« vorwerfen lassen und gar die Mitschuld an Kriegen und Diktaturen übernehmen, die es nie gegeben hätte, wenn die Menschen nur altar- und fürstengläubig geblieben wären. Eben dies sollen sie nach dem Un-Willen der selbsternannten Volkspädagogin Meves wieder werden: in Demut erstarrte Geschöpfe wie jene artigen Kinder, von denen sie beglückt erzählt: »Sie sperren Mund und Augen auf, keine Bewegung, keine Störung.«

Wenn diese Wunschkinder, die lediglich das Familienleben stumm verzieren, nicht später in Kindergärten und Schulen von »unkindgemäßen« Lehrern »laienhafter« Emanzipations-Ideologen an sich selber erinnert werden, dann besteht Hoffnung, daß sie auch als Erwachsene nicht stören und im Idealfall Menschen wie den Schwestern Martha, Hertha und Elsbeth ähnlich werden, »deren Seelenlampen immer gefüllt sind mit Bereitschaft«. Versteht sich, daß solch »hingewilltes« Menschentum der großen Führer und Brandstifter bedarf, die jene Seelenlampen dann auch entzünden.

Und was die Psychagogin Meves eben so bedrückt, ist dieser neuzeitliche Mangel an Erdenwürmern, die willens sind, sich hinzuwillen, sich »dem Leben zu verschenken« in dem dauernden Bewußtsein, »mikroskopisch klein« zu sein, wie »wir alle«. Warum diese im triumphierend unterwürfigen Feiertagsjargon leitender Angestellter verfaßten Lektionen zur gottgefälligen Selbstverachtung ein Massenpublikum haben, darüber kann man nur spekulieren.

Vielleicht deshalb, weil die kleinen Leute mit der großen Wut, die um Christa Meves eine jederzeit abrufbereite Schildwache von Leserbriefschreibern bilden, sich immer noch lieber ihre mikroskopische Winzigkeit bestätigen und ins naturhafte vergrößern lassen, als sich mit ihren Ängsten in jene irgendwie linke Öffentlichkeit der entschlossenen Weltleute vorzuwagen, in der man sie dann doch nur zu reaktionären Spießern zusammenstaucht.

Melancholie ist sein Parfüm

Über den Entertainer André Heller

Für ihn, sagt André Heller, für ihn sei das »ein Riesenkrampf, wenn ich über Biafra oder Vietnam schreibe, und habe meinen eigenen Notstand noch nicht bewältigt«. Der Wiener Liedermacher möchte erst einmal »den Mist vor der eigenen Tür« fortkehren, er möchte zu sich selber finden, denn: »Ich habe mich nicht bewältigt, ich muß an mir arbeiten.« Skrupulös und nachdenklich gibt sich André Heller unter vier Augen. Wer weiß, vielleicht ist er's wirklich.

Den »seelischen Analphabetismus der Linken« findet er zum Kotzen; ihn überwunden zu haben, hält er für eine avantgardistische Leistung. »Damals, als die bewußtseinserweiternden Texte kamen, war eins völlig weg vom Fenster, nämlich die unmittelbare zwischenmenschliche Beziehung. Es wurde nur noch auf die äußeren Straßen gerufen. Ich habe 1968 als erster wieder auf die inneren Straßen gerufen.« Aber erging solcher Ruf nicht auch in den Liedern von Heintje, Peter Alexander und Roy Black? Ja schon, meint er, aber diese Lieder seien doch »total verlogen«. »Ich mache, was meiner Euphorie, meiner Jämmerlichkeit, meinem Unmut entspringt. Ich will mich zugeben, das unterscheidet mich grundsätzlich von Roy Black, der gibt sich nie zu.«

Zu sich selbst finden, sich zugeben: André Heller ist voll von derlei pietistisch-bildungsbürgerlichen Evergreens. »Ich versuche Möglichkeiten, die im Menschen drinnen sind, aufzuzeigen«, umschreibt er seine poetischen Bemühungen – ein Anliegen, das ihn, der als »Poet in dieser Stadt« auf Tournee geht, nicht nur von Roy Black, sondern auch von Schriftstellern unterscheidet. Denn Schriftsteller, so differenziert Heller, »sind diejenigen, die sich mehr der Tagesaktualität verschreiben. Poeten aber schlagen größere Bögen«. So gesteht er auch nicht ohne Stolz, sich »für Aktuelles überhaupt nicht zu interessieren«.

André Heller ist achtundzwanzig Jahre alt. Aber seine Sätze kommen aus jenem vergangenen Jahrhundert, dessen Weisheiten man heute sonst nur noch auf Wandtellern oder in den Poesiealben junger Mädchen wiederfindet. Der Mangel an politischem Bewußtsein bei einem »Poeten«, der sich immerhin »mit dem Biermann verwandt« fühlt, ist erschreckend, und der Eifer, mit dem der auf die größeren Bögen abonnierte Poet sich im Gespräch nicht anders als in manchen Liedern als Protestsänger zu profilieren sucht, ist nicht frei von Komik. Die Sensibilität will André Heller resozialisieren, den Alltag revolutionieren wie weiland Fritz Teufels Kommune I. Was in so allgemeiner Formulierung, seiner bevorzugten Ausdrucksform, noch hingeht, wird freilich bei näherer Beschreibung gleich kindisch. »Wenn sich ein Fließbandarbeiter bei VW einfach mal einen roten Hut aufsetzt, da wäre der doch schon reif fürs Irrenhaus. Die Leute müssen einmal so und nicht so machen, dann merken sie, was das für ein Willensakt ist, nicht so zu machen«.

Jedenfalls meint Heller: »Wir müssen raus aus den Elfenbeintürmen«, und er meint: »Es gibt keine unpolitische Phantasie«, und außerdem meint er: »Man kann nicht so allgemein drauflospoltern. Man muß auch sagen, was gemacht werden soll.« Der singende Revoluzzer aus Wien hat von allem mal was läuten hören, er weiß Bescheid. Aber: »Patentlösungen habe ich natürlich auch nicht.« Wer hat die schon. Selbst bei solchen Sätzen wirkt Heller rätselhaft angestrengt, als stünde er unablässig unter dem Zwang, anderen mit jedem seiner Worte etwas beweisen zu müssen.

Das ist auch auf der Bühne so. Mit fast durchgedrückten Knien marschiert Heller zum Mikrophon, während nur die Hand in der Hosentasche andeutet, daß es sich hier um einen schlaksigen Schritt handeln soll. Hier in Hamburg, habe man ihm geraten, solle er lustig anfangen. »Es ist ja immer gut, wenn man so etwas geraten bekommt.« Spott auf die Manager liegt in der Stimme. Das Publikum reagiert nicht; André Heller schaut zu Boden, als wolle er die Tiefe seiner Ironie erst einmal wirken lassen. Plötzlich aber wirft er, wie aus einer Abwesenheit erwachend, den Kopf hoch, hebt die Arme zu einem »Was soll's, so ist das Leben«. Und dann macht er, was Gastgeber gern tun, wenn keine

Stimmung aufkommen will: Er erzählt Witze, kritische Witze natürlich, denn im Programmheft steht, daß »vieles bei Heller ... von Brecht herkommt«. »Österreich ist das Land der unbegrenzten Unmöglichkeiten.« »In Wien kann man es als Lipizzaner bei guter Führung bis zum Bürgermeister bringen.« »Dem verstorbenen Bundespräsidenten, dem Herrn Jonas, habe ich einmal vorgeschlagen, Österreich in Österarm umzubenennen.«

Bei dieser Hitparade von Pointen ist das Publikum endlich in Schwung gekommen. Nur André Heller selbst schaut gar nicht lustig drein (der Manager wegen vielleicht). Er schaut zur Decke und falzt die Lippen: Er ist doch schließlich kein bloßer Spaßvogel. Aber mit einer raschen Handbewegung wischt er den Ernst von der Tafel seines Gesichtes, auf der nunmehr ein Hauch von Trauer Platz hat. Denn André Heller singt nun das erste Lied, ein Liebeslied von politischem Charakter. »Du kommst so über mich wie der vierzehnte Juli über Paris«, heißt es darin.

Und politisch bleibt es an diesem Abend. Heller liest eine eigene Geschichte, die schon dadurch wie Dichtung anmutet, daß der Tisch, von dem aus er sie vorträgt, mit einer lang herabhängenden weißen Sonntagsdecke umhüllt ist. Das etwas wirr und dunkel scheinende Stück Prosa handelt von einem Menschen, der so ähnlich wie Hitler spricht – ein Faschist wahrscheinlich – und seine Sätze mit den Warennamen von Spirituosen vervollständigt. Im übrigen muß es zumindest eine Satire gewesen sein, denn oft rollte André Heller beim Lesen mit den Augen und entblößte die Schneidezähne. Prosa und Musik wechseln sich schön ab, so daß man nicht überanstrengt wird.

Und jeder kann bei dem Poeten auf seine Kosten kommen. Den Sensiblen singt Heller das Lied »Anna«, einen Sprechgesang am Grab der toten Freundin, bei dem er, wenn die Zeile »Abschied ist immer auch ein kleiner Tod« kommt, die Hand aufs Herz legt; für die wahrscheinlich doch auch im Saal sitzenden Linken hält er Sprüche bereit wie: »Dregger kommt mir vor wie der Entwurf zur Unfreiheitsstatue«; Proben seines unfreiwilligen Zynismus legt er zur Freude gedankenloser Progressisten ab: »Früher waren's die Juden, heute sind's die Sensiblen.« Alle gemeinsam aber bekommen von ihm ein Märchen geschenkt – er sagt wirklich: »Ich möchte Ihnen ein Märchen schenken.« Es ist das Märchen von einem Kind, das die Rechenaufgabe lösen soll, wie lange man bei der und der Geschwindigkeit für die so und so große Entfernung von A nach B braucht. Und das Kind erkennt die vom Lehrer festgesetzte Geschwindigkeit nicht an. »Denn«, sagt das Kind, »wenn ich unterwegs einen Vogel singen höre, dann bleibe ich stehen, und die Fahrt von A nach B kann Monate, kann Jahre, kann eine Ewigkeit dauern.« Daß André Heller trotz seiner betulichen, mal aggressiven Trivialitäten als etwas Besseres gilt, liegt unter anderem daran, daß er sich zumindest auf die Attitüden des Höheren versteht.

Seine Lyrik beispielsweise ist gerade so prall von Metaphern, wie ein jeder in der Schule gelernt hat, daß so etwas Lyrik sei. »Der Mond tritt auf wie ein böhmischer Husar«; »Der Winter wirft sein blankes Taschentuch«; »Wie der Zweispitz von Napoleon saß die Kälte auf der Stadt«; »Sie lauschten dem Tamburin des Mondes, das die Stille bewacht«: André Heller hat auf jeden Topf einen Deckel, und da fällt es kaum noch auf, daß die Töpfe selber leer sind. Nicht anders als die Aphorismuspointen: »Die Konfusion hält meine Privatordnung aufrecht«; »die Künstler sind die Ärmelschoner des Establishments« – Pointen, die ohne jede Vorbereitung und ohne Zusammenhang einfach nur, Schlag auf Schlag, sich selbst demonstrieren. Nicht anders stellen Hellers Gedichte nur gute Manieren dar, deren ganzer Sinn sich in dem sozialen Ansehen erschöpft, das gute Manieren eben genießen.

Ein Genosse auf der Suche nach sich selbst

Über Peter Schneider und seinen Roman »Lenz«

Adrett sah man damals aus. Studenten, die später mit wallender Mähne gegen das Establishment Sturm liefen, waren von Rekruten auf einem Kasernenhof kaum zu unterscheiden. Wenn sie einen Termin bei »ihrem« Professor hatten, zogen sie ein weißes Hemd an, banden eine Krawatte um und waren aufgeregt wie bei der Konfirmation. Nur manchmal gab es Momente, da fiel man sich selber auf die Nerven. Doch wer achtete schon auf sich? Die Eltern hatten einem das Studium ermöglicht, man sollte froh sein. Also war man froh.

Dann, am 2. Juni 1967, wurde Benno Ohnesorg erschossen. Und plötzlich fiel es Tausenden von Studenten, die man eben noch für brave Pfadfinder hätte halten können, wie Schuppen vor den Augen. Einer von ihnen war Peter Schneider, Student der Germanistik an der Freien Universität Berlin. Auch er erkannte sich mit einem Male nicht wieder in dem Gehorsam, mit dem er die zweite Lautverschiebung gelernt, in dem apathischen Schweigen, mit dem er Vorlesungen über sich hatte ergehen lassen. Schneider entdeckte, daß er bislang sozusagen gar nicht vorhanden gewesen, daß er im Studium untergetaucht war. »Wir waren groß und erhaben wie Schiller, wenn wir Schiller lasen, krank und ironisch wie Thomas Mann, wenn wir Thomas Mann lasen ... aber niemals lasen, dachten, fühlten wir so, wie wir selber waren.«

Die eigenen Wünsche und Interessen für nebensächlich zu halten, war einem schon zu Hause beigebracht worden. Wenn einem das Mittagessen nicht schmeckte, dann hätte man mal die Zeit erleben sollen, in der es nichts gab; wenn man sich Gedanken über das Dritte Reich machte, dann war man damals ja noch gar nicht geboren. So beschränkte man sich darauf, den Eltern Freude zu machen. Man ging dann aus dem Haus, man kam an die Universität, die Briefe an die Eltern glichen Rechenschaftsberichten. Man lernte, was die Studienordnung von einem verlangte, man lernte nicht für sich, sondern fürs Leben. Auch wollte man rasch fertig werden, damit man »es« hinter sich hätte. In der Sprechstunde des Professors klopfte einem das Herz bis zum Hals. Das Referat hatte man gründlich vorbereitet, wenn man es im Seminar vortragen sollte, stotterte man. Mit der Zeit fiel das auf. Peter Schneider: »Wir sind nervös geworden, wir sind unlustig geworden, wir sind immer schwieriger geworden, wir litten an mangelnder Konzentration, wir konnten nicht einschlafen, wir konnten nicht beischlafen...«

Mancher, dem die Ermordung Ohnesorgs instinktiv zum Gleichnis für die eigene Lebenssituation wurde, fand sich plötzlich in einem Niemandsland wieder. Die daheim soufflierten »Berufsziele« zerrannen, das in der Schule auswendig gelernte Vertrauen in den freiheitlichen Rechtsstaat, auf den noch 1966 fünfundfünfzig Prozent der Studenten schworen, wurde angesichts brutaler Polizeieinsätze erschüttert. Nichts, woran man sich halten konnte. Außer an die Gefühle der Empörung und der Ohnmacht. »Heute Ohnesorg – morgen wir«, das war die ins Politische umgesetzte Formel jener unbestimmten Verfolgungsangst, die nun hinter dem von der Polizei überforderten Gehorsam hervorbrach, durch den man sich selber totgeschwiegen hatte.

Rudi Dutschke hat einmal gesagt, nach dem 2. Juni sei alles viel zu schnell gegangen. Tatsächlich entwickelten sich viele eben noch folgsame Söhne in furchterregender Schnelligkeit zu Vorkämpfern für die vaterlose Gesellschaft. So notwendig der Kampf für den »Abbau oligarchischer Herrschaft« war: die politischen Kampfparolen erzeugten bei den Aktivisten eine trügerische Sicherheit, die in Gegensatz stand zu der Ratlosigkeit, die sie angesichts ihrer persönlichen Schwierigkeiten befiel. Diese Ratlosigkeit wuchs in dem Maße, wie die Losungen radikaler wurden. Selbsthaß war die Folge. Da bekriegte Vaters Sohn das Individuum, das emanzipierte Subjekt, das er doch einerseits sein wollte, als eine rückständige »bürgerliche« Einrichtung; persönliche Wünsche, die er schon zu Hause nicht entfalten durfte, geißelte er als »Privatismus«. Die Selbstverleugnung feierte bei den radikalen Linken Auferstehung. Der Schriftsteller und Germanist Peter

Schneider machte da keine Ausnahme. Er erdrosselte seine Liebe zur Literatur und schrieb 1968: »Was wir sehen und erleben, ist überhaupt nicht mehr zu beschreiben, nur noch zu ändern.« Gedichte und Romane klatschte er mit dem Fluch an die Wand, sie enthielten keine »Strategie der Befreiung«; und statt zu lesen und zu schreiben empfahl er, in die »Rote Armee« einzutreten (die damals noch nicht mit der RAF Ulrike Meinhofs identisch war). Bis zu diesem Stadium des Rückfalls in die Selbstunterdrückung läßt sich die Verfassung der studentischen Linken, ihre innere Entstehungs- und Entwicklungsgeschichte ablesen in *Ansprachen, Reden, Notizen, Gedichte*, Berlin 1970.

Wenn nun Peter Schneider, nachdem er wenige Jahre lang private Erfahrungen und Wahrnehmungen mit der Marschmusik des richtigen Bewußtseins übertönt und sich durch universalpolitische Agitationsarbeit den Weg zu sich selber abgeschnitten hatte, wenn also ein Genosse vom harten Kern sich plötzlich irritiert nach dem Sinn eines politischen Engagements fragt, das an den persönlichen Bedürfnissen und Schwierigkeiten vorbeigeht, dann verdient dies allein schon Interesse. Schneiders Erzählung *Lenz* handelt von dem Genossen Lenz, der sich von seinen Glaubensbrüdern und den Theorieritualen zu emanzipieren versucht und plötzlich bemerkt, daß er vor lauter ideologischer Allwissenheit die Umwelt und sich selber schon gar nicht mehr wahrgenommen hat: »Ernst nehmen konnte ich meine Einzelheit nur, wenn ich sie in einen Begriff verwandelte, wenn ich sagen konnte, diese Einzelheit bedeutet dasselbe wie jene Einzelheit.«

Die auf einen Begriff reduzierte Welt der Erscheinungen bemüht sich Schneider in seiner Erzählung nun wieder auseinanderzuschreiben. Dies ist ein Unternehmen, dem man die verbissene Vorsätzlichkeit anmerkt. Oft genug werden Vorgänge lang und breit geschildert, ein Einkauf ins Schuhgeschäft oder die Zubereitung von Tee, ohne daß in ihnen etwas von der zerstörten inneren Verfassung des Protagonisten sichtbar würde. Die Wahrnehmungen, die Lenz in seiner Umgebung macht, sind meistens weniger der Ausdruck seiner nach »wirklichem« Leben dürstenden Entfremdungsgefühle als nachträgliche Versuche des Autors, diese Gefühle zu beglaubigen, Versuche, bei denen nicht selten Lenz sich in eine komisch anmutende Imitation seines Büchnerschen Vorbildes verwandelt. So kommt ihm etwa plötzlich alles vor, »als sähe er es zum erstenmal«, und unter dem Zwang des Büchner-Zitates nimmt er sogleich »die Zähne des Reißverschlusses an seinem Mantel« wahr, die ihm als Peter Schneider entgangen waren. Oder Lenz kann sich nicht auf das »Mensch-ärgere-dich-nicht«-Spiel konzentrieren, weil er »das Gefühl hat, aus der Welt herausgefallen zu sein.«

Die jähen Sprünge aus kleiner Welt in große Gefühle bringen Schneiders Erzählung gelegentlich in die Nähe einer Psycho-Schnulze, etwa wenn Lenz »ziellos durch die Straßen« irrt, wenn er vor lauter Einsamkeit »kaum zu atmen wagt«. Indes sollte man sich klarmachen, daß ein Autor, der so lange seine subjektiven Empfindungen hinter »objektiven« politischen Parolen zurückgehalten hat, nun, beim ersten Versuch, sie zu äußern nicht gleich eine eigene Sprache für sie parat haben kann. Und es ist unschwer abzulesen, daß Schneider die vielen Gefühlszitate einfach braucht, um die Lücken der Selbstwahrnehmung zu stopfen und sich auf diese Weise immer wieder an seine eigene Situation heranzuschreiben.

Diese ist in der Erzählung gekennzeichnet durch Lenz' Konflikt zwischen privatem Leben und politischer Arbeit. Während einer der wöchentlichen Sitzungen der Betriebsgruppe, auf der ein Mao-Text interpretiert wird, leidet Lenz daran, »daß alle diese Genossen mit ihren heimlichen Wünschen, mit ihren schwierigen und aufregenden Lebensgeschichten nichts weiter voneinander wissen wollen als diese sauberen Sätze von Mao Tse-Tung«. Der »Haß auf die fertigen Sätze« macht Lenz empfindlich für die in dem politischen Dogmatismus der Genossen virulenten persönlichen Motive; ihre Mao-Maximen werden ihm zu Rätseln, weil er wittert, daß mit ihnen irgend etwas anderes gemeint ist. Und stets dann, wenn Schneider seine Isolations- und Ohnmachtsgefühle an seinen linken Freunden orientiert, wenn er gegen ihre strotzende Unangreifbarkeit anrennt, bekommt die Erzählung die affektive und analytische Tiefe, die ihr fehlt, sobald Lenz einsam durch die Straßen irrt.

Nicht zufällig stellen sich gleich wieder die abgestandenen Bilder ein, als Schneider seinen Helden aus dem Berliner Gefühlskarussell befreit und ihn gen Rom abschwirren läßt, wo er wohl so eine Art neues Leben beginnen sollte, weit weg von seiner Geliebten L., die nichts mehr von ihm wissen will, weit weg von den Genossen, bei denen er es nicht mehr aushält. In Schneiders Grappa- und Espresso-Italien bricht dann aber gottlob nach wenigen Seiten eine italienische Freundin ein, die Lenz in die linke Schickeria Roms einführt. Hier, wo Filmleute als Abendgarderobe Latzhosen tragen, »die das Abbild der Arbeitskleidung eines Tankwarts waren«, wo Wandgemälde die Leiden von Arbeitern zeigen, Gemälde, »nur für Leute erschwinglich, die für die dort dargestellten Leiden mitverantwortlich waren«, hier leistet Schneiders Erzählen sofort wieder Widerstand gegen das Beobachtete. Am Ende wird Lenz, politischer Aktivitäten wegen, von den italienischen Behörden, nach Deutschland abgeschoben. Er kehrt zurück nach Berlin und gefragt, was er denn nun machen wolle, antwortet er: »Dableiben.«

Da könnte die Geschichte noch einmal von vorn beginnen, und dieses offene Ende läßt hoffen, daß Schneider über die in seine Gefühls- und Denkvorgänge eingegrabenen Apo-Jahre und über die Zeit danach, in der er das Denken und Fühlen unter fertigen Sätzen begrub, eines Tages Genaueres schreiben wird.

Ein furchtbarer Kunst-Richter

Über den Literaturkritiker Marcel Reich-Ranicki

Vor zehn Jahren meinte der Schriftsteller Peter Handke, es sei schwierig, über den Literaturkritiker Reich-Ranicki »keine Satire zu schreiben«. Inzwischen ist es schwierig geworden, über Reich-Ranicki überhaupt noch zu schreiben. Denn wer möchte schon noch mit einem Mann rechten, der es zu seinen »Pflichten« zählt, Schriftstellern notfalls auch »Totenscheine auszustellen«, und der glaubt, der Literatur gegenüber mal »ein bißchen Verkehrspolizist« und gelegentlich auch »Staatsanwalt« spielen zu müssen.

Reich-Ranicki, der selbsternannte »öffentliche Sachwalter« zeitgenössischer Dichtkunst, der Bewährungshelfer, der in nimmermüder Sorge darüber wacht, daß »meine Patienten und Schützlinge«, die Autoren, keine Dummheiten machen und nicht wieder straffällig werden durch Mangel an »Niveau«, »Format« oder »Geisteshaltung«, andernfalls er ihnen leider den Totenschein ausstellen muß – an Reich-Ranicki scheiden sich längst keine Geister mehr. Selbst seine landsmannschaftlichen Bildungs-Brüder, die gern aus »unserer, leider so bewegten Zeit« in die wahre, nämlich in die »Heimat des Geistes« emigrieren, selbst seine unbeirrbaren Bewunderer, wie etwa ZEIT-Feuilletonist Rudolf Walter Leonhardt, müssen nun schon zum Mittel der unfreiwilligen Komik greifen, wenn sie ihm den Wagemut eines Wahrheitssuchers bescheinigen, »der sich nie drückt und« – und was? – »und einen Spaten immer einen Spaten nennt«.

Daß einer mit der Fähigkeit, Spaten und Taschenlampe auseinanderzuhalten, gleich zum »Anwalt der Vernunft« avanciert (so der Tübinger Professor Walter Jens über Reich-Ranicki), erklärt immerhin, wie wenig es bedurfte, damit Reich-Ranicki zwei Jahrzehnte lang die deutsche Literatur maßregeln durfte und immer noch darf.

Nach Amerika wurde er als Gastprofessor eingeladen, die schwedische Universität Uppsala, verlieh ihm den Ehrendoktor, seit 1974 ist Reich-Ranicki Honorarprofessor in Tübingen. Bücher schrieb er zahlreiche, und stets hatte er um sich eine moralische Leibwache von wohlmeinenden Deutschen mit schlechtem Nachkriegsgewissen, die an dem einstigen Gefangenen des Warschauer Ghettos Wiedergutmachung übten, indem sie ihm seine Leidenserfahrung als Bonus auf seine geistigen Gaben anrechneten. Wer sich indes weder von akademischen Titeln zu untertäniger Bewunderung hinreißen läßt noch bereit ist, die Arbeit eines Literaturkritikers danach zu beurteilen, ob der von den Nazis gequält wurde, der frischt bei der Lektüre von Reich-Ranickis Publikationen allenfalls Erinnerungen an einen Deutschunterricht auf, in dem es noch als Charakterschwäche galt, Goethes Todesdatum nicht zu wissen.

Mit dieser Offiziers-Kasino-Bildung des »333 – bei Issos Keilerei«, immer irgendeinen Ritterkreuz-Träger des Geistes zitierend, als wären Lessing oder Schiller Zuchtmeister und ihre Sätze Rohrstöcke, mit denen man Kinder zur Räson bringt, die ihre Suppe nicht essen wollen – nichts weiter tut Reich-Ranicki, als sich aus diesem Arsenal kultureller Drohgebärden nach Herzenslust zu bedienen. Das hat ihm den guten Ruf eingetragen, ein unerschrockener Mann zu sein. Richtig daran ist, daß er seine Kunst-Urteile in jenem Jargon der Unumstößlichkeit bekanntzugeben pflegt, der jede nähere Begründung bereits durch seinen herrisch-knappen Ton überflüssig zu machen scheint. Bei Reich-Ranicki sind Bücher entweder »miserabel«, »schwach«, »mittelmäßig« oder aber »tief«, »reif«, »originell«.

Aber was immer sie auch sein mögen, allemal setzen seine im Befehls-Deutsch kundgetanen Richter-Sprüche die erschrockene Ohnmacht einer Allgemeinheit voraus, die sich zwar unter der »Begegnung mit einem lebendigen Kunstwerk« oder unter »angstvollen Rufen aus dem Dschungel der Unsagbarkeiten« so wenig vorzustellen vermag wie wahrscheinlich Reich-Ranicki selber, und die doch an exklusivem Tiefsinn teilzuhaben glaubt, wenn nur ein noch so leeres Innerlichkeitsgebaren durch äußere Macht gedeckt ist.

So begnügt sich Reich-Ranicki auch nicht allein mit jenem gewalttätigen Pathos, in dem er den »Kampf ums Dasein« beschwört oder als entschlossener Anwalt der Lebenstüchtigkeit auftritt, der die »Durchschnittlichen und Schwachen«, der etwa »dem Leben nicht gewachsene Intellektuelle« nur »bemitleidenswert« finden kann.

Diese rhetorischen Rausschmeißer-Gebärden sind vielmehr nur zarte Andeutungen, daß er auch noch ganz anders kann, daß er da nämlich noch einen großen starken Bruder hat, der nicht nur mächtig tut, sondern es auch tatsächlich ist. Literaturkritik – letztlich keine Frage der Begriffe und ästhetischen Maßstäbe, keine Frage subjektiver Erwartungen, unter denen einer Bücher liest, sondern nichts als eine Machtfrage? Ganz recht.

»Der Einfluß eines Kritikers«, so Reich-Ranicki, »hängt von zwei Faktoren ab. Erstens von der Autorität und dem« polizeilichen Führungszeugnis, Reich-Ranicki will sagen, »dem Ruf dieses Kritikers und zweitens«, wenn alle Stricke reißen, »von dem Ansehen und der Verbreitung der Publikationsorgane, in denen er sich äußert«.

Wer sich derart mustergültig ins Bestehende fügt, daß er, saubere Fingernägel und die ökonomische Macht eines auflagenstarken Blattes hinter sich zu haben, schon für eine intellektuelle Leistung hält, durch die er seine »Zuständigkeit« für das »Amt« des Kunst-Richters hinreichend bewiesen zu haben glaubt, der muß ganz zwangsläufig an einer Literatur zum Rächer werden, die, anders als er, nicht zur Komplizenschaft mit bestehenden Macht- und Sittenverhältnissen bereit ist. Einverstanden zu sein und mitzumachen, das war schon Anfang der sechziger Jahre Reich-Ranickis Forderung, an Heinrich Böll etwa, dem er empfahl, in seinen Büchern fortan »mit der Entwicklung Schritt zu halten«. Und Böll war dann auch der erste, der Reich-Ranickis aus abendländischem Menschheitspathos und technokratischer Amtsstubensprache zusammengewürfelten Jargon intuitiv historisch-politisch entzifferte.

»Wortwörtlich aufgefordert, mit der Entwicklung Schritt zu halten«, so Böll 1964 in seiner Antwort an Reich-Ranicki, »wurde ich zuletzt vor fast genau siebenundzwanzig Jahren, als ein Schulkamerad, wohlwollend, fast schon gütig, mich aufforderte, nun doch endlich, so kurz vor dem Abitur, in die Hitlerjugend einzutreten.«

Reich-Ranicki indes blieb auch weiterhin Literaturkritiker »im Dienste des Lebens«, und weil das Leben inzwischen jederzeit aktives Eintreten für die Grundordnung erfordert, ist er in den letzten Jahren immer häufiger dazu übergegangen, Schriftsteller nurmehr auf ihre Verfassungstreue zu überprüfen und sie dann in der FAZ anzuzeigen. So lud der für den Literaturteil des Blattes verantwortliche Redakteur Reich-Ranicki die Autorin Erika Runge 1976 zur Publikation eines Aufsatzes mit »Überlegungen zur Dokumentarliteratur« ein. Tatsächlich druckte er auch wie verabredet den Aufsatz ab, nahm jedoch gleichzeitig in einem langen Kommentar »zum nebenstehenden Artikel« die Öffentlichkeit beiseite, um ihr ganz im Vertrauen zu erklären, was die Runge für eine sei. Mit der Unschuldsmiene dessen, der doch schließlich nur Tatsachen, nackte Tatsachen wiedergibt, petzte Reich-Ranicki: »Sie gehört zu jenen in der Bundesrepublik lebenden Autoren, die ihr eindeutig negatives Verhältnis zu diesem Staat ... nie verheimlichen: Sie ist Mitglied der DKP.«

Auf ähnliche Weise versuchte Reich-Ranicki, Klassenbester in Verfassungstreue zu werden, als er Martin Walsers anti-kapitalistischen Roman *Jenseits der Liebe* demonstrativ brüskiert zurückwies und bei der Gelegenheit gleich darauf aufmerksam machte, dieser Walser schreibe übrigens auch Aufsätze »im „Kürbiskern“ und ähnlichen Organen«, sei aber »von der DKP wieder abgerückt«.

Wem auch immer Reich-Ranicki derlei Informationen zugedacht haben mag, im Falle Walsers waren sie offenbar so wenig erbeten, daß er sogar noch zwei Jahre später, anläßlich von Walsers Novelle *Ein fliehendes Pferd* in kopflose Jubelschreie auf dieses »Glanzstück deutscher Prosa unserer Jahre« ausbrechen und sich nachträglich für die »Unbarmherzigkeit« und »außergewöhnliche Schärfe« seines Verrisses entschuldigen mußte.

Mochte Handke vor zehn Jahren den Literaturkritiker Reich-Ranicki noch mit Recht der Satire vorbehalten haben, heute taugt er bestenfalls zur Vorlage für ein Hochhuth-Drama über furchtbare Kunst-Richter. Erst kürzlich legte Reich-Ranicki eine neuerliche Probe seiner diesbezüglichen Tauglichkeit ab. Als während des Klagenfurter Ingeborg-Bachmann-Wettbewerbs 1978 die Schriftstellerin Hannelies Taschau ein Prosastück vorgelesen hatte, orderte Reich-Ranicki, stets um den Ruf bemüht, ein literarischer Nachwuchsförderer zu sein, den Text sogleich für den Abdruck in der Literaturbeilage der FAZ. Wenig später in der Diskussion über die Taschau-Erzählung mußte Reich-Ranicki freilich feststellen, daß er es mit einem offenbar politisch brisanten Text zu tun hatte. Denn einige wenige der Klagenfurter Preisrichter witterten hier verfassungsfeindliche Sympathisanten-Literatur. Um nur gleich dem Ruch zu entgehen, einer in dieser Weise umstrittenen Autorin zu möglichen Preis-Würden zu verhelfen, manövrierte Jury-Sprecher Reich-Ranicki durch einen Verfahrenstrick und »mit unübersichtlichem Taktieren«, so Jury-Mitglied Vormweg, die Taschau aus dem Wettbewerb aus, den sie eben noch mit angeführt hatte.

Und konnte Reich-Ranicki auch sein Angebot, die »für (ihn) politisch unliebsame Geschichte« (SÜDDEUTSCHE ZEITUNG) in der FAZ abzudrucken, nicht mehr zurückziehen, so lehnte er doch in einem kleinen Begleittext jede Verantwortung für den »literarischen Wert dieses Prosastücks« ab und hielt der Verfasserin gönnerhaft »Ratlosigkeit« zugute.

Sinnverkäufer im Außendienst

Über den Neo-Nazi Michael Kühnen

In der Öffentlichkeit gilt er als Figur »aus einem Horrorfilm« (HAMBURGER ABENDBLATT), als zackiger Führer der »Ewiggestrigen«, auf Photos sieht man ihn, in schwarzer Kluft und mit akkurat aus der Stirn gekämmtem Haar, als Schreckgespenst, das den Arm zum Führergruß erhebt. Die Medien handeln den Neo-Nazi Michael Kühnen als gefährlichen Nachfolger Adolf Hitlers, von der Springer-Presse bis zur TAZ, ist man sich einig, daß so einer besser nicht frei herumliefe.

Während des Gesprächs sitzt Kühnen da wie eingebunkert. Er lacht nicht, er streitet nicht, seine physische Anwesenheit reduziert sich aufs Reden. Die Augen unbewegt wie die einer Wachsfigur, die Hände drehen in unbeteiligter Erwartung der nächsten Frage an einem Bierdeckel herum, die nächste Frage wird ihm wieder Gelegenheit geben zu beweisen, daß er keine Antwort schuldig bleibt. Einwänden kommt er oft durch Verständnis zuvor, ehe man auch nur ein Wort gesagt hat. Die schwarze, bis zum Hals geschlossene Kluft der Neo-Nazis, die Kühnen trägt, bietet offenbar, wie der Anzug bei Geschäftsleuten, Schutz gegen persönliche Regungen.

Er ist »offen für alle Fragen« und »bereit, mit jedem zu sprechen«, er verabscheut »Intoleranz und Fanatismus«, und wenn man ihn fragt, was für ihn das größte Unglück wäre, dann bekommt man auch wieder so eine desinfizierte Antwort: »Sinnlosigkeit wäre das größte Unglück.«

Der Neo-Nazi Michael Kühnen, könnte, wie er so redet, ebensogut Bundestagsabgeordneter irgendeiner Partei, Pressesprecher von 2001 oder Fernsehkommentator sein. Die »Krise des Systems«, »die Unzufriedenheit der jungen Menschen«, »die Zerstörung unserer ökologischen Lebensgrundlagen«, die »Fragen, die nur die Geschichte beantworten kann«, die Ablehnung terroristischer Gewalt »egal ob von links oder rechts«, daß man dieses »nicht so übertrieben sehen darf« und jenes »doch differenzieren« muß, daß »die Menschen nun einmal verschieden« sind und daß wir »nicht in der Vergangenheit, sondern in der Gegenwart leben« –: der Rechtsextremist Kühnen unterscheidet sich nicht von all den anderen Sinnverkäufern im Außendienst, die fortgesetzt reden, aber nie etwas gesagt haben wollen.

Die Neo-Nazis – Türkenhasser und Ausländerfeinde? »So übertrieben darf man das nicht sehen.« Persönlich hat Michael Kühnen nichts gegen Türken, und die Parole »Türken raus« solle ja keinesfalls bedeuten, daß »wir die Türken von einem Tag auf den anderen rausschmeißen wollen«. Aber zum Beispiel der Bombenanschlag von Neo-Nazis auf das Hamburger Asylantenwohnheim, bei dem 1980 zwei Vietnamesen ums Leben kamen? Das, gewiß, sind Auswüchse, die Kühnen aufs schärfste verurteilt. »Ich habe immer gesagt, die Zeit für den bewaffneten Widerstand ist nicht reif.« »Hitzköpfe« gebe es eben überall. Leider.

Noch Kühnens »Bekenntnis zu Adolf Hitler« läßt an markiger Unverbindlichkeit nichts zu wünschen übrig. »Ein Genie des Willens«, »ein Vulkanausbruch der Geschichte« sei Hitler gewesen, der, wenn überhaupt, vielleicht einen Fehler hatte – nun ja, »seine Maßlosigkeit«. Extrem sind an Kühnen eigentlich nur die Reaktionen auf ihn.

Mitte Januar 1982 beispielsweise war er von Radio Bremen zur »3 nach 9«-Talk-Show eingeladen und nach Protesten antifaschistischer Organisationen kurzfristig wieder ausgeladen worden. Der Schriftsteller Erich Fried empörte sich in der Sendung über die Kontaktsperre gegen Kühnen und entfachte damit eine hitzige bis weit nach Mitternacht andauernde Diskussion. Michael Kühnen, den man ausgeladen hatte, um einem Neo-Nazi nicht zu Publizität zu verhelfen, war Mittelpunkt und Hauptperson des Abends.

Die panische Berührungsangst hat die Neo-Nazis in den Rang politisch gefährlicher Phantome erhoben. Fürwahr, es gibt gefährlichere Leute in der deutschen Politik. Der Rechtsradikale Michael Kühnen ist 27 Jahre alt, seine Altersgenossen nennt er, als ob er nicht zu ihnen gehörte, »die jungen Leute« oder »junge Menschen«. Tatsächlich wirkt er wie die Schattengestalt einer vergangenen Epoche. Harmlosen Vergnügungen wie Diskotheken, Popmusik oder Bundesliga-Fußball gibt er sich nicht hin. Er hält sie für »Verführungen«, welche die jungen Menschen nur »von den wesentlichen Problemen ablenken sollen«. Kühnen liest »leidenschaftlich gern«. Die Erinnerungen an seine Jugend als einziges Kind eines katholischen Kaufmanns, an die Schulzeit in einer Bonner Klosterschule reduzieren sich auf die Tatsache, daß er schon damals »immer sehr viel gelesen« habe, Bücher über Geschichte, Parapsychologie und Verhaltensforschung vor allem. Dasselbe erfährt man, wenn man ihn nach seiner vierjährigen Haftzeit fragt, die er wegen Volksverhetzung bis Dezember vergangenen Jahres [1981] im Hochsicherheitstrakt der Strafanstalt Celle abzusitzen hatte. Kein Wort über die möglichen Torturen der Isolation. Er sei »sehr viel zum Lesen gekommen«, in der Gefängniszelle habe er »die Muße gefunden, grundsätzliche Fragen durchzudenken«, wozu ja sonst »in der Hektik meines Terminkalenders« leider die Zeit fehle.

In der alten Schule der Freudlosigkeit und der Selbstverleugnung, in der man den Geist gegen das Fleisch, Bildung gegen das gemeine Tanzvergnügen aufbietet, in dieser Schule, aus der die verantwortlichen Politiker jetzt wieder so gern plaudern, hat Kühnen zum Nationalsozialismus zurückgefunden, zur Idee der Volksgemeinschaft, die den materiellen Bedürfnissen abschwört, um im Geist des Großen und Ganzen aufzugehen.

Das kapitalistische System, das die Neo-Nazis stürzen wollen, bekämpft Kühnen, »weil er innerlich die Unwahrhaftigkeit, die Hohlheit und die Oberflächlichkeit dieses Lebens spürt«. Da spürt er dasselbe wie die Nutznießer des kapitalistischen Systems, die nicht anders die schlechte Außenwelt nach innen verlegen, wo sie als Krise der geistigen Werte, als Orientierungslosigkeit, Sinnverlust oder Mangel an politischer Kultur aus allen ökonomischen Zusammenhängen gelöst wird, auf daß draußen die Geschäfte ihren ungestörten Fortgang nehmen.

Der Antikapitalismus der Neo-Nazis kommt schon deshalb übers weinerliche Ressentiment verhinderter Großunternehmer nicht hinaus, weil sie nur einen Glauben haben, weil für sie nur eins zählt: die Macht. Wer machtlos ist, darf ihrer Verachtung sicher sein. Kühnen ist Führer – in abwehrender Bescheidenheit hört er lieber »Organisationsleiter« – der neo-nazistischen »Aktion nationale Sozialisten«, die Mitte Januar 1982 in einem

Frankfurter »Wienerwald«-Restaurant gegründet wurde.

Seine »Truppe« rekrutiert sich überwiegend aus arbeitslosen Jugendlichen, aus den Opfern, den Verlierern des kapitalistischen Systems also. Opfer aber sind in Kühnens Gefühls- und Gedankenleben nicht zugelassen. Daß in der Welt Millionen von Menschen hungern, hält er für deren Problem, das zu lösen, »nicht unsere Aufgabe ist«. Die von Nationalsozialisten ermordeten Juden? »Interessieren nicht. Tote sind keine Argumente.« Und geistig Behinderte zum Beispiel, die doch Hilfe brauchen? »Man sollte Schwachsinnige an der Fortpflanzung hindern.« Ihren Anblick empfindet Kühnen »als abstoßend«, er hält es mit dem »Schönheitsideal der antiken Kultur.« Kühnens instinktive Verachtung für Verlierer richtet sich zwangsläufig auch gegen die eigenen »Kameraden«, gegen seine »Arbeiterjungs« ohne Arbeit.

Angetreten, das System zu stürzen, erklärt er, daß »man mit 16-25jährigen Arbeiterjungs natürlich kein System stürzen kann«. Und gefragt, ob seiner Organisation auch andere als arbeitslose Jugendliche angehören, antwortet Kühnen, ja, »wir haben auch Leute, die sich ernsthaft geistig Gedanken machen.«

Ehemaligen Gesinnungsgenossen, die, wie der in Stammheim verurteilte Roeder oder der unter Mordanklage stehende Hoffmann, inhaftiert sind, weint Kühnen keine Träne nach. Die ausgeschiedenen Neo-Nazis sind nur noch abstoßende Figuren, die »im Gefängnis sitzen, Selbstmord verübt haben oder« – kein Pardon für Verlierer – »sonstwie versagt haben«.

Immerhin, ein solidarisches Verhältnis hat Kühnen auch zu sich, dem Neo-Nazi und Angehörigen einer Minderheit, nicht. Daß es Gaskammern nie gegeben habe und daß der Zweite Weltkrieg Hitler aufgezwungen worden sei, diese für einen Neo-Nazi unerläßlichen Glaubensbekenntnisse, läßt Kühnen dahinfahren, sobald die Öffentlichkeit ihm durch Interesse schmeichelt. Kriegsschuld und Gaskammern, so erklärt er dann, das sei »ein typisches Thema der älteren Generation«, für ihn aber »im Ernst nie ein großes Problem gewesen«. »Ob wir nun sechs Millionen Juden vergast haben oder nicht, das ist für mich vollkommen irrelevant.«

Und hätte er bei Radio Bremen in der Talk-Show auftreten dürfen, dann wäre es ihm »zu dumm gewesen«, für die Fragen, »Sendezeit zu verschwenden«. In der Öffentlichkeit, das heißt vor den Augen der Mehrheit als kleines Licht, als belächelter Vertreter einer mickrigen Minderheit dazustehen, dazu ist Kühnen genauso wenig in der Lage wie dazu, bei der Minderheit der Neo-Nazis in einer anderen Rolle als der des Chefs mitzumachen.

Während der insgesamt achtstündigen Gespräche mit mir sucht Kühnen unablässig Anschluß bei den etablierten, bei den gesellschaftsfähigen Kräften. Mit Pfarrer Albertz ist er einig, daß Deutschland ein von den Amerikanern besetztes Land ist; Willy Brandts alte Formel vom »Volk der guten Nachbarn« nimmt er als Referenz für die Idee der Volksgemeinschaft in Anspruch; er sympathisiert mit Startbahn-Gegnern und Hausbesetzern; und wenn es die Grünen nur zehn Jahre früher gegeben hätte, dann wäre er »vielleicht gar nicht bei den Neo-Nazis, sondern bei Greenpeace gelandet«.

Voller Neid blickt Kühnen nach Frankreich, wo die Rechten auch in »seriösen« Zeitungen publizieren dürfen, wo ihre Ideen »auch in den Salons« diskutiert werden. Da seufzt er dann doch schon mal über den »Gemeinschaftsmief«, in dem die deutschen Neo-Nazis hängen.

Wenn Neo-Nazis gefährlich sind, dann in ihrer Eigenschaft als Verlierer, die Verlierer hassen.

Der Anti-Nazi

Über den ehemaligen Ministerpräsidenten Hans Filbinger

So sehr man sich im Lauf der Jahrzehnte auch daran gewöhnt hat, daß es in Deutschland Nationalsozialisten keine gab, geschweige denn gibt, schon gar nicht in allerhöchsten Ämtern des öffentlichen Dienstes; so kopfschüttelnd man sich auch irgendwann mit der wundersamen Tatsache abgefunden hat, daß der Nationalsozialismus offenbar eine Massenbewegung gegen den Nationalsozialismus gewesen war – wenn dann aus der anonymen Menge der Anti-Nazis einer leibhaftig hervortritt, dann ist es doch immer noch, als erhielte man Besuch aus galaktischen Sphären.

Denn flüchtig und wechselhaft wie bei den Wesen von anderen Planeten ist die stoffliche Beschaffenheit des Anti-Nazis, dessen Gestalt an Surrealität nichts zu wünschen übrig läßt.

Als Richter und Strafverfolger im Dienste Adolf Hitlers und der Manneszucht nimmt der Anti-Nazi beispielsweise die Statur eines Füllfederhalters ein. Da hat er »Verfahren ... weder eingeleitet noch betrieben«, hat ein Todesurteil wohl beantragt, aber gefällt hat es »ein anderer«; und wie zum Beweis, daß seinerzeit lediglich seine Unterschrift – »gez. Dr. Filbinger« – hienieden weilte, er selber jedoch in außerirdischen Gefilden wandelte, kann der Anti-Nazi sich nicht recht erinnern an die Hinrichtung, die er ja nur abgezeichnet hat.

Nur konsequent daher, daß die tödlichen Folgen seines Strafantrags den Anti-Nazi nicht weiter berühren oder nachträglich beschäftigen, auch gar nicht nachträglich beschäftigen können.

Denn ein Füllfederhalter, das ist nun einmal seine juristische Natur, hat Schlußstriche zu ziehen, wenn auch nicht den Schlußstrich unter das Leben eines Walter Gröger, wie üble Verleumder behaupten, sondern lediglich den Schlußstrich unter das »Verfahren Gröger«.

In dieser Unterscheidung offenbart sich die subtile, oft als Schreibtischtäter-Gesinnung verkannte Menschlichkeit des Anti-Nazi, der seinen toten Opfern immerhin den nachträglichen Trost gewährt, ohnehin keine Menschen gewesen zu sein; sie waren eben nur Gegenstand von Verfahren, Fälle für Gerichtsherren und Personen nur zu dem einen Zweck, daß ein Urteil über sie »ergehen würde«. Wer vermöchte solche Existenz für lebenswert zu halten?

Der Anti-Nazi jedenfalls auch nicht. Weshalb denn auch in Filbingers Stellungnahme zu dem Feldurteil gegen Gröger der mit 22 Jahren hingerichtete Matrose als ein realer Mensch aus Fleisch und Blut überhaupt nicht in Betracht kommt.

Um so flüssiger aber tropft es aus dem Füllfederhalter von bestätigtem »Schuldspruch« und aufgehobenem »Strafausspruch ... ausweislich der Urteilsgründe«, von verschlechterter »Beweislage« und von der »Weisung des Flottenchefs als Gerichtsherr im Falle Gröger, die Todesstrafe zu verhängen.«

Zwar liest sich das anti-nazistische Manifest Filbingers wie der Datenauszug eines auf NS-Justiz programmierten Computers. Doch eben dadurch, daß der Anti-Nazi Vergangenheit im selben Knopfdruck-Jargon repetiert, nach dem er damals handelte, wird seine »anti-nazistische Gesinnung« erst so recht glaubwürdig.

Denn indem er auch nach über 30 Jahren noch seine Opfer an vorgesetzte Behörden ausliefert und sie auf kompliziertem Instanzenweg verschwinden läßt, räumt der Anti-Nazi auch die letzten Zweifel an seiner Verantwortungslosigkeit und Schuldunfähigkeit aus.

Da er nun aber während des Dritten Reiches durch seine Unterschrift sich hat vertreten lassen und so durch persönliche Abwesenheit »sichtbar« seinen Abscheu vor dem NS-Staat bekundet hat, möchte man natürlich, mit derlei parapsychologischen Phänomenen nicht vertraut, wissen, wo denn er selber, während der herrenlose Füllfederhalter das »gez. Dr. Filbinger« schrieb, wohl gewesen sein mag.

Auf diese Frage scheint der Anti-Nazi nur gewartet zu haben. Denn während er seine Opfer im Tonfall einer Aktennotiz abhandelt, quillt ihm nun, da er von sich selber redet, das Herz über von Pathos, Mitleid und gottlob bei guter Gesundheit und Pensionsberechtigung überstandenen Todesschauern.

Wenn auch der Anti-Nazi all die kühnen Rettungstaten »bei Gefahr für Leib und Leben von mir selbst« (von ihm selbst und nicht etwa bei Gefahr für seinen Füllfederhalter) anders als mancher am Fleischerhaken aufgeknüpfte Widerstandskämpfer rüstig überlebt hat, so fühlt er sich dennoch heute als das von nationalsozialistischer Willkür am härtesten betroffene Opfer.

Während fahnenflüchtige Matrosen hingerichtet wurden, was schließlich »in allen Nationen der Welt« Brauch war, während Juden vergast wurden, schrecklich natürlich, aber von einer anderen Behörde zu verantworten, hatte der Anti-Nazi ein weitaus schwereres Schicksal zu tragen, so schwer, daß er heute noch darüber klagt: Er, also er selbst, mußte nämlich »erhebliche Nachteile in meinem Fortkommen seit meiner Studienzeit erfahren.«

Daß der Anti-Nazi noch im Status eines Ministerpräsidenten von Baden-Württemberg der Karriere nachweint, die ihm die Nazis verbaut haben, dokumentiert die ganze Härte des ihm damals zugefügten, unvergessen gebliebenen Leids, für das er denn auch heute glaubt, zumindest einen moralischen Bonus verdient zu haben.

Zwar könnte man ihm, der sich »eine generelle Gegnerschaft zum System« als weiteren Pluspunkt hoch anrechnet, entgegenhalten, wieso ihm dann nicht mangelndes Fortkommen, also eine möglichst unscheinbare Existenz im generell abgelehnten System eher als Vor- denn als Nachteil erschienen ist, was doch nur logisch gewesen wäre, wenn er sich denn dem NS-Staat generell hätte vorenthalten wollen.

Und weiter könnte man bereits aus der bloßen Erwähnung von Karriere-Nachteilen im NS-Staat, mit welcher der Anti-Nazi sich allen Ernstes als Opfer des Faschismus zu qualifizieren hofft, auf die vollkommene Abwesenheit jeglichen Schamgefühls schließen, indem er noch angesichts Millionen Ermordeter von seinen Laufbahn-Behinderungen gequält wird.

Wer so argumentiert oder sich empört, beweist freilich nur, daß er es mit der Gegnerschaft zu nationalsozialistischem Unrecht weniger genau nimmt als der Anti-Nazi, der es unerbittlich an der fünften Stelle hinterm Komma aufspürt.

Und so vermag Filbinger auch in der Entrüstung über ein von ihm mitzuverantwortendes Todesurteil nur die Fortsetzung jener

Praktiken zu erkennen, mit denen schon die Nazis ihn im Fortkommen behinderten.

Es gehört zu den tragischen Charakterzügen des Anti-Nazi, daß in seinem vor lauter moralisch und strafrechtlich Unterlegenen bevölkerten Bewußtsein schließlich für ihn selber, den Makellosen, überhaupt kein Platz mehr ist und er auf diese Weise nicht nur vom Gedanken seiner möglichen Schuld, sondern auch vom Bewußtsein seiner Unschuld abgeschnitten bleibt.

So hat er seinen Kritikern auch nichts als die panische Anhäufung von Stellungnahmen entgegenzusetzen und läuft kopflos denen ständig hinterher, die er abschütteln will.

Daß er in seinem zwanghaften Drang, sich gegen die Vorwürfe zu verteidigen, die er doch zugleich als gegenstandslose »Kampagne der extremen Linken« durchschaut; daß er dieser mit den Schleyer-Mördern heimlich paktierenden Öffentlichkeit von ZEIT und SPIEGEL gleichwohl Rede, wenn schon nicht Antwort steht in Presseerklärungen und Rundfunkkommentaren – nur er selber merkt nicht, daß seine hilflos ans rechte Volksempfinden appellierenden Anklagen nur um so deutlicher den »weisungsgebundenen« Ankläger von ehedem wiederspiegeln, dessen Unschuld allein die »Schuld« von Gegnern zum Inhalt hat.

Was aber ihn angeht, so ist er, wenn er es auch mangels Selbstbewußtseins, das er immer schon ans Große und Ganze abgetreten hatte, nicht bemerkt, sich selber der dunkle Punkt im eigenen Leben, den daher andere erhellen müssen, die Gerichte beispielsweise oder »die Engländer«.

Wie der Suchdienst nach verschollenen Soldaten fahndet der Anti-Nazi nach seiner unbescholtenen Vergangenheit, die nachzuweisen er Augenzeugen benötigt, unablässig beteuernd, sie sei »bekannt und belegt« und auch in einem Gerichtsurteil festgestellt worden. Er verfährt gerade so, als hielte er alle, nur sich selber nicht für fähig, die Spuren seiner anti-nazistischen Gesinnung zu sichern.

Aber die notorische Unzuständigkeit in eigener Sache deckt erst auf, was sie zudecken soll: daß der Anti-Nazi eben nicht der Widerstandskämpfer auf eigene Faust, sondern nur der hörige Gefolgsmann der gerade bestehenden Machtverhältnisse ist, mit deren Gerichtsbarkeit einig zu sein, ihm immer noch als höchster Beweis für Moral und Gesinnung gilt. Den schleudert er auch prompt seinen Kritikern entgegen, die sich erfrechen, seine Integrität zu bezweifeln – »trotz des erwähnten Urteils von 1972«.

War es nicht dieser Glaube an die letztinstanzliche Autorität der Gerichte, der Gesetze und des, egal welchen, bestehenden Rechts, der ihn schon immer beseelte und der den Matrosen Gröger das Leben kostete?

Und beruht nicht der kopflose Glaube ans Recht nur auf jenem selbstlosen Glauben an die jeweilige politische Macht, den der Anti-Nazi in der Tat bis heute nicht abgelegt hat, indem er immer noch die Herrschenden und die Vorgesetzten für seine juristischen Taten verantwortlich macht? Und was schließlich, wenn nicht diese Gleichschaltung von Macht, Recht und Moral in den Köpfen, hat denn die mörderische Praxis des Faschismus ermöglicht? Kurz und gut: Wenn Filbinger, der noch nach Kriegsende den auf die »Nazihunde« schimpfenden Soldaten Petzold mit Nazi-Rechtsprechung glaubte verfolgen zu sollen, wenn also Filbinger, solchermaßen erwiesen, ein Anti-Nazi war, wer war dann der Nazi?

In all seinen Erklärungen, die zwar sonst mancherlei verraten, verrät er gerade dies nicht. Der Grund dafür ist ebenso simpel wie verblüffend: Er kennt den Unterschied gar nicht, so wenig, wie er den Unterschied zwischen Recht und Unrecht zu kennen scheint.

Anders wäre es ja auch kaum begreiflich, daß Filbinger »jene Jahre des Unrechtsstaates« zugleich als Hoch-Zeit des Rechtsstaates preist, indem er etwa die Vergehen des Matrosen Gröger 1978 nicht anders als 1945 zu strafwürdigen Verbrechen stempelt mit dem Hinweis, sie seien »unstreitig und rechtskräftig festgestellt« worden.

Wie bitte? Ein Anti-Nazi beruft sich heute ohne Zwang auf die Rechtskraft eben jenes faschistischen Rechts, dem er nur unter Zwang gedient haben will? Und erklärt gar obendrein: »Was damals Rechtens war, kann heute nicht Unrecht sein«?

Einer, der sich wie Filbinger zum »Recht« im »Unrechtsstaat« bekennt, ist nicht der kalkulierende Heuchler oder souveräne Opportunist, für den viele Kommentatoren ihn halten.

Wer sich derart um Kopf und Kragen redet, daß er zur Beglaubigung seiner Unschuld ständig Besserung gelobt wie ein Schuldiger, der es auch nie wieder tun, sondern »noch ernster ... für unsere freiheitliche Rechts- und Sozialordnung eintreten« will, der ist in den Kategorien selbständig-bewußten Verhaltens gar nicht mehr zu erfassen.

Und tatsächlich macht auch Filbinger selber keinerlei Anspruch darauf. Wie sollte er auch bei seiner Doppel- und Dreifach-Existenz als Jurist, als »Christ« und als »human denkender Mensch«, wie sollte er bei all diesen Filbingers, die einer vom anderen nichts wissen und wie die zerhackten Glieder eines Regenwurms sich verselbständigen, noch zu kontrolliertem Denken und Verhalten fähig sein.

Während den Humanmenschen, wenn auch nicht der Tod des jungen Walter Gröger, so doch immerhin die eigenen »Verstrickungen« »zutiefst berühren«, reagiert der Christ, öffentlich zu einem Wort des Bedauerns ermahnt, bereits unwillig wie einer, den man nachts aus dem Bett geklingelt hat. Also gut, wenn man ihm dann nur seine Ruhe wieder läßt, bringt er »sehr gerne zum Ausdruck«, daß »das Mitleiden, das Bedauern«, also »der Ausdruck des Bedauerns«, na, Sie wissen schon, »daß das existentiell mit mir verbunden ist.«

Der schneidige Ministerpräsident, kein Freund des langen Fackelns, entzieht schließlich dem Christen- und Humanmenschen bündig das Wort: Er werde sich »nicht in die Knie zwingen lassen«, er wolle – »das muß klar sein« – »den Sieg«.

Was ihn zusammenhält, ist allein die Macht und das Amt, auf das der in unbedrängter Lage mit der Herrenpeitsche aus »Manneszucht« und »Menschenwürde« knallende Ministerpräsident so wenig verzichten kann, daß er bei der Aussicht, es zu verlieren, sogleich in Tränen ausbricht und um die Almosen unseres Mitgefühls bettelt.

Da präsentiert sich der einst so entschlossene Anwalt der »Blutsgemeinschaft«, die keine »Schädlinge am Volksganzen« duldet, als ein hilflos damaliger Gedankenwelt ausgeliefertes Geschöpf, das doch, im embryonalen Bewußtseinszustand eines Einundzwanzigjährigen, »noch keine eigenen Erkenntnisse« haben konnte und nur bewußtlos fremder Leute Gedanken nachlallte. (Nach welchen Maßstäben aber mag dann das erkenntnisunfähige Drittsemester Filbinger nur entschieden haben, diese Gedanken, die es gar nicht begriff, sich »nicht zu eigen« zu machen?)

Ein andermal hören wir ihn als leidgeprüften Mann gebeugt klagen, das Leben, ach, es ist sowieso ein Jammertal, »ein Ring von Schicksal und Verhängnis«. Und wie ein Todeskandidat läßt er noch einmal seine Jugend passieren, da er beim düsteren Dostojewski »mit brennenden Augen« – dem Leiden bestimmt schon im zarten Knabenalter – den Satz las: »Wir alle sind an allem für alles schuldig.«

Nachdem Filbinger uns so zu Tränen gerührt hat, daß wir nur noch eins von ihm erflehen, er möge doch bitte, bitte am Leben und Ministerpräsident bleiben, tritt der Verwandlungskünstler tatsächlich im Amtsornat plötzlich als unser Tröster wieder hervor, der uns versichert, keine Bange, wir könnten »von ihm füglich erwarten«, daß er auf dem Amtssessel festwachse.

Und ist es nicht wirklich einerlei, ob der »letzte, dem Trauer und Betroffenheit ... fremd« sind und der entsprechend »rückhaltlos« für Ordnung eintritt, ob der uns regiert oder ein Anti-Nazi? Wo wir doch sowieso alle an allem schuld sein werden?

Filbingers anti-nazistischer Gewährsmann, der Dichter Reinhold Schneider, antwortet: »Die grausamste aller Gewalten ist ein neuer Glaube: Er schont auch die Toten nicht und tilgt ein jedes Zeichen trennender Werte.«

»Mein Tod soll meine Sache sein«

Gespräch mit Jean Améry

SCHULTZ-GERSTEIN: Ein Buch über den Freitod, das schreibt man ja nicht so, daß man sich hinsetzt und sagt: jetzt schreib ich mal'n Buch über Freitod. Könnten Sie das rekonstruieren, wie es zu diesem Buch gekommen ist? Oder gab es einen punktuellen Anlaß?

AMERY: Der punktuelle Anlaß ist vielleicht unwichtig, den kann man ausklammern, wenn es Ihnen recht ist. Was wichtiger ist: daß die Idee des Freitods mir von ich würde fast sagen von Kindheit auf geläufig war, mich eigentlich immer wieder begleitet hat, angezogen hat, natürlich auch mit Schrecken erfüllt hat.

Denn es gehört ja allerhand Courage dazu. Nichts Dümmeres als die Leute, die bei einem ernsthaften Suizidversuch oder Suizid – ich kann den Unterschied gar nicht machen, denn der Suizidversuch, wenn er ernsthaft ist, ist eben ein Suizid – nichts Dümmeres als die Leute, die sagen, das sei feige.

Im Gegenteil, es gehört sehr, sehr viel Mut dazu, weil die ganzen Lebenstriebe, der kreatürliche Selbsterhaltungstrieb dem widersteht. Mir war der Gedanke immer nahe, wie ich heute weiß, als Vorstellung von Flucht, aber nicht nur als Flucht.

SCHULTZ-GERSTEIN: Hat sich der Inhalt des Freitodgedankens mit der Zeit geändert?

AMERY: Natürlich, weil sich ja das Denken verändert. Das Denken eines vierzehnjährigen Knaben, der denkt, ich werde mich eventuell umbringen, ist natürlich etwas völlig anderes als das Freitoddenken eines sechzigjährigen Mannes mit all seinen Erfahrungen hinter sich und auch theoretischen Erkenntnissen.

SCHULTZ-GERSTEIN: Könnten Sie heute noch dahin zurückfinden, was der Freitodgedanke für Sie mit vierzehn war?

AMERY: Damals überwog sicher das Gefühl des Wunsches zu fliehen. Nicht einmal aus besonders ausweglos erscheinenden Situationen oder einem Knaben ausweglos scheinenden Situationen. Sondern überhaupt: davonlaufen.

SCHULTZ-GERSTEIN: Davonlaufen, um allein zu sein?

AMERY: Davonzulaufen, um fern zu sein von all dem, was man kennt. Ich würd' nicht sagen, um allein zu sein. Im Tod ist man ja nicht allein, im Tod ist man überhaupt nicht.

Später, als junger Mann, wenn ich daran dachte, und ich dachte natürlich keineswegs unausgesetzt daran – ich bin kein ständig von düsteren Ideen geplagter Psychopath, ich halte mich für einen ziemlich normalen Menschen, soweit dieser Begriff überhaupt einen Sinn hat. Später, als junger Mann, überwog dann schon die Vorstellung der Freiheit, des freien Aktes, der äußersten Bekräftigung, der äußersten möglichen Bekräftigung meiner Freiheit. Und das verdeutlichte sich immer wieder an konkreten Problemen.

SCHULTZ-GERSTEIN: Waren diese Freitodgedanken durch irgendwelche Umstände, Situationen oder Leute oder Vorgesetzte bedingt?

AMERY: Nein, außer Lehrern habe ich nie im Leben einen Vorgesetzten gehabt. Und mit den Lehrern hatte ich keine besonderen Schwierigkeiten. Nein, das kam oft eigentlich jenseits jeglicher Zwangssituationen. Das gab's natürlich auch in Zwangssituationen, das ist klar. Darüber können wir dann noch sprechen.

Einfach ein gewisser Ekel vor den Leuten in der Straßenbahn, zu viele Menschen zu nah um mich herum, zu viele Gesichter, die ich nicht mochte, Häuser, die ich scheußlich fand und Straßen, die kein Ende nahmen. Und dann kam der Gedanke: das geht eigentlich nicht. Aber dieser Gedanke hat ja immer die gleiche aktualisierende Kraft. Es gab ihn natürlich auch in Zwangssituationen. Zum Beispiel war ich entschlossen, während der Widerstandsbewegung, daß, hätte ich eine Waffe gehabt, ich den ersten besten Gestapomann erschieße und dann mich. Das war ein ganz fester Entschluß. Ich kam nur niemals in den Besitz einer Waffe, weil ich einer Widerstandsgruppe angehört habe, die politisch gearbeitet hat, das heißt, die nicht bewaffnet war. Aber ich habe immer getrachtet, zu einer bewaffneten zu kommen. Es hat sich nicht ergeben, denn das war, vor allem für einen Ausländer, nicht so einfach. Da war das ein fester Entschluß, und ich habe gar keine Zweifel, daß ich den durchgeführt hätte.

In der Einzelhaft und nach der ersten Tortur habe ich meinen ersten Suizidversuch begangen. Nicht aus Angst, sondern weil ich die konkrete Befürchtung hegte, ich würde unter der Folter Adressen preisgeben. Ich kannte sehr wenig Adressen, aber zum Beispiel kannte ich die Adresse meiner damaligen Frau. Bei der Tortur gibt es Widerstandsgrade verschiedener Ordnung. Ich habe gewußt, wenn das jetzt lange weitergeht, dann würde ich das wahrscheinlich preisgeben. Und da habe ich einen Suizidversuch begangen, der natürlich lächerlich gescheitert ist. Vom Eimer ein rostiges Stück abgerissen und versucht, die Pulsadern zu öffnen. Das hat so wahnsinnig wehgetan, daß ich zunächst einmal ohnmächtig geworden bin in der Zelle. Und dann ist aus dem Suizid nichts geworden.

Später im KZ hab' ich die Zwangssituation, die man als solche hätte empfinden können, nicht als solche empfunden, sondern eigentlich als eine Herausforderung, durchzuhalten und zu überstehen. Also: Ihr sollt mich nicht haben. Mein Tod soll meine Sache sein. Von Euch lasse ich mich nicht kleinkriegen. Ich will versuchen, das zu überstehen.

Na ja, und danach gab es immer wieder Ekelsituationen, auch Müdigkeit. Kurz, der Gedanke war immer da und ist immer noch da, sonst hätte ich das Buch nicht geschrieben.

SCHULTZ-GERSTEIN: Hätten Sie dieses Buch auch früher schreiben können?

AMERY: Ich glaube, ich hätte es schreiben können und wohl auch schon früher schreiben sollen. Nur befand ich mich früher noch allzu bewegungslos in den Fesseln der Lebenslogik. Da habe ich zum Beispiel in meinem Buch *Über das Altern* den Freitod eine Narrengeschichte von Freiheit genannt. Da hat mich quasi die Logik überrollt, das heißt, die Logik hat das überrollt, was ich eigentlich persönlich hätte sagen müssen und sollen.

SCHULTZ-GERSTEIN: Gehört eigentlich Mut dazu, den Freitod zu verteidigen? Es ist ja noch ein Unterschied, ob ich mit dem

Gedanken im stillen Kämmerlein umgehe oder ob ich ihn wirklich hinschreibe und dann aus der Hand gebe.

AMERY: Wissen Sie, Mut. Wenn ein Schriftsteller über Dinge schreibt, die ihn persönlich angehen – und ein Schriftsteller sollte über nichts anderes schreiben –, dann gehört dazu immer Mut. Es gehört auch sehr viel Mut dazu, eine Liebesgeschichte zu schreiben. Es gehörte sicher für Peter Handke sehr viel Mut dazu, ein Buch wie *Wunschloses Unglück* zu schreiben. Aber als eine Mutleistung würde ich mein Buch nicht bezeichnen. Eine Aufrichtigkeitsleistung, das würde ich für mich in Anspruch nehmen. Was immer dabei entstanden sein mag.

SCHULTZ-GERSTEIN: Gab es außer ganz persönlichen Anlässen auch irgendeinen, also, hat sich ihr Verhältnis zu all dem, was um Sie herum geschieht, was man gesellschaftlich nennt, hat sich das verändert? Oder hat das eine Rolle gespielt?

AMERY: Das Politische hat sicher eine Rolle gespielt. Ich bin seit der Rückkehr aus dem KZ, wo ich mir einbildete, jetzt ist es überstanden, jetzt kommt eine neue und richtigere Welt, in der man wird leben können, also, da wurde ich von allen Seiten immer mehr enttäuscht.

Nicht nur, daß die Nazis Ehrenpensionen, bon, sollen sie meinetwegen Ehrenpensionen bekommen, daß irgendein SS-Henker Vorsitzender eines Industrieunternehmens wird. Das ist mir quasi schon egal. Nein, daß ideologisch, im Bedenken des Politischen sich eigentlich nichts gebessert hat.

Und da bin ich stark enttäuscht worden vom Verhalten der Linken. Ich habe mich ein Leben lang als ein Mann der Linken gefühlt. Ich bin in einer von Kommunisten geleiteten Widerstandsgruppe gewesen. Ich hatte seinerzeit, als ich ausschließlich in der Schweiz veröffentlichte, weil ich von Deutschland nichts wissen wollte – ich habe erst 1964 begonnen, wieder in Deutschland zu veröffentlichen –, damals habe ich mich beruflichen Schwierigkeiten ausgesetzt, weil ich ein Linker war. Es war in der Zeit des Kalten Krieges, das ging dann wirklich ans Mark der ökonomischen Existenz. Ich habe mich diesen Schwierigkeiten ausgesetzt immer im Bewußtsein, ein Linker zu sein. Heute weiß ich nicht mehr recht, was das heißen soll. Die Linke, auf die ich große Hoffnungen gesetzt habe, auch noch zur Zeit der Studentenbewegung, auch noch im Mai '68 in Paris, hat sich durch ihr schwaches Denken, durch ihr unsinniges Verhalten mir so entfremdet, daß ich heute den Weg zu ihr so schwer finde wie den Weg zu mir. Ich bin für die Leute heute ein abgetakelter Liberaler. Ich will das natürlich gern sein, bon, ja.

Bei den Frankfurter Römerberg-Gesprächen zum Beispiel hab' ich das gespürt. Als ich sagte, ich sei ein Mann der Linken, da ging durch einen Teil des Auditoriums ein höhnisches Gelächter. Aber es ist nicht so, daß das meine persönliche Eitelkeit verletzt, das ist einem Mann in meinen Jahren egal. Ein Mann in meinen Jahren, der ist nicht mehr eitel. Da muß er schon sehr dumm sein, wenn er mit 63 Jahren eitel ist. Nein, es ist die Enttäuschung, daß diese Leute es nicht besser, nicht vernünftiger gemacht haben. Der Radikalenerlaß ist eine schreckliche Sache. Aber die Linke hat es den Leuten allzu leicht gemacht. Eine gewisse Linke. Sie hat den Leuten ja die Waffen in die Hand gegeben.

SCHULTZ-GERSTEIN: Welche Linke meinen Sie?

AMERY: Immer wieder spreche ich vor jungen Leuten, die dann, merke ich zu meinem Entsetzen, gar keine Gedanken im Kopf haben. Sie haben nur ein Vokabular.

SCHULTZ-GERSTEIN: Gab es für Sie in der Studentenbewegung auch Leute, die Ihnen Hoffnungen gemacht haben?

AMERY: Ja, ich hatte sehr positive Erlebnisse. Es gab in Köln Leute, die mich auf der Straße angesprochen haben, mich fragten, ob ich der Améry sei, und die mich mitgenommen haben in ihre Kommune, wo ein Geist allgemeiner Herzlichkeit und Kameradschaftlichkeit herrschte.

SCHULTZ-GERSTEIN: Und Rudi Dutschke zum Beispiel?

AMERY: Ich kenne ihn nicht genug, und ich habe nie persönlich mit ihm zu tun gehabt. Aber ich hatte immer das Gefühl, daß das ein sehr ehrlicher und sehr moralischer Mensch sei. Ein Gefühl, das ich bei Cohn-Bendit überhaupt nicht hatte. Also, diese politischen Dinge haben auch eine Rolle gespielt. Auf der einen Seite die immer widerlichere Selbstbehauptung der Rechten mit der »Tendenzwende« und all dem, was dahinter sich breitmacht und sich noch breiter machen wird, wie ich befürchte, einerseits. Andererseits die mangelnde fehlende, sei es Kraft, sei es Bereitschaft der meisten jungen Linken, wirklich einmal über ihr Vokabular hinauszudenken.

SCHULTZ-GERSTEIN: In Ihrem Buch erscheint ja der Freitod oder die Möglichkeit zum Freitod als die allerletzte und vielleicht auch einzig realisierbare dauerhafte Freiheit. Und auch als der letzte Widerstand, dem nichts von Resignation anhaftet.

AMERY: Da bin ich nicht neu, das hat schon Nietzsche gesagt.

SCHULTZ-GERSTEIN: Sie leisten trotzdem schreibend auch noch immer die, ich nenn' das jetzt mal die kleinen Widerstände. Also: Sie schreiben immer noch gegen den Radikalenerlaß; oder Sie schreiben über die neuen Tendenzen zur Rehabilitierung des Faschismus. Was treibt Sie eigentlich an, so etwas noch zu machen?

AMERY: Die Antwort ist überraschend einfach. Es ist das Bewußtsein, solange ich überhaupt noch da bin und solange ich diesen letzten Entschluß, den ich schon einmal gefaßt habe, nicht noch einmal fasse, daß es so lange zu meiner Aufgabe gehört, das zu tun.

SCHULTZ-GERSTEIN: In Ihrem Buch steht an einer Stelle ein Ausdruck, der für mich Ihre ganze Haltung charakterisiert. Da ist vom empörten Lebensekel die Rede. Also kein resignierter.

AMERY: Nein, nein, kein resignierter.

SCHULTZ-GERSTEIN: Suizidäre Stimmung also, nicht ein müdes »nach mir die Sintflut«. Und Ihre Empörung richtet sich vor allem gegen einzelne Wissenschaften, gegen die Psychologie, gegen die Soziologie, die bei Ihnen als die Büttel der öffentlichen Ordnung dastehen.

AMERY: Als Büttel der öffentlichen Ordnung, ja. Es ist aber nicht so, daß ich jegliche Art von Psychologie ablehne. Das wäre ja Unsinn, das zu tun. Ich halte es für ganz richtig und vernünftig, daß, wenn ein 17jähriger junger Mensch – sei es mit sexuellen Schwierigkeiten oder daß er rauschgiftsüchtig ist – sich an einen Psychologen wendet. Und dabei mögen dann richtige Ratschläge und therapeutische Ergebnisse herauskommen.

Ich glaube nur, daß die gesamte Terminologie und die ganze Vorstellungswelt der Psychologie nicht mehr gilt für den Suizidär.

Dem geschieht da ein ungeheuerliches Unrecht. Da wirkt die Psychologie dann so deplaciert und lächerlich wie jemand, der einem Unglücklichen sagt: Sei doch nicht unglücklich.

SCHULTZ-GERSTEIN: Sie kennen vielleicht die in Büchern und im Fernsehen betriebene Praxis der Lebenshilfe, die vom Fettbauch über ungezogene Kinder und Einsamkeit bis zu kaputten Ehen und der Angst vorm Leben alles repariert und wieder ins Lot bringt. Ist es diese frisch-fröhliche Sorgenkind-Psychologie, von der Sie nichts wissen wollen?

AMERY: Lebenshilfe, ach ja. Wissen Sie, manchmal hat das Unglück recht gegen das Glück und die Krankheit recht gegen die Gesundheit. Wenn ich so amerikanische psychoanalytische Krankenberichte lese, dann halte ich plötzlich nichts mehr von Lebenshilfe. Dann ist mir der lieber, der unglücklich ist.

Es gibt einen wunderbaren Satz von Shaw: »Happiness for pigs«. Und so ähnliche Sätze gibt es auch bei Schopenhauer.

Ich erfinde jetzt einfach zwei Gestalten. Da ist ein unglücklicher, depressiver Mensch, wie die Psychoanalyse sagen würde und wie ich nie sagen würde. Er übt seinen Beruf mit Widerwillen aus, oder er übt ihn vielleicht gar nicht aus. Er hat einen Ekel vor dem Heiraten und will auch keine Kinder haben, will sich nicht fortsetzen. Der kann doch, muß nicht, eine menschlich ranghöhere Figur sein als der brave Mann, der aufgrund von Lebenshilfe eine Familie beisammenhält und Kinder in die Welt setzt.

SCHULTZ-GERSTEIN: Von welcher Position aus engagieren Sie sich, und Sie engagieren sich ja, für die Anerkennung des Freitods als ein Menschenrecht?

AMERY: Im letzten Grund gehört der Mensch in seiner Entscheidung, zu leben oder zu sterben, sich selbst. Ich glaube, daß der Mensch im wesentlichen nur sich selbst gehört. Ich bin aber zu einem vernünftigen Übereinkommen bereit. Ich habe Verständnis dafür, daß man sagt, um Gottes willen, jetzt hat sich der umgebracht, da ist eine unversorgte Frau und da sind drei Kinder. Ich habe also Verständnis für diesen allgemeinen Einwurf der Sozialmoral.

Nur gehört meine noch immer größere Sympathie dem, der den Schritt tat, und das ist ein entsetzlicher Schritt, besonders, wenn er überlegt ist und aus einem intensiven Todesgedanken herauskommt. Zumal, das ist kein Ehrentitel, und das sollen Sie gar nicht schreiben, wenn man soviel Tod um sich herum gesehen hat wie ich. Ich bin in Bergen-Belsen über Berge von Leichen gestiegen, der Tod ist ein guter alter Bekannter.

Aber noch einmal zurück. Ja, es ist gut zu verstehen, wenn man sagt, das hätte er nicht tun dürfen, Frau und Kinder zurücklassen. Nun, ich antworte darauf: Sie arrangieren sich. Die Frau mit den Kindern wird irgendwie durchkommen, der Mann wird auch sehr schnell vergessen. Das ist ein ganz wichtiger Punkt, wie wahnsinnig wenig der Mensch gilt in der Welt. Er ist ein Nichts. Nein, die große Sache erledigt der, der sich umbringt.

SCHULTZ-GERSTEIN: Es ist ja ziemlich rätselhaft, warum die Gesellschaft eigentlich den Selbstmörder ächtet. Ich kann überhaupt kein Interesse entdecken, das sie daran haben könnte. Trotzdem tut sie es, obwohl, statistisch gesehen, die Zahl der Selbstmörder weder den Produktionsprozeß noch das Produktionsvolumen beeinträchtigt.

AMERY: Im letzten Grunde aus dem Prinzip der Arterhaltung. Das ist zutiefst im kollektiven Unbewußten verankert. Tiere bringen sich nicht um, kein Tier begeht Selbstmord. Mit den Lemmingen ist das wieder eine andere Sache, die sind falsch programmiert.

Alle Geschichten vom treuen Hund, der sich am Grab seines Herrn zu Tode hungert, haben sich als Legenden erwiesen. Die Natur sieht den Suizid nicht vor. Und darum ist der Freitod für mich in so hohem Maße ein integrierender Bestandteil des Humanums. Diese Möglichkeit, das, was der Theologe die Schöpfung nennt, zu verneinen, totaliter zu verneinen, ein Weltende sozusagen selber zu veranstalten.

SCHULTZ-GERSTEIN: Der Terminus der Arterhaltung kommt in Ihrem Buch regelmäßig in negativer Bedeutung vor, etwa, wenn Sie von der »arterhaltenden Zivilisationsmeute« sprechen oder in leichter Abwandlung von der »lebenserhaltenden Gesellschaft«. Wogegen richtet sich Ihr Vorwurf?

AMERY: Er richtet sich einmal gegen die allgemeine Akzeptierung dessen, daß ist, was ist. Er richtet sich gegen die achselzuckende Akzeptierung der Schöpfung im Namen der Lebenslogik. Wer sich das Leben nimmt, der nimmt sozusagen die Schöpfung zurück. Und das Buch ist ja bewußt aus der Sicht des Suizidärs geschrieben. Und wenn es gelegentlich einen vehementen Ton hat, dann, um dem Suizidär endlich auch einmal sein Recht werden zu lassen. Ich gründe ja keinen Selbstmörder-Klub. Ich will nur, daß dem sein Recht wird. Ein Selbstmord wird in Familien verheimlicht, man sagt es nicht, davon spricht man nicht.

SCHULTZ-GERSTEIN: Verstehe ich Sie richtig? Sie wenden sich also, wenn Sie gegen Lebenslogik und Arterhaltung zu Felde ziehen, nicht gegen den Wunsch und womöglich die Lust zu leben, sondern gegen den Wunsch zu überleben unter egal welchen gesellschaftlichen Verhältnissen, gegen den nackten Lebenswunsch ohne jede Vorbedingungen?

AMERY: Ganz richtig: gegen den Lebenswunsch ohne jede Vorbedingungen. Und vor allem gegen die Anmaßung der Gesellschaft, gegen die Anmaßung der Gesellschaft dem gegenüber, der aus ihr ausbricht. Da ist der Suizid ein Skandal, Deserteur, Fahnenflüchtiger, die geheiligte Gesellschaft, die geheiligte Familie!

SCHULTZ-GERSTEIN: Diese betretene Aufregung oder das schamvolle Schweigen angesichts eines Selbstmords erinnert mich an eine ganze triviale Beobachtung:

Wenn einer sich das Rauchen abgewöhnt hat und der kommt jetzt unter seine alten Bekannten, die alle genau wissen, daß das Rauchen schädlich ist und daß sie sich an Herz und Kreislauf versündigen, da gibt es dann immer die Versuche, den an die eigenen Raucher-Ängste erinnernden Ex-Raucher wieder zum Rauchen zu überreden. Entweder spottet man, du fängst sowieso in zwei Tagen wieder an, oder es heißt kumpelhaft, na komm, nun rauch schon eine. Das ist für mich der umgekehrte Fall der Furcht vor dem Selbstmörder.

Und ich frage mich, ob die moralische Ablehnung des Selbstmords nicht bereits eine heimliche eigene Neigung dazu beinhaltet. Sie schreiben an einer Stelle, der Suizidär blicke auf die Welt als auf eine Welt, die abgelebt und zukunftslos ist. Und da hab' ich mir sofort an den Rand geschrieben: Gucken so nicht Millionen auf die Welt? Alle, die keine Aufstiegs- oder Entfaltungschance haben? Die wissen, ich verdiene und tue heute dies bis an mein Ende.

Und die Zukunftslosigkeit, die einen alltäglich umgibt, die kommt ja, abgesehen von unserem zu Tode erstarrten gesellschaftlichen Leben, auch so zustande, daß ich weiß, so wie jetzt geht das 50 Jahre weiter. Ist das nicht die Situation von Millionen? Und Sie schreiben dann auch ein paar Seiten weiter von den »Grauzonen«, in denen sich verschämte Suizidäre tummeln, eingeschüchtert von der Lebenslogik und der lebenserhaltenden Gesellschaft. Das würde ich gerne genauer wissen. Wer tummelt sich nach Ihrer Einsicht in welcher Grauzone?

AMERY: Das ist einfach eine Lebenserfahrung. Ich habe x Menschen kennengelernt, die leben so ihren Alltag, und wenn man zu einem vertieften Gespräch mit ihnen kommt, dann sind es häufig zutiefst des Lebens überdrüssige Menschen.

Aber nachdem nun einmal über dem Selbstmord das allgemeine Verbot liegt, das christliche sowieso und auch das der Gesellschaft, wagt er nicht, so wie er wagt, wenn er sich fragt, wieso geht's dem so gut und mir so schlecht, dem etwas zu stehlen und auf diese Weise die Ungerechtigkeit auszugleichen, so wie er auf diesen Gedanken nicht kommt, sowenig wagen diese Leute an den Selbstmord auch nur zu denken, weil sie in der Tat eingeschüchtert sind von der Lebenslogik.

Um sie herum heißt es doch immer nur: durchhalten, man wird es schon schaffen, es wird schon werden. Die ganze positive Lebensphraseologie. Man spricht ja auch vom positiv eingestellten Menschen.

SCHULTZ-GERSTEIN: Wenn Sie von »arterhaltender Zivilisationsmeute« oder von »lebenserhaltender Gesellschaft« reden, dann denke ich an ganz konkrete gesellschaftliche Erscheinungen, wie die mörderische Trimmbewegung oder die furchterregende Fitnessmentalität, alles Phänomene, die mir eben ganz unmittelbar wie Vorstufen zum Selbstmord vorkommen, wie allerletzte Rettungsversuche.

AMERY: Ich denke natürlich auch, in dieser Gesellschaft lebend, an diese Gesellschaft. Ich würde aber ganz gewiß nicht sagen, daß man in bestehenden sozialistischen Gesellschaften nicht von einer arterhaltenden Zivilisationsmeute sprechen könnte oder daß dort die Situation des Suizidanten eine völlig andere wäre als hier.

Ich glaube eben auch, daß der Freitod als Akt der Befreiung unabhängig ist von Gesellschaftsformen. Ich kann mir überhaupt keine Gesellschaftsform denken, die nicht Zwang im Sinne der Lebenslogik bedeuten würde. Was will denn der Suizidär? Er will nun einmal gar keine Ziele mehr haben, außer dem einen, dieser Bekräftigung des Freiheitsaktes.

SCHULTZ-GERSTEIN: Will er keine Ziele mehr haben, oder hat er keine Ziele mehr?

AMERY: Nein, er will auch keine mehr haben. Also der Suizidär, den ich im Auge habe, der will gar keine mehr haben. Er hat sie womöglich noch.

Ich kann nicht sagen, Joseph Roth hätte keine Ziele mehr gehabt. Der hat sich ganz bewußt zu Tode getrunken. Oder Klaus Mann. Es wäre für ihn unendlich viel noch zu tun gewesen. Er wollte nicht mehr. Es war genug.

Und ich glaube nicht, daß die jeweils in Frage kommenden Erklärungen der psychologischen Motivation ausreichen. Diese Motivationen sind da, ja. Darunter aber sind, was ich eben die Grundbefindlichkeiten nenne.

Was für mich der Kernpunkt ist. Wir gehen in einem Leben, das uns zum Tode verurteilt, dem Scheitern entgegen, und das Bewußtsein dieses notwendigen letzten Scheiterns kann einen Menschen aufstehen machen gegen das Gesamtgeschick, gegen die Gesamtschöpfung, um zu sagen: Nein, nicht das Geschick, sondern ich mache es, und ich will kein Ziel, ich will die Ziele alle nicht, die Ihr mir da propagiert.

Vatertags-Tour durch den Raketenwald

Über die linke Wende im Kulturbetrieb

Links ist, wenn man trotzdem lacht. Die linken deutschen Feuilleton-Intellektuellen wollen jedenfalls nicht länger mit Schwarzsehern und Miesmachern verwechselt werden. Sie haben in der diesjährigen Meinungs- und Bekenntnissaison eine für Linke ungewöhnliche Wende vollzogen: die Wende zu Optimismus und Lebensfreude. Im Kulturteil der FRANKFURTER RUNDSCHAU attackiert der Linksliterat Jürgen Manthey plötzlich »Misanthropen«, mokiert sich Wolfram Schütte »über die herrschende Grämlichkeit« und fordert »die Intelligenz« dazu auf, mit der Zeit Schritt zu halten, »statt unter ihr mißmutig wegzutauchen.« Die ZEIT lobt einen Roman ausdrücklich dafür, daß er ohne »depressive Psychologie« auskomme, und begeistert sich für ein anderes Buch, weil es der »Fadheit verkopften Wissens« die »Lachtradition« satirischer Weisheit vorziehe.

Auch außerhalb der Feuilletons, in der Friedensbewegung, sind die ums Überleben bangenden Linken bei bester Laune. Protestversammlungen gegen Atomraketen und für die Erhaltung der vom Untergang bedrohten Menschheit nennen sich denn auch »Feste«, gelegentlich wird auch schon zur »Anti-Atom-Fete« eingeladen. Und was herrschte zuletzt beim Hamburger »Friedensfest« im St.-Pauli-Stadion? Wut, Ohnmacht, Haß, Resignation? »Zwei Tage herrschte Begeisterung«, applaudierte der ZEIT-Reporter, vom Rüstungswahnsinn-Frohsinn spürbar angetan. In dieser linken KdF-Stimmung wird selbst noch das an sich ja wenig unterhaltsame »Fasten für den Frieden« wie eine mit dem »Blauen Bock« konkurrierende Veranstaltung aufgezogen. Das Programm etwa der Frankfurter Initiatoren einer zweiwöchigen Fasten-Aktion liest sich wie der Veranstaltungskalender für zur Fröhlichkeit verdammte Pauschaltouristen. Der »Bunte Abend zum Kennenlernen« fehlt so wenig wie der »Tanzabend«, auf dem hier freilich nicht Walzer oder Rock 'n' Roll, sondern »Friedenstänze« dargeboten werden sollen. Ein »Abschiedsfest (anschl. geruhsames Ausklingen)« rundet die Fasten-Aktion ab, die, wie der Veranstalter glaubt, »sicher ein großes Fest wird.«

Nicht anders entdecken die Linken in Mutlangen die schönen Seiten des Lebens. Pfarrer Albertz pries im Rundfunk die überm künftigen Standort der »Pershing 2« aufgehende Sonne: »ein wunderschöner Anblick«. Von dieser bei den Linken eingezogenen, zwischen pastoraler Beschaulichkeit und vorsätzlicher Ausgelassenheit schwankender Urlaubslaune wurde selbst der sonst grabesernste Kulturkritiker der FRANKFURTER RUNDSCHAU, Wolfram Schütte, erfaßt. In einer Buchbesprechung drängte es auch ihn, ein Bekenntnis zum prallen Leben jenseits trockener Gelehrsamkeit abzulegen, indem er kundtat, daß für ihn ein »Bordellbesuch« »attraktiver« sei, »als einen akademischen Behördenbau zu besichtigen.«

Man könnte die disparaten Indizien für die Wende der Linken zu Philosophien des Feierabends, an dem man die Sau rausläßt, die Schönheit der Natur genießt oder, wie die Frankfurter Hungerkünstler, »Politik mit Herz« macht, für zufällige Einzelerscheinungen halten, denen keine allgemeine Tendenz innewohnt, wenn nicht zugleich die linke Feierabendmentalität allergisch auf jegliche Ruhestörung durch politisierende Theoretiker reagieren würde. So höhnt man jetzt in den sich links gebärdenden Feuilletons jener analytischen Anstrengungen, mit denen man vor Jahren selber noch Eindruck geschunden hatte.

Schrecklich, schüttelt sich nun der progressive Literatur-Professor Jörg Drews in der ZEIT: dieses »kommunikationstheoretisches Gequassel«; zum Weggucken der »zur Gräulichkeit vergiftete Theorie-Baum«; verwerflich das Handwerk der »Ideologiekritik«, die nichts als »Rechthaberei« ist und nur, dazu feige »von hinten«, »den Gegner fertigmachen will«; überhaupt, diese »totalitäre Besserwisserei«, »die „Dialektik" heißt«.

In dasselbe Horn stößt die FRANKFURTER RUNDSCHAU, wenn sie beifällig einen Autor zitiert, der hoch und heilig verspricht, »das Lazarett kritischer Theorien« nicht zu vergrößern, sondern »Erheiterungsarbeit« zu leisten. Und das immer noch vom linken Prestige des aufrechten Ganges zehrende Blatt delektiert sich allen Ernstes an der Heiterkeitsphilosophie eines »nüchternen, lustorientierten Lebens, das mit Gegebenheiten zu rechnen gelernt hat«, an einer Philosophie, die doch nur ungefragt auf die rechten Standard-Ressentiments gegen die weltfremden, in utopische Theorien verbohrten Linken, die nicht lachen können, antwortet und bei den Rechten Abbitte tut, indem sie die Läuterung der Linken zu nüchternen Tatsachen-Menschen bekanntmacht.

Dieselben Linken, die, wie Schütte oder Drews, in den siebziger Jahren noch bedenklich die Stirn gerunzelt haben, als die Verlage Luchterhand und Suhrkamp Hand an ihre linkstheoretischen Buchreihen legten, die machen nun mit der größten Selbstverständlichkeit einen großen Bogen um akademische Lehrgebäude. Die Herausgeber eines bei Rowohlt erschienenen *Lexikons linker Gemeinplätze,* die sich ausdrücklich der Linken zurechnen, feiern ihren grußlosen Abschied vom analytischen Denken gar als Nachweis linker Lernfähigkeit. Wie und warum die Apo-Begriffe zu Gemeinplätzen verkamen, das, so schreiben sie in ihrem Vorwort, wollen sie nicht ergründen. Denn: »Das wäre wieder so eine linksrhetorische Figur: Ursachen aufzählen, Gründe benennen ....«

Den Kopf zu Hause lassen, darum bitten auch die bereits erwähnten Veranstalter des Frankfurter Friedensfastens die Teilnehmer. Um dem »wesentlichen Ziel« ihrer Aktion, der »Abrüstung«, näherzukommen, streben sie zuallererst »die persönliche Abrüstung« an, die »in der kleinen und großen Gruppe« dann eine »Begegnung von Herz zu Herz« ermöglichen soll, eine Begegnung »von Mensch zu Mensch, und nicht von Kopf zu Kopf.« So machen die Linken ihren Frieden mit den Gegebenheiten, indem sie die schlechte Außenwelt nach innen verlegen, um die Kriegsgefahr in der Selbsterfahrungsgruppe zu bannen. Diese Abrüstungsphilosophie, daß jeder erst einmal vor seiner eigenen Tür zu kehren und das Gewaltpotential in seiner Seele abbauen solle, kannte man bislang nur aus abseitigen »Es-ist-fünf-vor-Zwölf«-Broschüren.

Inzwischen wird die Weisheitslehre von der Gefahr, die nicht in Giftgas-Depots, nicht in Raketen-Stationen, sondern tief drinnen in der Seele des Menschen lagert, auch im linken ZEIT-Feuilleton propagiert. Dort meditiert Ulrich Greiner, einer der führenden Weichmacher harter Fakten, »über einige Naivitäten in der Friedensdiskussion« und beklagt die Unfähigkeit der Rüstungsgegner, sich selbst als das größte Friedenshindernis zu erkennen.

»Die Teufel (der Friedensbewegung) heißen Reagan und Weinberger. Von den Teufeln in ihrer eigenen Brust weiß sie nichts. Die Wurzel allen Unheils sieht sie in den Militärs, in der Rüstungsindustrie, in den Politikern.«

Welch ein Irrglaube! »Der Krieg beginnt in uns selber«, und kein Friede auf Erden wird sein, wenn die Friedensbewegung nicht endlich erkennt, »daß wir die Bombe sind«.

Hat man erst einmal den Unterschied eingeebnet zwischen Menschen, die durch Knopfdruck Atombomben zünden, und Menschen, die durch Knopfdruck lediglich das Fernsehgerät einschalten können, ist es erst einmal einerlei geworden, ob »wir alle« den Schalter für »die Bombe in uns« bedienen und damit »Dalli-Dalli« auslösen, oder in Hiroshima fällt wirklich eine runter, dann allerdings erledigt sich jegliche linke Gesellschaftstheorie, die in den Relationen von Machtverhältnissen, deren Opfern und deren Nutznießern denkt, ganz von selbst.

Aber sieht man nur »den« Menschen und von Machtverhältnissen ab, verlegt man widrige Tatsachen nur von der Außenwelt ins Menschenherz, in das ja bekanntlich niemand hineinsieht, dann kann man auch links von BILD und BUNTE mißmutigen Schwarzsehern und faden Theoretikern die schönen Seiten des Lebens vorrechnen. Weil aber die Linken im Kulturbetrieb ihren Anspruch, kritische Intellektuelle zu sein, immer noch aufrechterhalten, dürfen sie nicht geradewegs die Misanthropen schelten und den Frohsinn der gesunden Seelen preisen. Um nicht mit rechtskonservativen Gesundbetern verwechselt zu werden, haben sie daher desorientierende Sprachregelungen entwickelt, mit denen sie, wie sich das für Linke gehört, erst die bestehenden Zustände vom Raketen- bis zum richtigen, vom sauren Regen bedrohten Wald anprangern und ihnen nach getaner Pflichtübung dann in rhetorische Höhen entrinnen, aus denen die Atombombe von der Eisbombe, Reagan und Andropow von uns allen nicht mehr zu unterscheiden sind.

Eingehüllt ins intellektuelle Inkognito feierlicher Beliebigkeit, entdeckt der Kulturbetrieb, daß das Leben lebenswert ist, entdeckt etwa Literaturkritiker Peter Hamm in einer Rezension des jüngsten Handke-Romans »eine wieder einleuchtend gewordene Welt«. Zu der ebenso grund- wie gedankenlosen Anerkennung der bestehenden Verhältnisse fühlten sich die linken Feuilletonisten von einem promovierten Aufsteiger mit Poona-Erfahrung ermächtigt, der in einem zweibändigen, bei Suhrkamp erschienenen Werk mit dem Titel *Kritik der zynischen Vernunft* auf 1000 Seiten ein Credo zum »frechen Realismus« ablegt und dafür plädiert, der Wirklichkeit als Frechdachs zu trotzen mit den »kleinen Formeln«, die da heißen: »Na und!« und »Warum nicht?«

Der kecke Peter Sloterdijk, Jahrgang 47, und schon ein bißchen weise, verbittet sich das »dumme Nihilismusgeschwätz«, das »demagogische Gejammer über den bösen Fortschritt«. Der »Sprung ins Leben selbst«, nicht »theoretische Haltung«, nicht »Kopfwissen und Gelehrtentum«, nicht »Vorlesungen und philosophische Seminare« – »ekstatische Flut«, »ozeanisches Fest«, Brüste »mit der Süße von reifen Birnen«, »Feier«, »Hingabe«: das ist es, was »die Devitalisierung einer Kultur« aufhält, doziert der Lebemann, der zwei dicke Bände vollschreibt, um sich als Zwillingsbruder des Diogenes auszuweisen, von dem es heißt, auch er habe zu denen gehört, »die das Leben wichtiger nehmen als das Schreiben.« Auf seinem »Weg zur Lebenstüchtigkeit« gewinnt der philosophierende Busengreifer nicht zuletzt auch der Manneskraft von Feldherren noch positive Seiten ab, die Kriege für einen Teil des menschlichen Lebens, wie es nun einmal ist, hielten. Dieser kriegerische Realismus hat, so Sloterdijk, »im Bösen gewiß« sein Werk getan, aber – doch, es gibt hier noch ein Aber – aber »im Guten vielleicht« auch. Ja, weiß man's denn, ob nicht kommende Kriege auch ihr Gutes haben werden, zum Beispiel, daß sie das »dumme Nihilismusgeschwätz« beenden.

Mit seinen verschwitzten Männerphantasien, mit dem stickigen Casino-Bekenntnis zu Brüsten, Ärschen und zum öffentlich urinierenden Diogenes, mit dieser johlenden Vatertags-Tour durch die Kulturgeschichte hat Sloterdijk den linken Feuilletonisten so sehr aus der Seele gesprochen, daß sie ihn im Chor als ihren philosophischen Erlöser und als Vordenker dieses Jahrzehnts priesen, dessen kleinbürgerlich-ohnmächtige Machtwünsche ihnen sogleich Befehle waren.

Erkenntnisse dieser Art, daß »die Atombombe der wirkliche Buddha des Westens« sei, weil »ihre Ruhe und ihre Ironie« ihm gleichen, tun sie nicht als blanken Stuß ab, sondern würdigen sie ebenso als einen entscheidenden Beitrag zur Friedensdiskussion wie Sloterdijks herrische Feststellung: »Die Bombe fordert von uns weder Kampf noch Resignation, sondern Selbsterfahrung.«

Im Brustton von Friedenskämpfern fahren sie auch dort noch

fort, beifällig zu zitieren, wo Sloterdijk der Atombombe eine »Mission« zuweist. Den geschwätzigen Philosophen-Darsteller, der deutsches Brauchtum wiederbelebt und »die ästhetische Moderne« wie auch andere Ausdrucksformen »des Nein«, die nur unsere »Glücksfähigkeit« bedrohen, als Gefahr, als »eine Kunst vergifteter Pralinen« definiert, erheben sie zum Avantgardisten des linken Kulturbetriebs. Als hätten all die linken Kulturarbeiter bei Friedrich Zimmermann ein Drehbuch liegen und ihm versprochen, im Kulturbetrieb ihren Beitrag zur inneren Sicherheit der Bundesrepublik zu leisten, wenn er ihnen nur die Film-Förderungsmittel bewilligt, gerade so schwören sie jetzt auf ein Denkverhalten nach der Parole: »Verstehen heißt einverstanden sein.«

Das haben die linken Pantomimen im Kulturbetrieb nun wieder ihrem Sloterdijk begierig von den Lippen abgelesen. Denn um einverstanden zu sein, muß man nur die eine, dazu das Bewußtsein revolutionierende Qualifikation besitzen: gar nichts zu verstehen.

Wer hat Angst vor den Neo-Nazis?

Angenommen, die Neo-Nazis würden behaupten, der Zweite Weltkrieg habe gar nicht stattgefunden oder die SS sei eine Unterabteilung des Roten Kreuzes gewesen oder Adolf Hitler habe den Führer nur gespielt, um sich der Ufa als Hauptdarsteller zu empfehlen, kein Mensch hätte von den Neo-Nazis Notiz genommen, geschweige denn sich über sie empört. Allenfalls wären sie zu einem Fall für den Kulturbetrieb geworden, dem sie als neuerliches Beispiel für die Ausbreitung eines surrealen Bewußtseins hätten dienen können.

Was die Neo-Nazis tatsächlich behaupten, gehört zwar ebenso ins Reich der Science-fiction-Geschichtsschreibung, gleichwohl nehmen sich ihrer Thesen nicht Perry-Rhodan-Fans oder eingefleischte Subrealisten an, sondern der Innenminister der Bundesrepublik Deutschland, Staatsanwälte und Repräsentanten des öffentlichen Lebens, die ihren Beruf darin sehen, aus der Geschichte gelernt zu haben.

Daß in Auschwitz und anderswo keine Juden vergast wurden, daß die Nationalsozialisten das Warschauer Ghetto lediglich zur Bekämpfung einer Typhus-Epidemie errichteten, daß ein Judenvernichtungsprogramm nie existiert habe – was ist an diesen Standard-Parolen der Neo-Nazis so gemeingefährlich, daß der Staatsanwalt sich aufgerufen fühlt, gegen ihre Verbreitung einzuschreiten?

Im Ernst unterscheidet sich ja das wichtigtuerisch-beleidigte Gefasel von »Ausrottungsmärchen« und »Gaskammer-Legende« nicht von anderem Blödsinn, dem zufolge etwa die Erde viereckig ist oder der Neandertaler die Raumfahrt erfunden hat, Behauptungen, die allenfalls einen Psychiater interessieren würden.

Den Stuß der Neo-Nazis aber nimmt die Öffentlichkeit so

ernst, als sei er ernst zu nehmen, als sei er eine gefährliche Konkurrenz für die historische Realität. Um so zu reagieren, muß das Bewußtsein von dieser Realität schon wenig ausgeprägt oder gar nicht vorhanden sein.

Wenn Jugendliche Hakenkreuze auf Grabsteine schmieren und sich SS-Embleme auf die Lederjacke nähen, wenn Schüler auf dem Pausenhof den Arm zum Führergruß erheben oder wenn Ältere, wie der gerade in Stammheim wegen Rädelsführerschaft in einer terroristischen Vereinigung vor Gericht stehende Dr. Manfred Roeder, sich zum Führer einer zu bildenden »reichsdeutschen Exil-Regierung« ernennen, dann mag sich einem der Magen umdrehen bei solchen stickigen Ritualen bewußtloser Großmannssucht. Daraus, wie es geschieht, eine »Gefahr für den Rechtsstaat« ableiten und den Faschismus wiederkehren zu sehen, das ist rational so gut begründet wie etwa die Behauptung, eine Vermehrung von Lippenbärten nach dem Vorbild des Führers werde unweigerlich zur Neuauflage des Nationalsozialismus führen.

Die juristischen und publizistischen Gegner der Neo-Nazis machen denn auch gar nicht erst Anstalten, ihre Einschätzung der neo-nazistischen Gefahr für den Rechtsstaat sachlich zu begründen. Statt dessen verweisen sie bei jedem rechtskräftig verurteilten Trunkenbold, der im Suff das Horst-Wessel-Lied angestimmt hat, bei jedem Propagandisten der »Auschwitz-Lüge« und noch beim kleinsten Hakenkreuzschmierer auf die Vergangenheit, die sich nicht wiederholen dürfe. (Ach, wäre der Nationalsozialismus doch nur dies gewesen, daß irgendwelche Saufköpfe schlimme Lieder gesungen und Hakenkreuze an Häuserwände gepinselt hätten!)

Es geht schon verrückt zu, wenn ausgerechnet diejenigen, die gegen die Verharmlosung nationalsozialistischer Verbrechen zu Felde ziehen, die mehr Aufklärung über das Dritte Reich an den Schulen fordern und die Greuel in den Konzentrationslagern nicht dem Vergessen ausliefern wollen, wenn dieselben Leute die historische Realität des Dritten Reiches ihrerseits so gründlich vergessen haben, daß sie das neo-nazistische Make-up mit dem Nationalsozialismus selbst verwechseln.

Als der Bundesinnenminister im Januar 1982 die »Volkssozialistische Bewegung Deutschlands / Partei der Arbeit« verbot, begründete er die Maßnahme mit dem Hinweis, diese Vereinigung sei »der NSDAP Adolf Hitlers wesensverwandt« und mithin – so die stillschweigende Folgerung – ebenso bedrohlich für den demokratischen Staat wie seinerzeit die wirkliche NSDAP.

Und tatsächlich hatte man bei Mitgliedern des verbotenen Vereins Dinge gefunden, bei deren Anblick dem Anti-Neo-Nazi die Realitätssinne nicht anders als dem Neo-Nazi so sehr schwinden, daß er sich in die Zeit des Dritten Reiches zurückversetzt fühlt: Fahnen mit keltischen Runen, Armbinden mit Hakenkreuzen und Bilder des Führers und die, hochgefährlich, »in allen möglichen Größen«.

Würde irgendeine kaisertreue Bewegung sich heute wilhelminisch verkleiden, für die Wiedereinführung der Pickelhaube kämpfen und den kaiserlichen Palast in der Mietwohnung mit wilhelminischen Emblemen ausstatten, niemand würde solchen historischen Faschingszauber für den Anbruch eines neuen Kaiserreichs halten.

Ein Neo-Nazi hingegen muß sich nur ein braunes Hemd anziehen, schon gehen die pflichteifrigen Antifaschisten auf die Barrikaden, um ein »neues« 1933 zu verhindern.

Darin sind sich die Musterknaben der Vergangenheitsbewältigung und die Neo-Nazis zum Verwechseln ähnlich, daß sie beide den Faschismus für etwas Magisches halten, das man durch die Ausstellung von Symbolen herbeiführen und durch die Ächtung oder Beschlagnahme von Symbolen ausschalten kann.

Diese Gemeinsamkeit von Neo-Nazis und vorschriftsmäßigen Vergangenheitsbewältigern, die beide gleichermaßen ein magisches Verhältnis zum Nationalsozialismus pflegen, sie erklärt immerhin, warum die Anti-Neo-Nazis die Neo-Nazis für eine Bedrohung halten.

Drei Jahrzehnte lang galt in der Bundesrepublik die fetischistische Abwehr von NS-Symbolen als untrüglicher Beweis für eine erfolgreiche Bewältigung der Vergangenheit. Da vernichtete man *Mein Kampf* und das Parteiabzeichen und glaubte mit der Vernichtung der faschistischen Requisiten auch die eigene Beteiligung am Faschismus vernichtet zu haben.

Da zeigten die Behörden, daß die Deutschen aus der Vergangenheit gelernt hatten, indem sie für Kfz-Kennzeichen ein Verbot von anstößigen Buchstabenkombinationen wie SS, KZ oder SA erließen.

Nicht anders hexten da die Lehrer im nachkriegsdeutschen Geschichtsunterricht und verzauberten die Realität des Dritten Reiches in einen »bösen Spuk«: Adolf Hitler verwandelten sie in einen »Satan in Menschengestalt«, die Judenverfolgung erklärten sie zum teuflischen Werk«, Konzentrationslager waren die »Hölle«, der Krieg war »verbrecherischer Wahnsinn«, der Faschismus »Alptraum« und »Inferno«.

Mit welch schamanenhaften Praktiken auch immer sich die Deutschen als Gegner des Nationalsozialismus zu qualifizieren trachteten, allemal brachten sie dabei das Kunststück fertig, die Vergangenheit zu bewältigen, ohne mit der Vergangenheit in Berührung zu kommen.

Bei allen psychohygienischen Vorteilen hat dieser nichts als obligatorische Antifaschismus, der die Realität des Dritten Reiches im Namen der Aufklärung verdrängt, den nervenaufreibenden Nachteil, daß er schon bei der Berührung mit den Wahrzeichen der verdrängten Realität haltlos wird.

Die der Wiedergutmachung hörigen Gegner des Nationalsozialismus haben daher ein Verhalten entwickelt, das ihnen erlaubt, dieselben nationalsozialistischen Verbrechen, die sie pflichtschuldig verabscheuen, zugleich kalt zu ignorieren.

So beklagen die botmäßigen Anti-Faschisten zwar die Ermordung der Juden in den ergreifendsten Tönen der Anteilnahme, doch ihr ganzes Interesse an den Konzentrationslagern gilt der Tatsache, nichts von ihnen gewußt zu haben. Als ob es darum noch ginge, wenn man doch *jetzt* weiß, was man *damals* tatsächlich nicht gewußt haben mag. Aber so sind sie eben: Gesenkten und gedenkenden Hauptes treten sie ein ins Bräunungsstudio der Wiedergutmachung und kommen mit einem knackfrischen Willen zur Vergeßlichkeit wieder heraus, kraft dessen sie fordern, »die Deutschen müssen endlich normal werden« und »aus dem Schatten Hitlers treten« (Alfred Dregger). (Soll sich nur keiner darauf herausreden, Dregger sei ein Rechter. Auch die RAF-Aktivisten um Baader und Ensslin, die sich als antifaschistische Elite verstanden, haben an ihre Genossen appelliert, sie mögen zugunsten der Palästinenser endlich ihren »Juden-Knacks« überwinden.)

Ohne dieses antifaschistische Schmierentheater sind aber die Neo-Nazis gar nicht denkbar. So begann die Karriere des Michael Kühnen, eines der führenden Rechtsradikalen, mit der Verwunderung darüber, daß man »über den Nationalsozialismus nichts Positives erzählen« durfte und gleich den Vater, die Medien und den Staatsanwalt auf den Hals kriegte, wenn man es doch tat.

Verwunderlich allerdings: Wieso konnten diejenigen, die doch ständig vorgaben, den Nationalsozialismus hundertprozentig durchschaut zu haben, auch den geringsten Widerspruch nicht ertragen? Wieso brach ihnen bei der Behauptung, im Dritten Reich seien keine Juden umgebracht worden, der Angstschweiß aus, so, daß sie bei der Autorität der Gerichte Zuflucht suchten, die solche Behauptungen bei Strafe verbieten. Gehörten sie vielleicht zu jenen heimlichen Antisemiten, über die Theodor W. Adorno 1962 schrieb: es sei der »Krypto-Antisemitismus eine Funktion der Autorität, die hinter dem Verbot offener antisemitischer Manifestation steht«?

Anders ausgedrückt: Fühlen sich die Anti-Nazis durch die Neo-Nazis womöglich bedroht, weil sie die offiziellen Tabus über das Dritte Reich brechen, in deren Schutz es sich für jedermann – »Faschisten« und Antisemiten inklusive – bequem und gedankenlos Antifaschist sein läßt? Nicht zu Unrecht war Kühnen durch die Tatsache irritiert, daß die Anti-Nazis auf die These von der »Auschwitz-Lüge« etwa nur mit sprachloser Empörung reagierten, aber keine selbständige Antwort wußten.

Nun soll man sich zwar wirklich nicht an den abstoßenden neo-nazistischen Algebra-Übungen beteiligen, ob sechs Millionen oder, wie die Neo-Nazis behaupten, »nur« 200 000 Juden umgekommen seien, aber immerhin hätte man sie, zumal sie ständig bemüht sind, sich als Freunde der Juden auszugeben und gern auf Juden in ihrem Freudeskreis verweisen, da hätte man sie ja einmal fragen können, was sie denn beispielsweise von den Nürnberger Gesetzen und den Bestimmungen über Blut- und Rassenschande hielten? Und was sie denn überhaupt über Juden wissen?

Wenn Antisemitismus, wie der Philosoph Adorno sagt, »das Gerücht über die Juden ist« und wenn Antifaschismus vor allem auch darin besteht, dieses Gerücht durch die Vermittlung eines realistischen Bildes von Juden und jüdischer Geschichte zu bekämpfen, dann haben die Neo-Nazis unfreiwillig immerhin eines fertiggebracht: zu zeigen, daß die geharnischten Anti-Nazis mit leeren Händen dastehen. Und nichts anderes bedrohen die Neo-Nazis als den PR-Antifaschismus der anti-neo-nazistischen Öffentlichkeit.

Für ihre Behauptung, die Neo-Nazis bedrohten unser politisches System, sind die Anti-Neo-Nazis jedenfalls bislang den Beweis schuldig geblieben. Wie auch anders? Die Neo-Nazis haben weder ökonomischen noch militärischen Einfluß noch sitzen sie – das walte Rudolf Mühlfenzl – im Zentrum der Medien. Und auch das Münchner Attentat und die neo-nazistischen Sprengstoffanschläge belegen ja keine politische, sondern eine zivile Gefahr, wie sie eben von Leuten ausgeht, die mit aller Macht, die sie nicht haben, ihre Wahnvorstellungen gegen die Realität durchzusetzen versuchen.

Verständlich wird die Beschwörung der neo-nazistischen Gefahr eben nur dann, wenn man sie als Furcht der Anti-Nazis vor der Entdeckung begreift, daß die antifaschistische Währung, in der sie sich von der Vergangenheit wie von den Neo-Nazis loskaufen, durch ihr Bewußtsein nicht gedeckt ist.

Nicht zufällig bewältigen sie den Neo-Nationalsozialismus exakt so, wie sie den Nationalsozialismus bewältigt haben: Empört zeigen sie mit Fingern von sich auf andere und weisen sie so weit von sich, daß sie als Bestandteil der eigenen Realität gar nicht erst in Betracht kommen.

Von diesem Bedürfnis, das antifaschistische Bewußtsein gegen die Neo-Nazis hermetisch abzuschirmen, sind selbst aufgeklärte Geister beherrscht, die sonst in jedwedem Minderheiten-Verhalten eine Antwort auf ein mögliches Fehlverhalten der Mchrheit sehen.

So mochte etwa jener Pfarrer Albertz, der einmal die Öffentlichkeit daran erinnert hatte, daß Ulrike Meinhof und Gudrun Ensslin und Andreas Baader nicht als Terroristen vom Himmel gefallen, sondern daß sie »unsere Kinder« seien, diese Einsicht bei dem Hamburger Rechtsanwalt Rieger, Jahrgang 1946, nicht gelten lassen.

Als Rieger Ende 1981 im Prozeß gegen seinen Mandanten, den Warschauer Polizei-Chef Wigand, die neo-nazistische These vortrug, das Ghetto sei zur Typhus-Bekämpfung errichtet worden, vergaß Albertz prompt seine aufgeklärten Maximen und stellte Strafantrag gegen Rieger wegen Volksverhetzung.

Die nicht zu leugnende Tatsache, daß die Minderheit der Neo-Nazis nicht aus Algen oder Meerschaum, sondern aus einer Gesellschaft von ebenso pflichtbewußten wie obligatorischen Anti-

Nazis hervorgegangen ist, diese Tatsache anzuerkennen und ihr nachzugehen, das hieße unweigerlich auch, den Inhalt des kollektiven Anti-Faschismus unter die Lupe zu nehmen.

Das hieße dann etwa auch zu fragen, was denn Linke eigentlich meinen, wenn sie beispielsweise Strauß, also den Politiker eines Landes, in dem es weder Konzentrationslager noch Rassengesetze noch deren mörderische Vollstreckung gibt, als »Faschisten« beschimpfen.

Das hieße dann zu fragen, was denn am vorgeblichen Geschichtsbewußtsein der Anti-Nazis im Bundestag eigentlich bewußt ist, wenn sie, wie Franz Josef Strauß etwa, die Graphiken eines Klaus Staeck in die Zeit des STÜRMER zurückdatieren oder die nationalsozialistischen Verbrechen verharmlosen und die DDR ein »KZ« nennen.

Das hieße eben auch zu fragen, was denn die Anti-Nazis, die Auschwitz, wie es ihnen gerade paßt, nach Stammheim verlegen oder in die DDR, von den Neo-Nazis unterscheidet, denen es gefällt, Auschwitz für eine Erfindung zu halten.

Warum müssen die fraglosen Anti-Nazis eigens den Staatsanwalt zu Hilfe rufen, um sich gegen die Neo-Nazis ins Recht zu setzen?

In dem bereits zitierten Aufsatz »Zur Bekämpfung des Antisemitismus heute« hat Theodor W. Adorno dafür plädiert, die »wirklich zur Verfügung stehenden Machtmittel ohne Sentimentalität« gegen Antisemiten anzuwenden. Dies freilich nur für den Fall, daß sie sich als »unansprechbar« erweisen sollten.

Mit den Neo-Nazis aber hat noch niemand gesprochen.

Auferstehung der Kultur in Deutschland

Nichts offenbar entfacht den nationalen Kulturtrieb der Deutschen so sehr wie schlechte Zeiten. Eingesperrt in Arbeitslosigkeit und Inflation, von der Zukunft (mangels Aussicht auf eine sinnvolle) abgeschnitten, stürzt man sich plötzlich wieder ins kulturelle Leben. Kaum vorstellbar, daß vor einem Jahrzehnt über 600 000 Menschen ins Museum gepilgert wären, um, wie 1977, die vorvergangene Germanen-Kultur der Staufer zu besichtigen.

Bei dieser Wiederaufbereitung des bürgerlichen Kulturkanons erlebte selbst die an allen Bildungsinstitutionen längst zugunsten praxis-, das heißt an den Bedürfnissen der Wirtschaft orientierter Lehrpläne ausrangierte »Allgemeinbildung« einen neuen Aufschwung. Das enzyklopädische Lexikon mit seinem in wuchtigen Bänden enthaltenen Allgemeinwissen, das im Spezialistenjahrhundert doch lange nicht mehr Macht ist und dessen ganze Funktionen sich auf den oberen Rängen in seiner repräsentativen Ausstattung erschöpft, wie sie etwa dem Bundeskanzler bei Fernsehansprachen, als einschüchternder Hintergrund dient – dieses bildungsbürgerliche Massiv aus Leder und Goldschnitt mit seinen aus allen Zusammenhängen gerissenen Auskünften aus Eiche: Brockhaus und Meyer waren wieder wer, machten in monatelangen Zeitungsinseraten reden von ihren Neuauflagen.

Auch die Medien entdeckten plötzlich das wiedererwachte Selbstverständnis der Deutschen als Kulturvolk. So verdoppelte etwa das ZDF die wöchentliche Sendezeit seines Kulturmagazins »Aspekte« von bislang einer auf zwei Stunden und startete darüber hinaus eine neue Quizreihe, in der nicht Flüsse, Hauptstädte und Staatsmänner, sondern deutschsprachige Dichter zu raten waren. In der Nordkette des Dritten Fernsehprogramms sitzen neuerdings einmal monatlich ein deutscher Schriftsteller und zwei

Literaturkritiker beisammen, und führen wieder, jetzt freilich unter dem jugendfrischen Sendungstitel »Autor-Scooter«, Kulturexpertengespräche wie zu Zeiten der Gruppe 47.

Nicht anders wurde in Illustrierten, Wochenzeitungen und Nachrichtenmagazinen das Jahr 1977 zum Jahr der nationalen Wiedergeburt aus dem Geist der Kultur: das Eigentliche eroberte die Titelseiten. So breitete der SPIEGEL in einer Titelgeschichte (»Das schöne Sterben«) die Grenzerlebnisse von Menschen aus, die bereits klinisch tot und dann doch ins Leben zurückgekehrt waren. Was hatten diese Wanderer zwischen zwei Welten während ihrer Stippvisite beim Tod erlebt und empfunden? Letzte Fragen, Fragen auf Leben und Tod, diktiert von einem »idealistischen« unverbindlichen Kulturbegriff, der den politischen Alltag ans Universum, das Leben an den Tod verrät, wobei der Tod viele Namen haben kann, zum Beispiel auch die Namen alle jener versunkenen Kulturvölker – Hethiter, Etrusker oder Phönizier –, deren Geschichte zu Bestsellern wurden in einer Gesellschaft, die nicht mehr leben, sondern nur noch blindlings überleben will.

Dieses Interesse am Großen und Ganzen, der neue Bewußtseins-Heroismus, der mit herrischen Kulturgebärden nur noch eine menschenleere Welt der Grundfragen und Grundwerte und Grundrechte verwaltet, erinnert genau an jene »Schattenkultur«, die Adorno vorfand, als er 1949 aus den USA ins psychisch und materiell darniederliegende Deutschland zurückkehrte. »Man rechnet«, schrieb Adorno damals in dem Aufsatz *Auferstehung der Kultur in Deutschland?,* »man rechnet mit dem Abbau von Kultur, dem Verschwinden der Teilnahme an dem, was über die tägliche Sorge hinausgeht«. Um so verblüffter konstatierte er auf den ersten Blick, wie das Volk, das wenig zu essen, wenig zu arbeiten und keine Aussicht auf Zukunft hatte, sich der Kultur, dem Geistigen hingab. Auf den zweiten Blick stellte er freilich fest, daß man lediglich »Schutz beim Herkömmlichen und Gewesenen suchte«, daß die Lektüre der Klassiker und die Hinwendung zu einem ebenso pathetischen wie unverbindlichen Humanismus lediglich eine Demonstration anständigen Benehmens war, die das Bewußtsein politisch neutralisierte.

»Als isolierter Daseinsbereich, bar einer genauen Beziehung zur gesellschaftlichen Wirklichkeit, taugt Kultur dazu, den Rückfall in die Barbarei zu vertuschen. Darin«, so Adorno weiter über die Kulturbeflissenheit im neuen Deutschland, »setzt sich der

Versuch des Nationalsozialismus fort, über die Totenstarre der Herrschaft zu betrügen. Der Nationalsozialismus verherrlichte die einmal anerkannten Kulturprodukte der Vergangenheit ohne Ansehen des Gehalts; sie wurden lediglich um ihres eigenen Prestiges willen unablässig ausgestellt ...«

Eben diese durch historisches Renommee erpresserische Prestige-Kultur wird jetzt wieder gebraucht, um zu halten, was nicht mehr zu halten ist, um über die »Totenstarre« eines Systems hinwegzutäuschen, das sich überlebt hat, indem es keinen Lebenssinn mehr zu produzieren vermag und sich nur noch destruktiv selbst reproduziert im Namen eines Umwelt und Arbeitsplätze, Schönheit und menschliche Fertigkeiten vernichtenden Fortschritts, dessen Ziel und Zweck niemand mehr begreift.

Dieses Sinndefizit einer gesellschaftlichen Ordnung, die aus sich heraus keinen Sinn mehr ergibt, und die ihren Bürgern keine Zukunft, sondern nur noch das nackte Überleben anzubieten hat, diesen Verlust an Selbstlegitimation wettzumachen, ist die politische Aufgabe der Prestige-Kultur, jener Kultur also, die, um Adorno zu wiederholen, »als isolierter Daseinsbereich, bar einer genauen Bezeichnung zur gesellschaftlichen Wirklichkeit, (dazu taugt), den Rückfall in die Barbarei zu vertuschen.«

Mögen die genannten Indizien für die neue Blüte dieser realitätserhabenen Kultur, für sich genommen, noch wie bloße Zufallserscheinungen aussehen, so entpuppen sie sich spätestens dort als gar nicht zufällig, wo ihr sozial-historisches Renommee als ideologische Waffe eingesetzt wird, mit der man Anders- oder überhaupt Denkenden den Zugang zur politischen Wirklichkeit abschneidet.

Und eben diese Drohgebärden des Kultur-Jargons, in dem redend seine Anwälte das Monopol auf die Wirklichkeit zu behaupten versuchen, die sie nicht wahrhaben wollen, haben die veröffentlichte Meinung der Bundesrepublik '77 auf gespenstische Weise bestimmt. Unversehens wurden da politische Fragen in Fragen der Ästhetik und Moral umgewandelt, »Geschmack«, »Anstand« und »Menschlichkeit« zu letztinstanzlichen Beurteilungskriterien aktueller Ereignisse erhoben. Als im Mai 1977 der Göttinger Mescalero seinen »Buback-Nachruf«, einen in vielfacher Hinsicht diskussionswürdigen Beitrag zu der von Staats wegen ständig geforderten »geistigen« Auseinandersetzung mit dem Terrorismus veröffentlichte, reagierte die Nation, als ob Köpcke die »Tagesschau«-Nachrichten mit offenem Hosenschlitz verlesen hätte. Durch die bloße Tatsache, daß der Mescalero keinen Buback-Trauerflor ums Bewußtsein trug, fühlte sich die ZEIT schon verpflichtet zu einem »Aufschrei des Anstands«; Chefredakteur Theo Sommer fragte, was denn bloß los sei »mit unseren Studenten«, erwachsenen Menschen doch immerhin, die gleichwohl »den Grundkonsens über Anstand und Menschlichkeit aufkündigen.«

Welchen Grundkonsens er meinte, verriet der Chefredakteur ebensowenig wie es der Hamburger Schulsenator Apel für nötig befand, näher zu erläutern, wieso es »menschlich geschmacklos« sei, im Leben eines Terrorismus-Opfers – gemeint war Schleyer – die »dunklen Punkte« auszuleuchten. In einem Mahn-Brief »An die Kollegien aller Hamburger Schulen« hatte der Senator eben dies amtlich befunden und drohend hinzugefügt, Schüler mit Schleyers Nazi-Vergangenheit (schamhaft »politische« Vergangenheit benannt) bekannt zu machen, sei nicht nur »menschlich geschmacklos«, sondern auch »politisch abwegig«. Für politisch abwegig hielt auch CDU-Pressesprecher Weiskirch die Plakatkunst des Graphikers Klaus Staeck. Warum? Weil sie eine »Attacke gegen den guten Geschmack« darstelle.

Und auch der bayerische Kultusminister Hans Maier, der aus einem Schullesebuch Texte von Fried, Wallraff und Biermann hatte entfernen lassen, verstand nicht, was solche Streichung mit Zensur zu tun haben sollte, wo es doch nur um eine Frage der literarischen Qualität ging. Aber, so Maier souverän beleidigt zu seinen Kritikern, »Geschmacksfragen dürfen offenbar nicht diskutiert werden«.

Daß man gerade höheren Orts, in Ministerien, Programmdirektionen und Chefredaktionen plötzlich mit verletzbarem Kulturempfinden auf politische Realitäten reagiert und sich etwa für die Entscheidung, Wallraffs Dokumentarfilm über die BILD-Zeitung nicht zu senden, auf Maßstäbe der Ästhetik, der »Qualität« beruft, hat leicht einzusehende Gründe. Da die wiederbelebten Begriffe des »Geschmacks«, des »Anstands«, der »Qualität« und der »Menschlichkeit« keinen anderen Inhalt mehr haben als ihre im öffentlichen Bewußtsein noch nicht überwundene historische Autorität fragloser Allgemeinverbindlichkeit, eignen sie sich so vortrefflich dazu, unerwünschte Inhalte nicht einmal für unerwünscht erklären zu müssen, sondern überhaupt und womöglich noch großherzig von ihnen ganz abzusehen, weil es sich unter kultivierten Menschen doch ganz von selbst versteht, daß nur (so einer dieser Kulturverteidiger) »arrogante Unbedarftheit« sich dazu »versteigt, Biermann mit Schiller zu vergleichen«.

Daß man die bürgerliche Kultur mitsamt ihren »Werten« so hochschätzt und sie dann wie den Bundesgerichtshof anruft, der das letzte, das Machtwort spricht, kommt einer Abschaffung der Zensur gleich, die man eben mit ihrer Abschaffung einführt, weil offene Zensur einfach überflüssig wird, wo nicht der Staatsanwalt, sondern der Geschmack der Mächtigen entscheidet.

Ein nicht einmal besonders dreistes Beispiel solcher Kulturhoheit lieferten denn auch irgendwelche Stadtverordnete, die immerhin noch Angriffsflächen boten, indem sie etwa (in Berlin, 1977) den ihnen unbekannten und völlig gleichgültigen Schriftsteller Peter O. Chotjewitz zu einer Lesung aus seinem neuen Roman einluden und dann hastig wieder ausluden, weil sie bei der Vorbereitung für die Begrüßungsrede entdeckt haben, daß der Mann ja gar kein Schriftsteller, sondern DKP-Sympathisant ist.

Und man kann sie gar nicht mehr zählen, alle die Fälle, in denen Bibliotheken auf die Verfassungsmäßigkeit ihrer Buchbestände überprüft werden, in denen die Polizei Bücher-Razzia in linken Buchhandlungen macht, in denen einem Theaterdirektor wie dem Stuttgarter Claus Peymann die künstlerische Qualifikation, »Iphigenie« zu inszenieren, abgesprochen und entzogen wird, weil er hundert Mark für die Zahnbehandlung der Stammheimer Häftlinge gespendet hat; all diese Fälle, in denen Politiker wie der Bremer CDU-Chef Neumann im Parlament frank und frei erklären, Gedichte von Erich Fried sollte man am besten »verbrennen.«

Aber all diese Fälle sind ja der Kritik und der Satire durchaus zugänglich und auch von den links-liberalen Medien entsprechend dankbar, das heißt mit viel moralischer Entrüstung auf- und angegriffen worden. Doch diesselben Wachhunde, die in ihrem Kulturgehege so bissig auf Zensoren losgehen und sogar einen der Öffentlichkeit als Terrorist präsentieren, also von der Menschheit ausgeschlossenen Menschen wie Peter Paul Zahl publizistisch zu Hilfe eilen, weil er von Beruf Schriftsteller ist und also, wie sie glauben, ins Kulturressort fällt, dieselben Wachhunde verloren unversehens die Fährte und verwandelten sich gar in dressierte Polizeihunde, als es darum ging, außerhalb des Kulturreviers den unfreiwillig bekanntesten Schriftsteller des Jahres 1977, den Göttinger Mescalero, und seinen Buback-Nachruf mit abendländischer Lautstärke niederzukläffen.

So wollte derselbe Feuilleton-Chef, der im Kulturteil der ZEIT so vehement den dubiosen Prozeß gegen den Schriftsteller Zahl attackiert hat, auf der ersten, der Leit-Artikel-Seite, vom Mescalero nichts weiter gehört haben als »klammheimliche Freude nach dem Abschuß von Buback«. Und berief sich bei diesem eklatantesten, nun vom ihm selber (gemeinsam mit der ganzen Nation) praktizierten Fall von Zensur, in dem nicht irgendein Buch oder Film beanstandet, sondern ganz bewußt der wahre Inhalt eines unerwünschten Textes gefälscht wurde, auf eben die scheinbar allgemeinverbindliche Kulturmoral, in deren Termini die pure Willkür als selbstverständliches Verhalten kultivierter Menschen erscheint, die andere schon dadurch ins Unrecht setzen, daß sie selber so demonstrativ wissen, was sich gehört. Wer also nach der Lektüre des Buback-Nachrufes aus tiefster Seele bekennt: »Der Schreck über so kopflose wie herzlose Mordfreude geht tief«, wird man den noch der bewußten (oder unbewußten) Irreführung der Öffentlichkeit verdächtigen? Man wird es nicht, jedenfalls diejenigen nicht, die sich auch zu den anständigen Menschen zählen, die Kultur haben; und wer zählte sich schließlich nicht dazu.

Genau dieser erpresserischen Wirkung wegen erfreut der moralisierend-ästhetisierende Kultur-Jargon sich so starker Beliebtheit, und eben deshalb gerade auch bei den politischen Führungseliten und Kulturspitzen, die sich inzwischen einer von Naturschützern und Feministen, von Atom-Gegnern und Tunixen, von K-Gruppen und Bürgerinitiativen aller Art geprägten »zweiten Kultur« gegenübersehen, in der ihre Maßstäbe und Lebensvorstellungen keine Gültigkeit und damit keine Macht haben. Und so läßt sich die ebenso infame wie neurotische Reaktion, das nationale Aufbegehren gegen den Artikel in einer apokryphen Göttinger Studentenzeitung auch nur verstehen als die Reaktion auf diesen Einbruch der »zweiten Kultur« in die bislang wenigstens nach außen hin gesicherten Macht-, Begriffs-, Lebens- und Erkenntnisverhältnisse der allgemeinen, der einen und einzigen Kultur.

Denn was man zu Apo-Zeiten noch belustigt für Sektiererei halten konnte, ist heute unübersehbar zu konkurrierender Öffentlichkeit geworden. Daß etwa Alice Schwarzers im Februar 1977 gestartete Feministen-Zeitschrift EMMA in den abgeschotteten, überfüllten Presse-Markt auf Anhieb mit einer Auflage von 300 000 einfällt (fast so viel wie die altehrwürdige ZEIT hat) und sich jetzt, nachdem der erste Sensationseffekt vorüber ist, nach einjähriger Existenz bei 150 000 verkauften Exemplaren eingependelt hat, während beispielsweise die gleichzeitig und mit Millionen-Aufwand gestartete Gruner & Jahr-Illustrierte LEUTE binnen weniger Monate sang- und klanglos eingegangen ist, diese nun nicht mehr zu übersehende Ausbreitung und Konkurrenzfähigkeit der »zweiten Kultur« muß zwangsläufig alle Hoheiten nervös machen, die nicht darauf verzichten können, als Generalpächter »unseres Gemeinwesens« oder »unseres kulturellen Lebens« aufzutreten, wohl ahnend, daß immer mehr Leute ihnen immer weniger noch zuhören.

Erst dieser Zusammenhang erklärt den hysterischen »Aufschrei des Anstands«, mit dem Mescalero, ein anonymer Repräsentant der zweiten Kultur, ohne Rücksicht auf die Tatsachen, vielmehr unter strenger Geheimhaltung derselben zum Abschaum der Menschheit herabgebrüllt wurde. Rational wäre die einhellige Empörung über den Buback-Nachruf gar nicht zu verstehen. Denn daß die mittlerweile Büchmann-fähig gewordene »klammheimliche Freude« lediglich der Ausgangspunkt für ein aufrichtiges und skrupulöses Selbstgespräch war, in dem ein nirgendwo Asyl findender Emigrant »unseres« Gemeinwesens nach einer Bewußtseins-Heimat sucht und dabei sehr modifiziert erklärt, warum der Terrorismus, mit dem er so aus der Ferne immer mal geliebäugelt hatte, jetzt bei genauerer Überlegung und gerade nach dem Buback-Mord für ihn nie eine Heimat sein und werden könne, um diese dezidierte Absage an die Buback-Mörder in Beifall für sie umzufälschen, dazu muß man schon vor Haß und machtvollem Liquidierungswillen derart zittern, daß man darüber zum Analphabeten wird.

Es stand ja wirklich alles schwarz auf weiß da, das gerade Gegenteil von »ebenso kopfloser wie herzloser Mordfreude«. »So eine richtige Freude ... konnte einfach nicht aufkommen«, heißt es bereits wenige Zeilen nach jener »klammheimlichen Freude«, die er spontan bei der Nachricht vom Buback-Attentat empfunden hatte und die ihn, den Gegner von Killer-Gewalt, stutzig macht, weshalb er dieser ersten, ihm an sich fremden Empfindung nachgeht. Da stellt er dann im weiteren Verlauf des Textes etliche Überlegungen an, die »ausgereicht haben, ein inneres Händereiben zu stoppen« und schließlich im Hauptteil versetzt er sich in die Situation, »ich wäre bei den bewaffneten Kämpfern«.

»Ich frage mich, wie ich – abgeschnitten von alltäglichen persönlichen und politischen Zusammenhängen – mit meinen Leuten die Entscheidung über solch eine Aktion fällen könnte. Wie ich mich monatelang, darauf vorbereiten müßte, daß Buback weg muß, wie mein ganzes Denken von Logistik und Ballistik bestimmt wird. Wie ich mir sicher sein kann, daß dieser und kein anderer sterben muß, wie ich in Kauf nehme, daß auch ein anderer dabei draufgeht, ein dritter vielleicht querschnittsgelähmt sein wird ...« Wo ist er denn nur, der »pathologische Zynismus«, den die FRANKFURTER RUNDSCHAU hier entdeckt haben wollte? Doch es kommt noch weitaus schlimmer.

»Ich müßte völlig umdenken: ich denke immer noch, daß die Entscheidung zu töten oder zu killen bei der herrschenden Macht liegt ... Wie soll ich mich entscheiden, daß Buback wichtig ist, nicht für mich und meine Leute, sondern auch für die anderen Leute. Daß er wichtiger ist, als der Richter X am Gefängnis Y oder einer seiner Wärter. Oder daß der Verkäufer an der Ecke, der dauernd „Kopf ab" brüllt, eine geringere „Schuld" trägt als Buback. Nur, weil er weniger „Verantwortung" hat? Warum diese Politik der Persönlichkeiten? Könnten wir nicht mal zusammen eine Köchin entführen und sehen, wie sie dann reagieren, die aufrechten Demokraten?« Was versteht denn die FRANKFURTER RUNDSCHAU nur unter »blankem Faschismus«, den sie hier anprangert? Doch es kommt noch viel dicker.

»Woher könnte ich, gehörte ich den bewaffneten Kämpfern an, meine Kompetenz beziehen, über Leben und Tod zu entscheiden? ... Was wir auch tun: es wirft immer ein Licht auf das, was wir anstreben.« Was mag die ZEIT sich nur gedacht haben, als sie ihren Lesern dies für »braunen Jargon« ausgab?

Und vollends zweifeln am Geisteszustand der deutschen Öffentlichkeit müßte man, wenn etwa die SÜDDEUTSCHE ZEITUNG eine Mescalero-Gesellschaft ausmalt, »wo selbst die Erinnerung an Freiheit und Menschenwürde bald getilgt sein würde« und in der, wie die ZEIT weiß, »die Konzentrationslager voll wären« – und dann liest man, was da im Buback-Nachruf tatsächlich steht.

»Was wir auch tun: es wirft immer ein Licht auf das, was wir anstreben. Wir werden unsere Feinde nicht liquidieren. Nicht in

Gefängnisse und nicht in Arbeitslager stecken und deswegen gehen wir doch nicht sanft mit ihnen um. Unser Zweck, eine Gesellschaft ohne Terror und Gewalt (wenn auch nicht ohne Aggression und Militanz), eine Gesellschaft ohne Justiz, Knast und Anstalten (wenn auch nicht ohne Regeln und Vorschriften oder besser: Empfehlungen), dieser Zweck heiligt eben nicht jedes Mittel, sondern nur manches. Unser Weg zum Sozialismus ... kann nicht mit Leichen gepflastert werden.« Die skrupellose Falschmünzerei, die da in einer Großen Koalition der Medien betrieben wurde, einer Koalition, in der FRANKFURTER RUNDSCHAU und WELT, ZEIT und BILD Schulter an Schulter Kulturschande im Jargon der Eigentlichkeit bekämpften, der Fall Mescalero zeigte exemplarisch, wozu das hermetische, von politisch alltäglicher Realität abgeriegelte Kulturverständnis, dem der Jargon entstammt, wieder gebraucht, gefördert und praktiziert wird: um die den »Grundkonsens« gefährdende, genauer, um die den Bruch eines gesellschaftlichen »Grundkonsenses« durch ihre bloße Existenz schon alltäglich beweisende zweite Kultur der eigenen, das heißt der gefälligst herrschenden und damit öffentlichen Wahrnehmung zu entziehen.

Nichts anderes hat deshalb die »Öffentlichkeit« an dem Buback-Nachruf so interessiert und aufgebracht als die Tatsache, daß es Leute gibt, die gegen die herrschaftliche Anstandskultur nicht einmal mehr anrennen, sondern sich einfach nicht mehr an sie gebunden fühlen und diesen nationalen Trauer- und Frackzwang fürs Bewußtsein, all dieses mogadischuhafte »Flagge zeigen«, nur gerade noch ein bißchen lächerlich und überflüssig finden können. Und daß die »allgemeinen« Tischsitten dann auch noch von jemandem verletzt werden, der bei näherem Hinsehen gar kein Barbar, sondern ein skrupulös-irritierter Moralist, auf jeden Fall kein Herz- und Kopf-Kannibale ist, das geht denn vollends zu weit und muß daher herrisch ignoriert werden.

Schon die Tatsache, daß man zwar monatelang über Mescaleros »klammheimliche Freude« sich entrüstet, aber in keiner großen deutschen Zeitung der Buback-Nachruf im vollen Wortlaut abgedruckt wurde, im Gegenteil Berliner Jungdemokraten, die ihn publizieren wollten, vom FDP-Geschäftsführer Verheugen sogleich mit Parteiausschluß bedroht wurden, schon diese allgemeine Nachrichtensperre über Mescaleros angeblichen Verstoß gegen das allgemeine Sittenempfinden macht klar, wie wenig sicher die »Allgemeinheit«, also deren Vorsitzende, sich der Existenz eines allgemeinen Sittenempfindens noch sind und sein können.

Da der Vorrat an gesellschaftlichen Allgemeinverbindlichkeiten, heißen sie Nation oder Familie, Moral oder Menschlichkeit, sich historisch zunehmend aufgebraucht hat – ein Prozeß, aus dem die zweite Kultur hervorgegangen ist, in der man anders lebt und in anderen Kategorien denkt, anders hofft und andere (oder gar keine) Lebensziele hat, sich mit anderen (oder gar keinen) Vorbildern identifiziert als in der ehedem einen Kultur –, da aber andererseits das auf Gewinn und der sogenannten »Konkurrenz« basierende politische System, zumal, wenn es nicht einmal mehr ökonomische Erfolge vorweisen kann, aus sich heraus keine neue Allgemeinverbindlichkeit zu erzeugen imstande ist, die es (vor allem seine Nutznießer) aber braucht, um in Frieden zu überleben –: was bleibt da anderes übrig, als die historischen Allgemeinverbindlichkeiten offiziell wieder für gültig zu erklären. Und danach wird nun verfahren.

Gott und die Ehe, die Nation und die Familie, der Geist und der Staat, der Respekt und die Autorität – Deutschland im Herbst tönte wie zu Goethes und Metternichs Zeiten. Nicht nur Alfred Dregger will so, mit den Gespenstern der bürgerlichen Kultur im Marschgepäck, im Jahr 2000 einmarschieren.

Derweil wird man auf dem anderen Stern der zweiten Kultur einfach in Bernward Vespers Roman *Die Reise* lesen, weiterlesen oder von vorne wieder anfangen, weil die Wirklichkeit nicht zu glauben ist, wohl aber Vespers fassungslose Einsichten: »Da hat auch der Krieg nichts geändert, selbst ein Weltuntergang wäre für sie keine Erfahrung gewesen. Sie haben überhaupt nichts damit anfangen können« – die Deutschen.

Lebenshilfe: Lerne leiden ohne zu klagen

Seit in den sechziger Jahren die studentische Linke in Europa und Amerika Bewußtseinserweiterung und Systemveränderung proklamiert und einer alternden, ihrer selbst überdrüssigen Wohlstandsgesellschaft mit der Vision des neuen Menschen den Weg zu einer Verjüngungskur gewiesen hat, haben die westlichen Industrienationen ein neues Hobby. Das Hobby heißt: Lerne um, verändere dich, lebe bewußt, werde ein neuer Mensch!

Dieser sportliche Drang nach Aufklärung und Selbstveränderung hat in den letzten Jahren einen kaum mehr überschaubaren neuen Markt hervorgebracht, den Markt der Ratgeber und Lebenshelfer.

Anders als in Amerika, wo Sozialwissenschaftler wie Charles Reich *(The Greening of America)* oder Psychologen wie Erich Fromm *(The Revolution of Hope)* an der Spitze der neuen Umkehrbewegung traten, war es in der Bundesrepublik zuerst der Deutsche Sport-Bund, der mit einer unentrinnbaren, sämtliche Medien überflutenden Trimm-Dich-Propaganda die Wohlstandsbürger zu Schlußsprüngen auf dem neuen Pfad aktiver Selbsterneuerung anhielt.

So war aus politischem Ernst sportlicher Spaß geworden, und in dem Maße, wie gesellschaftspolitische Reformmüdigkeit einkehrte, wuchs die Bereitschaft zu Reformen an sich selber. Das ZDF importierte aus Kanada die Yoga-Lehrerin Kareen Zebroff, die wöchentlich gymnastische Übungen zur Gewinnung des Seelenfriedens vorturnte; Herr Schlappschlapp, der träge Raucher und Fettwanst, warnte durch sein schlechtes Beispiel sonntags nach der Sportschau vor Erschlaffung der Seele und des Körpers; und neuerdings tönen Mahnungen sogar aus Musikboxen – im Folgsamkeit heischenden Marschrhythmus: »Mann – oh – Mann, gib doch das Rau-chen dran«. Die ganze Nation, die noch vor wenigen Jahren Rudi Dutschkes Veränderungselan mit Spott und Drohungen quittiert hatte, hat sich mittlerweile in ein riesiges Trainingslager verwandelt, in dem Dicke dünn, Ängstliche selbstsicher, Kontaktarme gesellig und so jeder auf seine Weise werden will, was er bislang nicht war.

Dieses allgemeine Verlangen, ein neues Leben zu beginnen, hat auch viele Taschenbuchverlage – wie Rowohlt, Heine, Goldmann – dazu inspiriert, in ihrem Programm feste Ratgeber-Reihen einzurichten, die das Know-how zur Erreichung des neuen Lebens vermitteln sollen.

Kaum eine körperliche oder seelische Störung, die heute nicht mit Hilfe dieser Lebensberater in Angriff genommen werden könnte. Ob man Angst oder Kontaktschwierigkeiten, an Nervosität oder Übergewicht leidet – niemand muß sich länger seinen Gebrechen hilflos ausgeliefert fühlen. Die Idee des Fortschritts, auf dem Gebiet der Technik gerade fragwürdig geworden, feiert heute vor allem bei den Psychologen neue Triumphe, bei Psychologen, die sich wie der amerikanische Verhaltenstheoretiker B. F. Skinner darüber wundern, daß der Mensch zwar seine Umwelt unter technische Kontrolle gebracht habe, selber jedoch der unkontrollierte Krieger und Streithammel geblieben sei, der wie eh und je sich und anderen das Leben schwermache.

Diesem Übelstand psychischer Rückständigkeit abzuhelfen, entwickelte Skinner eine auf Erkenntnisse der Biologie und Physik basierende »Verhaltenstechnologie«, die zum Ziel hat, »unzulässiges Verhalten« wegzutrainieren, indem »rechtes Verhalten« durch wiederholte Belohnung solange »verstärkt« wird, bis der Mensch in gewünschter Weise funktioniert.

Dieses Verfahren, »die Schulung ... mit dem Ziel der problemlosen Wiederholbarkeit«, wie sie Dr. phil. Hubert Happel in der Anleitung zum *Selbstbehauptungstraining* (Heyne Kompaktwissen 55) anstrebt, wenden denn auch die psychologischen Lebenshelfer in ihren Lektionen an. Die tagtägliche Übung mit anschließender Verhaltensbuchführung bildet das Fundament eines jeden Trainings zur Verhaltensänderung. »Wie ein Sportler«, so Dr. Happel, »ganz bestimmte Muskelgruppen und später den gesamten Bewegungsablauf präzise und gezielt trainiert, so können psychische Abläufe ... präzise und gezielt trainiert werden.«

So stellt beispielsweise der Ego-Drive-Trainer J. E. Klausnitzer (Heyne Kompaktwissen 48) beim Trainingsziel »Bringen Sie anderen Verständnis entgegen« die »Verhaltensaufgabe«: »Eignen Sie sich die Hmhm-Technik an«, die Kunst, »während eines Gesprächs den Gesprächspartner so oft wie möglich mit hmhm zu bestärken«, und er fordert seine Schüler auf, über die Häufigkeit des Hmhm-Gebrauchs genauestens Buch zu führen und ihn »von Gespräch zu Gespräch um mindestens 30 Prozent zu steigern.« Oder der Schüler muß, um im Verhaltensbereich »selbstkritisch« Fortschritte zu machen (indem »Sie zeigen, daß Sie sich fortbilden«), Woche für Woche »eine Liste von Fremdwörtern zusammenstellen«, daraus täglich ein neues Fremdwort ins Vokabular aufnehmen und es »an diesem Tag so oft wie nur irgend möglich« benutzen.

Wiederholung und nochmals Wiederholung ist das Zaubermittel zur Selbstveränderung, ein Mittel, das der im Stechschritt marschierenden Seele eine maschinelle Kontinuität geben soll, nachdem ihr die Einheit der Person, die nur als biologischer Organismus vorkommt, ausgeredet worden ist.

Im *Kommunikationstraining* von Vera F. Birkenbihl (Goldmann 10559) werden ausdrücklich streng unterschiedene Regeln für die »private« und für die »berufliche oder geschäftliche« Kommunikation aufgestellt, eine Spaltung, die von allen Lebenshelfern anerkannt wird, weil sie eine soziale Realität ist und psychologische Lebenshilfe in nichts anderem besteht als darin, die ratsuchenden Schüler mit dieser Realität gleichzuschalten.

Denn die Empfehlungen der Ratgeber orientieren sich nicht an den möglichen Bedürfnissen ihrer Zöglinge, sondern an den Erwartungen der Umwelt, in der es gilt, nicht anzuecken. »Es ist nicht wichtig«, doziert in aller Offenheit J. E. Klausnitzer, »wie Sie sehen oder fühlen, sondern wie Sie auf andere Menschen wirken.« »Die Selbstdarstellung«, heißt es weiter, »muß sich nach den Spielregeln und Normen der Gesellschaft richten«. Und Wilhelm Kümpel rät in seiner *Selbsterkenntnis-Fibel* (Econ), »den falschen Faktor Ich mit seinen Ansprüchen« aus der Lebensrechnung herauszunehmen, »denn sobald jemand sich selbst sieht wie einen anderen, ... verfliegen die Ängste.«

Solche Empfehlungen, die eigenen Ansprüche und Erwartungen aufzugeben und »die Dinge so (zu) sehen, wie sie sind« (Kümpel), das heißt, sich den Geboten der Umwelt bedingungslos zu beugen, diese Empfehlungen finden ihre »wissenschaftliche« Rechtfertigung in der Lerntheorie, die psychologischer Lebenshilfe zugrunde liegt. Die zentrale These dieser Theorie besagt, daß die meisten menschlichen Verhaltensweisen und Empfindungen auf Umwelteinflüsse zurückzuführen, daß sie gelernt sind und daher auch verlernt und neu gelernt werden können. Mit anderen Worten: Der als unbeschriebenes Blatt zur Welt gekommene Mensch der Lerntheorie ist von sich aus nichts und weiß von sich aus nichts; was er ist und weiß, hat er in der Schule des Lebens auswendiggelernt. Führt nun das Gelernte zu einem Verhaltensprogramm, auf das die Umwelt mit Ablehnung reagiert, so kommt es zu psychischen Störungen, und der Schüler muß, um diese zu beseitigen, um von der Umwelt die bessere Zensur in Verhalten zu bekommen, etwas Neues auswendig lernen. Und dabei wollen ihn die Lebenshelfer unterstützen, indem sie von der Tafel seiner Seele den alten, den verkehrten Text auslöschen und durch das neue Gedicht ersetzen, das aufzusagen ist, wenn Sie »Erfolg im Unternehmen und im Leben« (Birkenbihl) haben, wenn Sie nicht »zeitlebens ein Gehemmter, ein Außenseiter bleiben« wollen, wie Josef Ebener es für den Fall androht, daß sein *Kontaktfahrplan für jedermann* (Econ) nicht pünktlich eingehalten wird. Damit der Lebenspennäler ganz sicher sein kann, daß er nicht ein zweites Mal an die verkehrten Lehrer geraten ist, versichern diese ihn zunächst ihrer mannigfachen und langjährigen Berufserfahrung, plaudern von Studienreisen in die USA und zählen die Titel ihrer Werke auf, »die alle mehrere Auflagen erreichten und ausschließlich empfehlende Rezensionen erhielten«. Wem aber diese Diplom-Ausweise noch nicht genügen, dem führt der Lehrer einige Kostproben seines Wissens vor.

So beginnt das *Anti-Angst-Training* (Heyne Kompaktwissen 50) des Dr. Günther K. M. Huber (»ausgedehnte Forschungsreisen in zahlreiche Länder Afrikas und Asiens«) mit einem langen theoretischen Vortrag über das Wesen und die Erscheinungsformen der Angst, der gespickt ist mit lateinischen Fachausdrücken, mit Tabellen, die aussehen wie Schaltpläne hochkomplizierter Maschinen. Nachdem sich so der Lehrer als ein Kenner der Materie ausgewiesen und auch den letzten Mißtrauischen überzeugt hat, kann man endlich Theorie Theorie sein lassen und zur Sache kommen.

Daß tatsächlich die theoretischen Ausführungen der Lebenshelfer nichts anderes als das gute alte akademische Einschüchterungsritual sind, stellt sich spätestens im praktischen Trainingsteil heraus, auf den die Theorie angeblich vorbereiten soll. Da muß der mit Angst behaftete Patient des Dr. Huber nun zu Entspannungsübungen antreten, für die er am besten die »bewährte Tonband-Cassette« des Dr. Huber erwirbt, »zum Vorzugspreis von 19,80 DM«. Er muß sich aufs Bett legen oder in einen »Fernsehsessel« setzen, sofern dieser »mit genügend breiten Armlehnen, einer ausklappbaren Beinauflage und der Möglichkeit, den Kopf bequem hinten anzulehnen«, versehen ist, Anweisungen und Vorschriften, die zu befolgen es so wenig eine Theorie braucht wie zum Kartoffelschälen. Wohl aber braucht es den weißen Kittel einer Theorie, wenn der Schüler die Anordnungen des Lehrers nicht nur ausführen, sondern auch an ihren Sinn glauben soll, den anzuzweifeln ihm der nunmehr als der zuständige Fachmann dastehende Lehrer doch hoffentlich verbietet.

In dem Trainingsbuch *Sich ändern lernen* wenden die drei Autorinnen ein etwas subtileres Verfahren an, die etwaige intellektuelle Selbständigkeit ihrer Schüler auszuschalten. Hier müssen die Sorgenkinder beispielsweise auf dem »Arbeitsblatt 3« (»Was ich über das Lernen von Verhalten weiß«) Fragen beantworten, wie »man die Entstehung von Angst erklären« oder wie man »das Auftreten von bestimmten Verhaltensweisen fördern« kann. Ob er richtig geantwortet hat, erfährt der Schüler in dem zehn Seiten zuvor abgehandelten Kapitel 2 (»Verhalten ist gelernt, kann verlernt und neu gelernt werden«). Stimmen seine Antworten mit den Sätzen des Lehrers überein, so darf er sich sagen, daß er nun schon eine ganze Menge über Verhalten wisse, wenn auch nur vom Hörensagen des Lehrers. Die Fähigkeit, vom Lehrer autorisierte Sätze oder Gedanken für richtig zu halten und nachzusprechen, ohne deren Inhalt zu prüfen, diese Fähigkeit, zu funktionieren wie ein Tonband, das auf Knopfdruck autorisierter Personen oder Institutionen die gewünschten Sätze oder Gedanken von sich gibt, wird dem Absolventen der Lebensschule immer wieder abverlangt, ja, sie ist die Voraussetzung dafür, daß »der Symptomträger« sein Ziel erreicht, »seelisch wieder Tritt zu fassen«.

Verhaltenstraining besteht denn auch im wesentlichen darin, eine sprachliche Gestik zu lernen, die sich nach den äußeren Macht- und Mehrheitsverhältnissen, nach der Umwelt richtet, die im Trainingslager der Lebensschulung der Lehrer vertritt. Wer sich also bei Josef E. Klausnitzer ein dynamisches Ich zulegen und zu diesem Zweck üben will, »langweilige Gesellschaften in Schwung zu bringen«, »vor vielen Menschen frei zu sprechen« oder zu zeigen, daß er sich »für etwas leidenschaftlich einsetzen« kann, der braucht, um bei dem letzten Beispiel zu bleiben, nur immerzu das Wort »leidenschaftlich« zu verwenden. »Sagen Sie nicht: „... ich angle gern“, sagen Sie: „... ich bin ein leidenschaftlicher Angler ...“. Berichten Sie nicht: „... ich habe gestern ein Buch angefangen ...“, sagen Sie: „... ich habe gestern ein ganzes Buch gelesen, das mich so fasziniert hat, daß ich die ganze Welt um mich herum vergaß ...“«

Obwohl die Lebenshelfer ständig an den Willen, an die selbstkritische Ehrlichkeit und vor allem an den Erfolgsegoismus ihrer Zöglinge appellieren, obwohl sie – Goethe und die alten Griechen zitierend – Worte wie Selbsterkenntnis und Selbstverwirklichung im Munde führen und so den Schüler verbal auf sich selber vereidigen, wenden sich die praktischen Ratschläge doch gerade an Subjekte, die selbstvergessen genug sind, um gedankenlos die umweltfreundlichen Formeln von Trainerautoritäten nachzusprechen. Dieser Widerspruch kehrt in zahllosen Variationen wieder.

Jörg Nimmergut, der Leiter der *Erfolgreichen Kontaktschule* (Heyne Kompaktwissen 36), verspricht seinen Schülern, daß alles, was sie bei ihm lernen, ihnen selbst zugute kommen werde: »Lernen Sie verstehen, um verstanden zu werden.« Und im gleichen Atemzug sagt er: »Diese Anleitung verkauft keine Philosophie, keine Träume vom Ich als Mittelpunkt.«

Und der Menschenführer Wilhelm Kümpel, der eben noch zur »Versöhnung mit dem eigenen Ich« riet, weiß schon wenige Seiten später von der Existenz eines eigenen, von anderen unterschiedenen Ich gar nichts mehr, wenn er schreibt: »Je besser man sich selbst versteht, desto besser versteht man die anderen, weil sie ja nur in Nuancen anders sind als man selbst.«

Die Verbeugung vor der individuellen Persönlichkeit, die anschließend sofort für unwichtig erklärt wird, ist in der Tat unausweichlich, wenn es, wie in der Lebensschule, darum geht, nicht Untertanen, sondern freiwillige, selbständige Untertanen im Namen der Demokratie, der Gesundheit und Nächstenliebe heranzuziehen, die die Fremdwörter von Menschenführern solange pauken, bis sie sie für ihre eigenen halten.

»Nichts als Bildungslücken«

Zu den Klagen über die kulturfeindliche Jugend

Ein Gespenst geht um in Deutschlands führenden Köpfen: die Krise. Und nicht irgendeine weltliche Krise wie Inflation oder Arbeitslosigkeit beunruhigt sie, sondern eine, die alle anderen an Gefährlichkeit übertrifft: die Krise der geistigen Werte. In Leitartikeln und Feuilletons vor allem der gehobeneren Blätter ZEIT und FAZ jagen sich seit einiger Zeit die Schreckensmeldungen über den verwahrlosten Zustand der Kultur-Nation. Musikstudenten, die »kein einziges Volkslied kennen«; Deutschlehrer, die es »brüsk« ablehnen, »einen Klassiker durchzunehmen«; Abiturienten, die »noch nie die Prosa Fontanes oder Thomas Manns gelesen« haben; Germanistikstudenten, die »Nathan der Weise« mit »ai« schreiben; und »allerorten junge Garden von Lehrern und Hochschuldidaktikern«, die dabei sind, »das Todesurteil über die Belletristik zu exekutieren.«

Während aber die Klagen über die Mißachtung des kulturellen Erbes durch die Medien schallen, wird es allenthalben restauriert. Die ZEIT reproduzierte mit einer »Bibliothek der 100 Bücher« jenen Kanon gültiger Meisterwerke von der Bibel bis zu Goethe, der schon den Urgroßvätern als Bildungsnachweis gegolten hatte. Die FAZ läßt in einer Anfang 1980 gestarteten Serie – »Romane von gestern, heute gelesen« – ältere Herren, wie etwa Golo Mann, der von seiner Lieblingslektüre im Dormitorium des Internats plaudert, an die fortdauernde Gültigkeit von Büchern aus ihrer Jugendzeit erinnern. Und auch die guten alten Anthologien, in denen einst das Bildungsbürgertum die Hausschätze deutscher Lyrik zwecks ewiger Haltbarkeit einfror, auch »Das große deutsche Gedichtbuch« und »Das große deutsche Balladenbuch«, sind wieder da.

Kein Grund also, sollte man glauben, zur Klage, daß die kulturellen Traditionen vom Aussterben bedroht seien, wo sie doch unübersehbar in Blüte stehen, etwa auch an den deutschen Theatern, deren Spielpläne von den Klassikern, von Goethe, Kleist und Schiller, beherrscht werden wie seit Jahren nicht mehr. Und tatsächlich ist aus den Schreckens-Visionen von einer Studentenschaft beispielsweise, die »falsches Deutsch« schreibt, »keine Bücher«, keine guten Bücher, versteht sich, liest und die an der »Endlösung für die Literatur« arbeitet (ZEIT), unschwer abzulesen, woher die Furcht der Kulturverweser in Wahrheit rührt: daher, daß die sog. junge Generation aus den Traditionen und Wertvorstellungen der Älteren emigriert ist. So sind denn auch die Klagen über den Verfall der Kultur-Werte immer gekoppelt mit Anklagen gegen die Jugend, für die das Gültige nicht gilt.

Glaubt man den führenden Köpfen, dann steht diese Jugend, die das geistige Erbe der Väter nicht antreten mag, bereits an der Schwelle zu Schwachsinn, Analphabetentum und Apathie. In düstersten Farben malte kürzlich in der ZEIT der Literaturwissenschaftler Horst Albert Glaser das Bild einer neuen Generation von Studenten und Hochschullehrern aus, die weder Orthographie noch Stil oder Syntax beherrscht, deren Ausdrucksfähigkeit »auf ein bislang unbekanntes Minimum zusammengeschnurrt ist«, »die alle Anstrengungen des Denkens vermeidet« und die bestenfalls ein »chaotisches Gelabere« aus »Phrasen, Floskeln und zerrissenen Kausalketten« von sich gibt. Hinter den panischen Vorwürfen des Literaturprofessors, hinter seinen definitiven Urteilen über die geistig verarmte Jugend verbirgt sich freilich nur die Furcht vor einer Generation, die »keine Neuerscheinungen« kennt, die »nichts von Theaterpremieren« erfährt, die mit anderen Worten die Zukunft des offiziellen Kulturbetriebs und damit auch die Zukunft der führenden Köpfe gefährdet. Treffend hat der Schriftsteller Thomas Brasch die herrische Furchtsamkeit der Kulturvorsteher beschrieben: »Dieser Kulturbetrieb ist in einem ganz merkwürdigen Taumel. Er kann Bedürfnisse nicht mehr befriedigen, weil er die Bedürfnisse nicht mehr kennt.«

Aber trotz aller Befürchtungen, »daß die Theater sich langsam leeren« und »das Feuilleton seine Leser verlieren wird«, bleibt der Sinn und Wert der Bildungs-Konventionen nicht nur unangetastet, sondern er wird derart triumphal einfach vorausgesetzt, daß die der Premieren-Kultur entfremdete Jugend in den führenden

Köpfen nur als Pflegefall vorkommen. So redet beispielsweise ZEIT-Feuilleton-Chef Raddatz auf die an seinen ges. gesch.-Musen desinteressierte Jugend wie auf einen schwerkranken Patienten ein, der sich nicht operieren lassen will. Was droht diesem Patienten nicht alles für den Fall, daß er den Anweisungen des Kultur-Chefs nicht Folge leistet: »Wahnsinnig« wird er werden, wenn er seine Träume aus Asterix oder Rockmusik und nicht aus der Chef-Literatur der gültigen Meisterwerke bezieht; er wird nicht imstande sein, »auch nur Zeitung zu lesen«; »seine gesamte Umwelt« wird ihm »verschlossen bleiben«; »moralische Leere« wird ihn befallen.

Das neue Selbstbewußtsein, mit dem die für Kultur und Lebenssinn zuständigen wehrgeistigen Führungsoffiziere gerade vor der Jugend auftrumpfen, von der sie in den Jahren der Studentenbewegung und des Sturms auf die bürgerliche Repräsentationskultur davongejagt worden waren, dieses Selbstbewußtsein ist um so verblüffender, als der jugendliche Exodus aus der kulturellen Welt der Väter inzwischen zu einem derartigen Massenphänomen geworden ist, daß man bereits von der Existenz zweier voneinander unabhängiger Kulturen spricht.

Diese von Tunixen, Mescaleros, Feministinnen, Makrobioten bevölkerte zweite Kultur unterscheidet sich von der normativen Traditionskultur mit ihren starren Geschmacksparagraphen für das Schöne, Gute, Wahre vor allem dadurch, daß sie amtlichen Bestimmungen des Wertvollen und Minderwertigen weder kennt noch braucht. Der Katalog des Frankfurter Versands 2001, des größten Umschlagplatzes für die Güter der zweiten Kultur, spiegelt diese vom Maßstab des ewig Gültigen befreiten kulturellen Bedürfnisse exakt wieder. Neben Wolfgang Borcherts Gesamtwerk stehen gleichberechtigt die Sammelbände der Rockzeitschrift »Sounds«, neben Ludwig Börne oder Karl Kraus die Underground-Comics von Crumb und Seyfried. Mit dieser Abschaffung der Grenzen zwischen U- und E-Kultur ist zugleich auch die Herrschaft des offiziellen, zum Allgemeingut erklärten Kultur-Geschmacks abgeschafft, dem die führenden Köpfe ihre Macht verdanken, indem sie sich als die Großgrundbesitzer der Allgemeingüter aufspielen.

Obwohl die Restauratoren der bildungsbürgerlichen Hausschätze die zweite Kultur keines Wortes würdigen, ist den stereotypen Klagen über das Unwissen der Studenten, die den »Faust«

nicht kennen und deren Bildung aus »nichts als Lücken« (MÜNCHNER ABENDZEITUNG) besteht, leicht als Versuch zu identifizieren, die Jugend aus der zweiten Kultur zurückzupfeifen ins Reich der Werte, in dem die offiziellen Sinngeber das Sagen haben. Wenn da Germanistikprofessoren, Kultusminister und Feuilleton-Chefs wegen der literarischen Unbildung und angeblichen Lesefaulheit von Schülern und Studenten Alarm schlagen, dann verschweigen sie allemal, daß Schüler und Studenten keineswegs weniger lesen als früher, sondern lediglich andere literarische Bedürfnisse haben, als sie nach dem Willen der »amtierenden Generation«, dies das Selbstverständnis der CDU-Politikerin Laurien, haben sollten.

Wie anders wären die hohen Auflagen von Büchern des 2001-Versands zu verstehen, wo Schüler und Studenten sich Vesper, Wallraff, Bukowski und Wondratschek, die »Akzente« und »Die Fackel« von Karl Kraus zu Hunderttausenden kaufen, wie wäre das zu begreifen, wenn die Jugend literarisch tatsächlich so desinteressiert wäre, wie die führenden Köpfe sich selber weismachen. Sie brauchen freilich das Trugbild einer dem Stumpfsinn verfallenden Generation, die nur »vorm Glotzophonium dahindämmert« (ZEIT), um sich als Inhaber und Retter der einen und wahren Kultur zu legitimieren, die das Recht haben, die amusische Jugend zum wesentlichen Leben in die steinernen Kulturtempel zurückzuführen, in denen sie Priester sind.

Aber wenn sie Konsens und Kanon beschwören, wenn sie, wie die FAZ, vom »Nationalcharakter« träumen, der womöglich entstehe, wenn deutsche Kinder nur wieder das klassische Erbe pauken müssen, wenn sie, wie Bundespräsident Carstens, von der Jugend Rückbesinnung »auf die geistigen Wurzeln« des deutschen Volks fordern; oder wenn sie, wie die Kultusministerin Laurin, die Jugend zu der Einsicht anhalten, daß Erkenntnis nicht von der Höhe der Bafög-Gelder abhängt, sondern »auch Geschenk, auch Frucht einer Schau, eines Hörens ist« – mit welchen Weisheiten auch immer die »amtierende Generation« sich als Jugend-Führer zu qualifizieren glaubt, immer weist sie nur nach, daß sie völlig die Orientierung verloren hat. Und gerade dadurch, daß die führenden Köpfe ihre letzten Sicherheiten, ihr ideologisches Familien-Silber so demonstrativ der Jugend auftischen, die ja gerade der Prestigekultur entflohen ist, wird erst richtig klar, worum es sich handelt: um Blech.

Der eiserne Griff der Verehrer

Über den Koeppen-Kult

Seit mehr als zwei Jahrzehnten erklingen die Lobeshymnen in den deutschen Feuilletons. Sie gelten dem »Autor der drei bedeutendsten Nachkriegsromane« (DIE ZEIT), einem »der besten Stilisten und wichtigsten Romanciers der deutschen Nachkriegsliteratur« (FAZ), dessen Prosawerke nicht nur der Kritiker Reich-Ranicki zu den »wichtigsten und aufregendsten« zählt, »die in deutscher Sprache nach 1945 geschrieben wurden.«

Das Objekt dieser geharnischten Superlative ist der 1907 geborene, in München lebende Romancier Wolfgang Koeppen, der von 1951 bis 1954 die drei Romane *Tauben im Gras, Das Treibhaus* und *Der Tod in Rom* – jeden im zügigen Tempo von drei Monaten – geschrieben hat.

Seither hat Koeppen keinen Roman mehr veröffentlicht, lediglich ein schmales Prosabändchen ist 1976 als Fragment unter dem Titel *Jugend* erschienen. Zwar kündigte er immer wieder ein neues Epos an, teilte auch die Titel der jeweils unmittelbar vor der Vollendung stehenden Werke mit, die *Ein Maskenball* oder *In Staub mit allen Feinden Brandenburgs* hießen – erschienen aber ist der neue Koeppen-Roman bis auf den heutigen Tag nicht.

Dafür hat der Suhrkamp Verlag ihn für Herbst 1983 abermals in Aussicht gestellt. Diesmal soll das Werk *Tasso* heißen. Doch eben diese seit nahezu 30 Jahren nicht geschriebenen Werke sind die Grundlage des an Kuriositäten reichen Koeppen-Kultes, der spätestens seit 1972 im Duett mit Siegfried Unseld zelebriert wird, der den zuvor von Goverts verlegten Koeppen mit Vorschüssen an den Suhrkamp-Verlag band in der Hoffnung, den Autor des neuen *Ulysses* engagiert zu haben – eine Fehlspekulation, die der Suhrkamp-lastige Literaturbetrieb in einen Glücksgriff umdichtete.

»Wolfgang Koeppen ist einer unserer größten Schriftsteller«, schrieb 1971 die FRANKFURTER RUNDSCHAU. Begründung: »Er ist es auch, weil er so lange geschwiegen hat und vielleicht noch lange schweigen wird.« Dieses Kriterium, das den Rang eines Schriftstellers daraus ableitet, daß er nichts schreibt, ist nicht etwa, wie man meinen sollte, dem Gelächter des Literaturbetriebs anheimgefallen, sondern gehört zum festen Repertoire der Koeppen-Verehrung. Im November 1982 konnte man es wieder einmal – in der STUTTGARTER ZEITUNG – lesen, daß es Koeppens nicht geschriebene Werke seien, »die ihn zum poeta laureatus erheben und die ihn aus der Schar der Textlieferanten und Zeilenschinder herausragen lassen.«

Die gleichermaßen hohe Wertschätzung der epischen Abstinenz und der Epik Koeppens ist zwar eine handfeste Beleidigung des Romanciers, doch die Liebe zu ihm macht seine Verehrer derart blind, daß sie ihn längst nicht mehr als leibhaftige Person zu sehen vermögen, sondern ihn als Knetmasse ihrer Bewunderung benutzen. So verfiel schon 1966 der FAZ-Kritiker Karl Korn, als er Koeppen zum 60. Geburtstag gratulierte, unwillkürlich in die Vergangenheitsform und rief dem Lebenden nach: »Und dieser Koeppen konnte schreiben. Er hatte bei den Richtigen gelernt, von Joyce bis Faulkner....«

Nicht anders verheimlichen die Koeppen-Mythologen hartnäckig die öffentliche Existenz des Meisters und pflegen die Legende vom weltabgewandten Einsiedler, der »sich den Blicken der Öffentlichkeit« (ZEIT), der »dem voyeuristischen Interesse der Medien« ausweicht (FRANKFURTER RUNDSCHAU) und »sich nicht ehrgeizbeladen nach vorn drängt« (DIE WELT). Noch 1981 stellte Koeppen-Bewunderer Ulrich Greiner in der ZEIT definitiv fest: »In den Medien erscheint er nicht.«

Wie bitte? Im März 1975 war Koeppen zu Gast in Hans Werner Richters TV-Plauderei »Open End«; im Mai 1975 berichtete er in einem Fernsehfilm über sein Verhältnis zum Amt des Stadtschreibers von Bergen-Enkheim; im Oktober 1980 war im dritten Programm des WDR ein Film über Koeppen zu sehen; im Juni 1981 strahlte der Bayrische Rundfunk ein einstündiges Gespräch mit Koeppen aus; zuletzt konnte man Koeppen im April 1982 in der TV-Sendung »Autor-Scooter« sehen.

Nach demselben Verfahren der generösen Unterschlagung von Fakten, die an den tatsächlichen, leibhaftigen Koeppen erinnern, weben seine irdischen Stellvertreter an dem Märchen vom verkannten Dichter, bei dessen Würdigung »die literarische Öffentlichkeit« versagt (Greiner) habe.

Koeppens erster, 1951 erschienener Nachkriegsroman wurde gleich gefeiert wegen seiner »künstlerischen und geistigen Intensität«, wurde als »großer Wurf« gepriesen, den man, wie etwa Rudolf Krämer-Badoni, »bewundert, ganz einfach bewundert« hat. »Eine Sensation«, »ein bedeutendes Buch«, »eine literarische Kostbarkeit«, ein »Künstler von unbedingtestem Formanspruch« schallte es dem Romancier Koeppen aus der literarischen Öffentlichkeit der 50er Jahre entgegen. Eine Minderheit nur, die da befand, was Koeppen schreibe, sei »nicht gestaltet«, sei nur »hingesagt« und »unverdaut«. »Es ist richtig, daß die Mehrheit der damaligen Rezensenten sich zustimmend äußerte«, muß denn auch Koeppen-Anwalt Greiner gestehen, nachdem er eben noch das Versagen der literarischen Öffentlichkeit konstatiert hatte.

Überdies hat Koeppen zahllose Auszeichnungen erhalten: vom Büchner-Preis, den er 1962 bekam, bis zum Münchner Kulturpreis, den die bayrische Landeshauptstadt 1982 an Koeppen vergab. Doch die Sage vom großen Dichter, den die Mitwelt nicht zu würdigen weiß, gehört nach wie vor zur Liturgie jeder Koeppen-Andacht. Daß man Koeppen allen Tatsachen zum Trotz zum hilflosen Subjekt herunterbetet, das sich vor lauter Schüchternheit und Mißerfolg nicht in die Öffentlichkeit traut, die sich durch Ignoranz an ihm versündigt hat, an dieser Version vom Pflegefall halten seine Verehrer schon deshalb fest, weil sie selber darin die Hauptrolle spielen.

Wenn sie in den Medien beispielsweise behaupten, Koeppen erscheine nicht in den Medien, so meinen sie lediglich, ohne sie erschiene er nicht in den Medien. Wenn sie Koeppens literarische Bedeutung preisen, die leider von der Restwelt verkannt werde, so geben sie nur beiläufig zu verstehen, daß Koeppens literarische Bedeutung ohne sie gleich Null wäre. Und wenn sie Koeppens Nicht-Werke feierlich zu Meisterleistungen eines poeta laureatus erheben, dann wollen sie nur ganz schlicht sagen, daß das Beste und Wichtigste an Koeppen nicht seine Werke, sondern sie, seine Verehrer, sind.

Weil der Koeppen-Kult so ganz ohne Koeppen aber nun auch

wieder nicht funktioniert, muß das Objekt von Zeit zu Zeit aktiviert werden. Nachdem bislang alle Versuche fehlgeschlagen sind, den neuen großen Roman aus ihm herauszuloben, nachdem alle Preise und verbalen Superlative Koeppen offenkundig nicht beflügelt, sondern eher gelähmt haben, hat die FAZ nun endlich doch einen Weg gefunden, dem schweigenden Romancier ein neues Epos abzuringen. Anfang Januar begann das Blatt mit dem Vorabdruck dieses Werkes. In einer Einführung wurde es vorgestellt unter der Überschrift »Nach 48 Jahren«, scheinbar der Titel des Romans, denn in der Unterzeile hieß es erläuternd: »Wolfgang Koeppens Roman als Vorabdruck in der F.A.Z.«.

Der Roman heißt freilich nicht »Nach 48 Jahren«, sondern er heißt *Die Mauer schwankt*, er ist auch nicht, wie sonst bei vorabgedruckten FAZ-Romanen üblich, neu, sondern stammt aus dem Jahre 1935 und gehört damit in die Kategorie jener Werke, welche die FAZ unter der Rubrik »Romane von gestern – heute gelesen« zu würdigen pflegt.

Aber Koeppens Verehrer schrecken eben vor nichts zurück, auch nicht davor, sein episches Schweigen auf eigene Faust zu brechen. So abstoßend der Koeppen-Kult ist, so lehrreich ist er auch. In keiner anderen Inszenierung des Literaturbetriebs spielen Literaturkritiker derart ungeschminkt ihre Haupt- und Lieblingsrolle: die Rolle des Zuhälters, der auf eigene Rechnung die Schriftsteller dichten läßt, und der, wenn sie nicht wollen, zur Not auch nachzuhelfen weiß.

»Sie sind eine wirkliche Schriftstellerin«
Über Aufstieg und Fall der Karin Struck

Der Abschied fand in aller Stille statt. Mitte März kündigte die Schriftstellerin Karin Struck in einem Brief an Verleger Siegfried Unseld dem Suhrkamp Verlag die Zusammenarbeit auf. Was vor Jahren in den Kulturredaktionen noch Aufsehen erregt hätte, war jetzt nicht einmal mehr eine Meldung wert. Die literarische Öffentlichkeit nahm von Karin Strucks Suhrkamp-Abschied mit keinem Wort Notiz. Auch Verleger Unseld weinte der einstigen Erfolgsautorin und Lieblingsfrau des Literaturbetriebs keine Träne nach. »Ich nehme zur Kenntnis, daß sich von nun an unsere Wege trennen«, bestätigte er, das Kündigungsschreiben erhalten zu haben.

Die Literaten sind der Struck überdrüssig geworden. Nichts wäre ungewöhnlich an diesem Vorgang, wenn die Bücher der Struck inzwischen jene Qualität eingebüßt hätten, derentwegen sie von der Kritik als bedeutende Schriftstellerin gefeiert worden war. Die verzweifelt rücksichtslose Mitteilungswut, mit der Karin Struck noch ihre intimsten Privatangelegenheiten der Öffentlichkeit entgegenschleuderte, riß die Rezensenten gleich bei ihrem ersten 1973 erschienenen Buch *Klassenliebe* zu enthusiastischen Lobeshymnen hin.

»Ein Buch wie eine Person«, schwärmten damals die Literaturkritiker und priesen das leidenstolle Ungestüm der jungen Autorin: »Hier schreibt jemand ums Leben, wie man „ums Leben rennt"«. Ehrlichkeit, Selbstpreisgabe, eine »fast selbstmörderische« Offenheit, kurz, das Höchstpersönliche wurde zum literarischen Gütesiegel der Karin Struck. Im vergangenen Jahr erschien ihr letztes Buch *Kindheitsende*. Nicht anders als in *Klassenliebe* packt Karin Struck auch in diesem »Journal einer Krise« aus, was andere allenfalls ihrem besten Freund anvertrauen. Von ihren beträchtlichen Schulden erfährt man genauso wie von ihrem vernichtenden Eheleben oder von den Schrecken einer Abtreibung. »Ein Buch wie eine Person« ist *Kindheitsende.*

Doch die Rezensenten, die wenigen, die Karin Struck überhaupt noch zur Kenntnis nahmen, fühlten sich jetzt von eben der Intimität, die sie einmal gerühmt hatten, »zum Voyeur degradiert«. Wenn ein Autor mit derselben Begründung erst hofiert und später verrissen oder keines Blickes mehr gewürdigt wird, dann kann man nur schließen, daß die Quelle von Lob und Tadel irgendwo anders als in seinen Büchern liegen muß.

Tatsächlich tuschelten die Eingeweihten der Literaturszene schon über Karin Struck, ehe ihr erstes Buch überhaupt erschienen war. Die Literaturzeitschrift »Akzente« hatte vor der Publikation des Romans *Klassenliebe* eine Passage abgedruckt, der zu entnehmen war, daß die Autorin sich mit einem Literaturredakteur, einem gewissen Z., eingelassen hatte und schwanger war. Die Identität dieses Kollegen Z. beschäftigte fortan die Literaten um so mehr, als auch der vollständige Struck-Roman keine eindeutigen Anhaltspunkte lieferte. Jahrelang wurde über den Z. der *Klassenliebe* spekuliert, so lange, daß Gerhard Zwerenz, auf den man immer wieder tippte, 1977 – immerhin vier Jahre nach Erscheinen der *Klassenliebe* – an die Öffentlichkeit ging und im PLAYBOY entnervt klarstellte, nicht er sei dieser Z., sondern »mein Freund A.A.«.

Dieses inoffizielle Klatschinteresse an Karin Struck spiegelt sich dann auch in den offiziellen Rezensionen von *Klassenliebe* wieder. Da wurde nicht ein Roman besprochen, sondern eine Person, nicht Stil, Form, Aufbau, Sprache und innerer Zusammenhang bewertet, sondern die radikale Offenheit einer Frau, die von dem damals noch auf linke Etikette achtenden Literaturbetrieb um so heftiger umarmt wurde, als sie der Arbeiterklasse entstammte. Auf diese Offenheit, mit der Karin Struck auch ihre Körpermaße und ihr Hochgefühl enthüllte, »nackt mit geöffneten Beinen in der Sonne (zu) liegen«, reagierten die Literaten wie auf ein Angebot, das heißt, sie gebärdeten sich in ihren Besprechungen wie eifersüchtige Liebhaber, die einander auszustechen suchen. Die Literaten fielen über den Struck-Liebhaber und Literaten, also Kollegen, Z. her, weil der ein Literat war. Rezensenten schwärzten in Rezensionen Rezensenten bei Karin Struck an: Die wollten sie nur der »Literaturbohème« ausliefern.

Das öffentliche Privatinteresse an der Schriftstellerin Karin Struck in ihrer Eigenschaft als unverhüllt offene Frau, das sich anfangs als Literaturkritik gerierte, lockte schnell auch literaturfremde Elemente an. So präsentierte die Zeitschrift JASMIN Nacktphotos von Karin Struck, ein Novum immerhin in der »Literatur«-Geschichte. Reporter besuchten sie zu Hause und schrieben erfüllte Berichte, die sich etwa so lasen: »Eine schöne Frau, mit ihrem kupferfarbenen, langen, lockigen Haar, den klaren Augen, die sich fest und aufmerksam auf Freunde und Fremde richten... « Ein anderer Struck-Porträtist eröffnete dem Publikum, daß die Schriftstellerin sich von ihrem Mann trennen werde, nachdem sie ihn kennengelernt hatte. Als weibliche Attraktion war Karin Struck allenthalben begehrt. Sie wurde von einer Podiumsdiskussion zur anderen weitergereicht, ohne daß die Veranstalter sich groß um ihre fachliche Kompetenz gekümmert hätten. Bei einem deutsch-jugoslawischen Literaturgespräch war sie, ohne selber zu wissen, was sie da sollte, genauso dabei wie bei einem ZDF-Colloquium über die Bedeutung von Träumen.

Karin Struck setzte den Rummel um ihre Person in den Glauben um, eine große Schriftstellerin zu sein. Sie fühlte sich als Kollegin von Proust, Brecht und Gorki. Ihr zweiter Roman, *Die Mutter,* 1975 erschienen, war denn auch mit zusammengebissenen Zähnen geschrieben, war gekennzeichnet von dem Willen, unvergängliche Literatur zu schaffen. Die Rezensenten traten verlegen von einem Bein aufs andere. Sie gestanden, daß die Lektüre der *Mutter* »quälend« sei, »eine schier unzumutbare Strapaze«; sie leugneten ja gar nicht die Massenansammlung von Stilblüten. Wäre Karin Struck als Schriftstellerin im Literaturbetrieb je ernst genommen worden, dann hätten die Kritiker bei all den Mängeln, die sie in der *Mutter* entdeckten, das Buch als literarische Fehlleistung einstufen müssen. Doch stattdessen wurden sie wieder privat. Die Rezensenten lockerten die Dienst-Krawatte, indem sie erklärten, mit der Rezensentenhaltung könnte man der *Mutter* nicht begegnen; und genauso außerdienstlich nahmen sie auch Karin Struck nicht als Schriftstellerin, sondern als Frau, die sie erst für »schutzlos« befanden, um ihr dann »Sorge und Schutz« anzudienen, weil sie, das heißt natürlich ihr Buch, »bemuttert werden möchte.«

Karin Struck freilich fühlte sich als Dichterin bestätigt, zumal ihr Verleger Unseld nach der *Mutter*-Lektüre begeistert telegraphiert hatte: »Sie sind eine wirkliche Schriftstellerin«. Tatsächlich war sie innerhalb des Suhrkamp Verlages nach dem Erfolg der *Klassenliebe* (verkaufte Auflage: 100 000) von einer gemeinen Taschenbuch-Autorin zur kostspieligen Hardcover-Dichterin avanciert und mit der Startauflage von 20 000 Exemplaren der *Mutter* in die erste Reihe der Suhrkamp-Autoren vorgerückt. Nichts deutete darauf hin, daß der Literaturbetrieb sich von Karin Struck abwenden könnte. Auch ihr dritter Roman *Lieben* entsprach ja in seiner alle Tabus mißachtenden Offenheit wieder ganz dem Geschmack der Literaturkritiker.

Doch plötzlich, ohne Vorankündigung, konnte die Offenheit keiner mehr ertragen. »Der totale Mangel an Diskretion« wurde nun gerügt, »Karin Strucks Offenheit« als »unerträglich kokett« abqualifiziert, man wollte »dieses wehleidige Gezeter« nicht länger hören, »die Wortwut einer Trend-Schreiberin« ging den Kritikern auf die Nerven, und auch Verleger Unseld schickte kein Glückwunsch-Telegramm mehr.

Was war geschehen, daß die zuvor so nachsichtigen Rezensenten jetzt mit unnachsichtiger Härte die Schriftstellerin Karin Struck abmahnten, in einem Ton, als hätten sie schon immer über ihre Bücher die Nase gerümpft? Nichts war geschehen, nur gab es, als 1977 *Lieben* erschien, an Karin Struck nichts mehr zu bemuttern, die Schutzlosigkeit ihrer Bücher verwandelte sich in den Männerphantasien nicht mehr in das Bild der schutzlosen jungen Frau, man konnte nicht mehr den Gönner und Retter spielen, denn Karin Struck war eine erfolgreiche Schriftstellerin geworden. Seit der Literaturbetrieb sich nicht mehr der Person, sondern den Büchern widmete, geriet Karin Struck genauso zügig aus dem Geschäft, wie sie hineingekommen war. Schon ihre 1978, ein Jahr nach dem *Lieben*-Debakel, erschienene Erzählung *Trennung* fand nur mehr pflichtgemäße Beachtung, die Rezensenten hießen nicht mehr Böll oder Handke, für Karin Struck wurde nur noch die zweite Kritiker-Garnitur aufgeboten.

Waren von *Lieben* trotz aller Verrisse immerhin noch 30 000 Exemplare verkauft worden, waren es bei *Trennung* nur noch knapp 10 000. Statt der Auflagen wuchs das Schuldenkonto beim Suhrkamp Verlag. Als Karin Struck 1982 endlich wieder ein Manuskript ablieferte, lehnte Unseld ab. Das Werk mit dem Titel *Zwei Frauen*, das dann im kleinen Tende-Verlag erschien, hielt er »für mißlungen«. Die Karriere der Karin Struck endete vorläufig, wie sie vorläufig begonnen hatte, damit, daß man von ihren Büchern absah. Mit der schutzlosen Frau aber, an der die Literaten sich einst ergötzt hatten, ist heute kein Staat mehr zu machen.

Erste Hilfe

Zur Streitschrift für das Recht auf Selbstmord

Die Frage, auf welche Weise man sich erfolgreich und möglichst schmerzlos das Leben nimmt, ist ein praktisches medizinisches Problem, vergleichbar anderen wie etwa der wirksamen Bekämpfung einer Grippe oder der sachgemäßen Behandlung eines Beinbruchs. Auch für das Gelingen eines Selbstmords muß man die Wirkung pharmazeutischer Präparate kennen, muß wissen, welche Giftstoffe sich gegenseitig aufheben, welche lediglich Niere, Leber und Magen nachhaltig schädigen, nicht aber den Tod herbeiführen.

Während aber der Grippekranke ein bei Ärzten geachteter Patient ist, dem geholfen wird, bleibt der Selbstmordkandidat auf sich allein gestellt und von jeglicher Information ausgeschlossen. Er hat daher keine Wahl als die, auf gut Glück zu handeln und zu hoffen, daß er die richtige Dosis der richtigen Substanz getroffen hat und nicht als Tabletten-Invalide von hilfreichen Notärzten ins Leben zurückbeordert wird. Um dieses Risiko zu vermindern, haben zwei französische Autoren ein Buch geschrieben, das unter dem Titel *Gebrauchsanleitung zum Selbstmord* jetzt auch auf deutsch erschienen ist.

Der irritierende Reiz dieses Werkes liegt darin, daß hier Selbstmord weder als intellektuelle Attraktion verklärt noch als Vergehen wider die Schöpfung verdunkelt, sondern als individuelle Entscheidung verhandelt wird wie etwa die, ein Haus zu bauen, als Entscheidung, deren Ausführung praktischer Kenntnisse bedarf.

Da wird dann also empfohlen, ein »leichtes Mahl« zu sich zu nehmen, damit der Magen die massive Tablettendosis nicht schockiert abstößt, oder es wird geraten, »Alkohol und Barbiturate zu verbinden«. Als die eine große Gefahr, die es zu bannen gilt, erscheint immer wieder »die Gefahr der Wiederbelebung«. Es ist daher nur konsequent, daß die *Gebrauchsanleitung zum Selbstmord* eindringlich vor Methoden warnt, die nicht oder nur zufällig »zu einem guten Ende« führen. Von Aspirin beispielsweise raten die Autoren ebenso strikt ab wie von Insulin, Substanzen mit unkalkulierbarer Wirkung, die nur eins garantieren – schwere Folgeschäden. Grundsätzlich gilt für alle Medikamente, wenn sie zum Selbstmord taugen sollen: Sie »sind an einem kühlen Ort aufzubewahren.«

Die Lektüre dieses bis zur Komik sachlichen Teils stellt auch den gutwilligen Leser, der, einmal angenommen, das Recht auf einen frei bestimmten Tod befürwortet, auf eine harte Probe.

Da er zur Mehrheit derjenigen gehört, die nicht beabsichtigen, sich umzubringen, könnte ihn die *Gebrauchsanleitung zum Selbstmord* eigentlich unberührt lassen. Dennoch fühlen sich die Lebenswilligen brüskiert. In Frankreich forderten die Ärzte den Gesundheitsminister auf, gegen das Buch vorzugehen. In der Bundesrepublik verweigerte eine Freiburger Druckerei die Herstellung, weil das Machwerk »gegen die guten Sitten« verstoße.

Niemand hätte sich empört, wenn die Autoren, wie sie es in neun von zehn Kapiteln tun, nur für das Recht des einzelnen am eigenen Leben eingetreten wären, und sei es auch mit kämpferischen Parolen, in denen »die Idee des Selbstmords« zur »Revolte von Körper und Seele gegen die Ordnung«, zur »Waffe gegen die, die uns das Leben stehlen«, erhoben wird. Aus ähnlicher Opposition gegen eine Realität, in der »der Freitod zum Versprechen« wird, hatte schon 1976, zwei Jahre vor seinem Selbstmord, der Essayist Jean Améry in dem Buch *Hand an sich legen* für das Recht auf Suizid plädiert, ohne daß die Öffentlichkeit sich entrüstet hätte. So liefen die französischen Ärzte auch nicht gegen die philosophischen Thesen, sondern ausschließlich gegen jenes zehnte Kapitel Sturm, in dem der Selbstmörder Erste Hilfe erfährt. Die Provokation besteht darin, daß mit dem Angebot an praktischer Lebenshilfe für Selbstmörder zugleich die Tatsache vermittelt wird, daß es für dieses Angebot auch eine Nachfrage gibt.

In den sachlich-fachlichen Angaben über die Höhe der tödlichen Dosis von Tabletten, in denen Verhaltensvorschriften zur Verhinderung einer ungewollten Wiederbelebung und nicht zuletzt in den Sprachregelungen, nach denen »Erfolg« »Tod«, »Schiffbruch« »Überleben« bedeutet, macht der Leser bedrohliche Bekanntschaft mit einer Zielgruppe, die taub ist gegen Lebensausreden und durch die Selbstverständlichkeit des Willens zu sterben die Fraglosigkeit des Weiterlebens erschüttert. Denn durch die Entschlossenheit des Selbstmörders, die sich in der für ihn bestimmten Gebrauchsanleitung wiederspiegelt, verkehrt sich die übliche Frage der Lebensroutiniers, warum denn nur Menschen sich umbringen, unversehens in die Gegenfrage, warum um alles in der Welt Menschen weiterleben.

Merkwürdige Distanz

Über Claude Lanzmanns neunstündigen Dokumentarfilm »Shoah«

Die öffentlichen Reaktionen waren gedämpft, man tat gerade eben seine Pflicht, den Film nicht einfach zu ignorieren. Schließlich geht es in Claude Lanzmanns auf der Berlinale 1986 gezeigter, zuletzt in den dritten Fernsehprogrammen ausgestrahlter Dokumentation »Shoah« um die deutschen Verbrechen am europäischen Judentum; da mag man sich denn doch nicht Teilnahmslosigkeit nachsagen lassen.

Die Rezensenten gingen freilich merkwürdig auf Distanz, das heißt, sie behandelten »Shoah« wie irgendein anderes cineastisches Kunstwerk und machten in aller Seelenruhe Dienst nach ästhetischer Vorschrift. »Die Poesie der Landschaft steht im strikten Gegensatz zu den Stimmen, die wir hören, und den Gesichtern, die wir sehen«. Oder: »Noch nie ist in einem Film die wohlfeile Botschaft von der versöhnenden Kraft umgreifender bodenständiger Zusammenhänge, anmutiger Landschaften und malerischer Heimaten gründlicher dementiert worden.«

Während der SPIEGEL-Rezensent sich hinter dem Film versteckte, ließen sich alle, die noch vor Jahren bei der rauschenden »Holocaust«-Party das publizistische Tanzbein geschwungen hatten, diesmal gar nicht erst blicken. Die Chefs der öffentlichen Meinung fühlten sich durch »Shoah« nicht angesprochen. Kein Augstein und keine Gräfin Dönhoff waren zu vernehmen.

Schon gut, man kann schließlich nicht alles und jedes kommentieren, und außerdem werden die Juden dadurch auch wieder nicht lebendig. Und, mal ganz ehrlich, ist es nicht langsam, da wir uns dem Jahr 2000 nähern, an der Zeit, einen Schlußstrich zu ziehen? Was bringt es denn, die alte Geschichte immer noch einmal aufzurühren? Wir wissen doch nun schon alles. Sechs Millionen Juden sind in den Konzentrationslagern der Nationalsozialisten umgekommen, na gut, ermordet worden, wem denn so feinsinnige sprachliche Unterschiede wichtig sind. Wir wissen, wie es in den Lagern zuging. Wir haben in Schullehrfilmen die nackten Frauen auf dem Weg zu ihren Mördern, wir haben die Leichenberge und die unwürdigen Schlafstätten gesehen. Wir kennen die Psyche der Täter: seelenlose Bürokraten, für die der Mensch nur ein Aktenzeichen, für die Mord nur eine auszuführende Dienstanweisung war, Menschen wie du vielleicht, aber nicht wie ich.

Wir haben unsere Lektion gelernt. Wir waren gegen Globke und Kiesinger und fanden den Marinerichter Filbinger unerträglich. Und wenn in der Kneipe irgendein Trunkenbold »Alle vergasen!« lallt, sind wir, wie aus der Pistole geschossen, empört. Leute, wie der Bürgermeister von Korschenbroich, der kürzlich meinte, zwecks Sanierung des defizitären Haushalts müsse man schon »zwei reiche Juden erschlagen«, finden uns wach auf dem Entrüstungs-Posten.

Während wir so mit der Vergangenheit abgeschlossen haben und sie mit schulbuchmäßigen Reflexen weit von uns weisen, während die Realität der Judenvernichtung sich längst zum abstrakten Anlaß und zum Beweis unserer intakten Moral verselbständigt hat, während es uns, mit einem Wort, in der Auseinandersetzung mit den Verbrechen an den Juden immer nur um uns ging, werden wir von Lanzmanns »Shoah«-Dokumentation in unserer Eigenschaft als die moralischen Sieger der Nazi-Verbrechen grausam beschämt.

Statt Gelegenheit zur Empörung zu bekommen, müssen wir zuhören, statt die Nazi-Vergangenheit zu bewältigen, müssen wir ihre menschliche Gegenwärtigkeit zur Kenntnis nehmen.

Da sitzen sie nun, im Anzug oder im bunten Freizeithemd, die wir nur schwarz-weiß als stumme Leichenberge kannten und anders wohl auch gar nicht kennenlernen wollten: Juden, die den Vernichtungslagern lebend entkommen sind, Juden, mit denen wir für die Dauer des neunstündigen Films das Leben in den Vernichtungslagern zu teilen haben, das wir doch nicht mit ihnen teilen können.

Wenn der Friseur von Treblinka während der Arbeit in seinem Friseursalon in Tel Aviv erzählt und scheinbar bereitwillig vormacht, wie er den Frauen die Haare geschnitten hat, ehe sie, zurechtgemacht, in die Gaskammer geschickt wurden, wenn er, nach seinen Gefühlen gefragt, scheinbar unbeteiligt antwortet, er sei »im Gefühl tot, völlig tot« gewesen, und kurz darauf nicht mehr weiterreden kann, weil er unter dem Druck der wiederbelebten Vergangenheit die Kontrolle über sein auf Vergessen bedachtes Bewußtsein verliert, dann fühlt man sich vollkommen ausgeschlossen und einer Fremdheit ausgeliefert, die alle Vergangenheitsbewältigung plötzlich null und nichtig macht.

Je länger der Film dauert, je häufiger wir mit der Kamera auf den heutigen Gleisen durchs Tor ins heute, weil gründliche Arbeit geleistet wurde, verlassene Lager Auschwitz einfahren müssen, während der Mann vom Sonderkommando berichtet, die Toten in den Gaskammern seien wie Steine gewesen, sie seien, wenn man die Tür geöffnet habe, wie Steine von einem Lastwagen gefallen, je länger sich diese Vergangenheit in der Gegenwart des Zuschauers zusammenbraut, desto mehr nimmt auch das Bedürfnis zu, diesem Film zu entkommen und die Flucht zu ergreifen vor den anklagenden Opfern, die freilich wie Lanzmann so brutal sind, niemanden anzuklagen.

»Shoah« ist ein Film, der, anders als wir oder das Rührstück »Holocaust«, die Schuldfrage nicht stellt, weil die ja auch, faßt man sich plötzlich entgeistert an den Kopf, von den Deutschen damals beantwortet wurde. Da haben wir jahrelang aufgebracht mit Fingern auf die Täter gezeigt, als bestünde irgendein Zweifel an ihrer Täterschaft. Lanzmann hört ihnen zu, er hört denen zu, die wir allemal niederbrüllen würden.

Nein, in »Shoah« müssen wir uns das anhören, wie Herr Dr. Grassler, damals stellvertretender NS-Kommissar im Warschauer Ghetto, sich an diese Zeit beim besten Willen nicht erinnern kann. Die schönen Bergtouren vor dem Krieg, ja, an die könne er sich erinnern, aber die Zeit in Warschau, nein. Ehe wir noch entrüstet dieses Nazischwein einen Lügner schimpfen können, von wegen nichts gewußt, nichts mitbekommen, sinniert er auch schon mit rührender Hilflosigkeit: »Sehen Sie, das Schöne behält man, und das Schlechte verdrängt man. So ist der Mensch. Und das ist auch gut so.« Hat er nicht recht, der Herr Dr. Grassler?

Er hat nur deshalb nicht recht, weil die Juden in Lanzmanns Film, die das Vergessen bitter nötig hätten, es allen in den Gesprächen sichtbaren Anstrengungen der Verdrängung zum Trotz nicht fertigbringen.

Mein Kampf gegen die Zigarette

Von einem, der auszog, mit Hilfe von Gott, Magie und Fruchtsaft dem Nikotin zu entsagen

Das war nicht die erste letzte Zigarette, die ich rauchte, um den Vorsatz, dem Nikotin auf ewig zu entsagen feierlich zu besiegeln. Wie oft schon hatte ich das Laster abschütteln wollen und war jedesmal kläglich gescheitert. Versuche, die Kraft des Willens einzusetzen, bleiben erfolglos, weil der Wille spätestens nach einem Tag qualvoller Abstinenz den Einflüsterungen meiner Raucherseele erlag, die etwa zu bedenken gab, daß auch der Nichtraucher letztendlich dem Tod nicht entrinnen könne. Und zugleich erinnerte ich mich dann an das Schicksal eines Bekannten, der, kaum daß er das Rauchen eingestellt hatte, von einem Auto überrollt worden war. Sollte man sich kasteien, um dann so zu enden? Nein, ob Raucher oder Nichtraucher, zu sterben hatte man allemal, und da wollte ich doch lieber, ehe auch für mich die Stunde käme, noch ein wenig den Annehmlichkeiten der Zigarette frönen.

Noch heimtückischer zersetzte die innere Raucherstimme alle guten Vorsätze, als ich, belehrt durch die schlechten Erfahrungen mit meinen Willen, bei einem pharmazeutischen Anti-Nikotin-Präparat Zuflucht suchte. Schon die Lektüre der »Kuranleitung«, der strahlende Optimismus des Herstellers, der versprach, den Körper mit Hilfe von Tannin, Cystin, Methionin und Extract-Valerianae zu entgiften und ihn gewissermaßen in seinen Naturzustand zurückzuführen, schon die bloße Aussicht auf eine derartige Neugeburt versetzte mich in eine solche Hochstimmung, daß ich, noch während ich an der Abschiedszigarette sog, bereits glaubte, Nichtraucher zu sein und die »Zwei-Phasen-Kur« nicht mehr nötig zu haben. Ein Irrtum, dessen Folgen man leicht erraten kann.

In Zürich, Hohlstraße 25, befindet sich neben einer Beratungsstelle für türkische Gastarbeiter das »Institut für Psychologie und Metaphysik«. Hier residiert hinter schwerem Schreibtisch der Schüler des Sri Ramana Maharishi, Albert Paliwoda. Man sieht dem früheren Direktor einer Kosmetikfirma die magischen Kräfte nicht an, mit denen er bereits zehntausend hartgesottene Raucher geheilt haben will. Doch die Dankesbriefe, die im Wartezimmer des »Instituts« ausliegen, beweisen es. »Ich bin ein ganz neuer Mensch, seit ich bei Ihnen war«, jubelt ein vom Nikotin befreiter Patient. Ein anderer schwärmt: »Sie haben Gott in sich«, und ein dritter verehrt Paliwoda als »begnadeten Religionsgründer«. Und schon bemühen sich Fernseh-Moderatoren um den Wunderheiler, eine Münchner Reisegesellschaft hat ihn gar – ein Wochenende Zürich, Paliwoda incl. – ins Veranstaltungsprogramm aufgenommen.

Doch nur widerwillig läßt Paliwoda den Rummel über sich ergehen. »Ich bin«, seufzt er, wie man es von einem inwendigen Menschen wohl erwarten darf, »am glücklichsten in den Stunden meiner täglichen Meditation und Kontemplation, nicht, wenn ich im Fernsehen auftrete.« »Trotzdem«, fügt er glaubwürdig hinzu, »bin ich auch wiederum froh über diese Publicity-Welle.« Denn darauf hinzuweisen, »daß es neben dem oberflächlichen Alltag noch eine metaphysische Welt gibt«, hält Paliwoda geradezu für seine »soziale Pflicht«. Und auch sein Manager, der sonst Rex Gildos Zunft vertritt, glaubt an Paliwodas höheren Auftrag.

Aber ob Show, Geschäft oder magische Mission, mir konnte es gleich sein, wenn der Mann nur seinen Nichtraucherwillen in mich hineinzauberte. Aufgeregt von der Erwartung, womöglich ein anderer Mensch zu werden, drückte ich die letzte Zigarette aus und folgte dem Ruf des Gurus in ein Zimmer, in dem mir die Figur eines thailändischen Buddha und ein automatischer Anrufbeantworter Respekt einflößten.

Ich stehe in der Mitte des Zimmers, locker soll ich sein, ganz locker, während der Meister sich noch geheimnisvoll am Schreibtisch zu schaffen macht. Ich warte und bin so locker wie früher in der Tanzstunde, als ich aus Furcht, nicht locker zu sein, mich absichtlich steif machte.

Also gut, ich lasse wie ein Gorilla die Arme herabhängen, die Schultern vorsichtshalber gleich mit. Ich fühle mich so richtig schön erniedrigt, und da beginnt nun Paliwoda sein Werk. Er schließt halb die Augen, er schüttelt wie ein Turner vor der entscheidenden Übung alle irdische Schwere aus den Armen. Mit der linken Hand meinen Nacken umgreifend, drückt er mit dem Daumen der rechten kräftig aufs Hirn, wo sich außer den Zweifeln an die Metaphysik auch das Rauchzentrum befindet, das nunmehr »abgestaut« wird.

Nach einer erneuten kurzen Lockerungsübung geht er zum Angriff auf den vom Kopf zur Lunge führenden »Suchtkanal« über, das heißt, er drückt mir beinahe die vom Rauchen geschwächte Brust zusammen. Endlich wird noch den Armen im Abstauverfahren beigebracht, fürderhin zu allem, nur gerade zur Zigarette nicht zu greifen. Plötzlich, während ich noch auf die Hauptsache warte, erklärt Paliwoda: »So, das Kapitel wäre erledigt.« Und um mir zu beweisen, daß der suchtvernichtende »Pranastrom«, den ich nun in mir beherberge, schon erste Wirkungen zeigt, werfe ich meine restlichen Zigaretten auf den Berg von Schachteln, der sich auf einem Regal demonstrativ angehäuft hat.

Doch schon die erste Berührung mit dem oberflächlichen Alltag eines Zürcher Bierlokals machte alles zunichte. Ja, mit regelrechtem Trotz, daß binnen 60 Sekunden verschwunden sein sollte, was ich mir in fünfzehn Jahren angewöhnt hatte, zündete ich mir eine Zigarette an und kaufte mir, weil sie in der Schweiz doch so billig sind, gleich eine ganze Stange.

Nein, meine aufgeklärte Raucherseele wollte nicht durch Magie und nicht in wenigen Sekunden bezwungen sein. Sie verlangte, daß man sie ernst nahm und sich eingehend mit ihr beschäftigte. Kurz und gut: Mit konnten nur Ernst Bauermann und Professor Woeber, Pastor der eine, Arzt der andere, Nichtraucher beide, helfen. Denn die fünftägige stationäre Entziehungskur, die sie im Auftrag der »Gesellschaft für Rehabilitation e. V.« nach dem sogenannten »5-Tage-Plan« der amerikanischen Ärzte Folenberg und McFarland etwa alle drei Monate veranstalten, versprach, das Übel mit Stumpf und Stil auszurotten. Sogar ein Trainingsanzug war mitzubringen.

Ich machte mich also auf nach Erkensruhr, einem winzigen Eifeldorf in der Nähe von Aachen, wo, in Ermangelung eines festen Hauses, Professors Woebers Raucherklinik vorübergehend im »Hotel Waldfriede« untergebracht war. Schon die Reise – mit dem Schnellzug bis Köln, mit dem Eilzug bis Kall, mit dem Triebwagen bis Gemünd und schließlich noch 20 Kilometer mit dem Taxi bis an die Pforten der Stätte meiner letzten Hoffnung, schon diese Reise belehrte mich, wie hindernisreich die Wege sind, die zum Nichtrauchen führen.

Ich zündete mir also, nach dieser Odyssee noch entschlossener, die Zigarette aus meinem Leben zu verbannen, eine letzte, eine allerletzte an, warf, nicht ohne mich heimlich der Verschwendung zu zeihen, die noch halbvolle Packung fort und reihte mich in die 32-köpfige Schar ein, die aus Oldenburg, aus Ravensburg und Recklinghausen in die Eifel geflohen war vor dem Laster, das im Alltag der heimatlichen Umgebung nicht hatte weichen wollen.

Da saßen wir nun in einem Raum des Hotels »Waldfriede«, der Unternehmer neben dem Werkzeugmacher, der Förster neben der Hausfrau, die Studentin neben dem Admiral a. D. und warteten, daß uns geholfen werde.

Und schon baute sich vor uns Ernst Bauermann auf, um uns ex cathedra, das heißt von einem umgestülpten Holzkasten aus, den man auf einen Tisch gestellt, mit einer weißen Decke verhüllt und so in ein Rednerpult verwandelt hatte, mit dem »Nichtraucherstandpunkt« vertraut zu machen. »Mühsam und lang ist der Weg zur Freiheit«, sprach der Seelsorger; und schelmisch, ohne jemanden anzugucken, fragte er: »Wer möchte Sklave sein?« »Ja«, rief einer von uns bitter in die Stille, »das sind wir lange genug gewesen.«

Doch weil der Mensch, der lasterhaft zumal, so ganz ohne Sklaverei offenbar nicht leben kann, wurden wir gleich auf einen neuen »Hauptbefehlshaber«, der den alten, die Zigarette, ablösen sollte, vereidigt: auf unseren Willen. Und um zu beweisen, daß er seine Herrschaft auf des Pastors Signal hin sogleich angetreten hatte, mußten wir gemeinsam und laut das Gelöbnis sprechen: »Ich rauche nicht mehr.« Dies war nun für fünf Tage gleichsam unser Bibelwort, das wir, damit es sich unerschütterlich einprägte, nun auch intonierten nach der Melodie »Das Wandern ist des Müllers Lust«.

Überdies grub ein Film, der die Operation einer Raucherlunge zeigte, das neue Feindbild gleich am ersten Tag drastisch in unsere Sinne, so daß, wer etwa noch Zigaretten bei sich trug, diese voller Abscheu in den zu solcher Willensbekundung schon bereitstehenden Mülleimer warf. Die Hoffnung, hier vom Rauchen geheilt zu werden, reifte zur Überzeugung, als Professor Woeber jedem von uns eine Flasche Fruchtsaft in die Hand drückte, uns aufforderte, sie unbedingt bis morgen früh auszutrinken und erklärte: »Mit diesem Liter Fruchtsaft spülen Sie nahezu das gesamte Nikotin aus Ihrem Körper.«

Das war nun wirklich phantastisch, daß man weiter nichts zu tun brauchte, als Fruchtsaft zu trinken. »Das Nikotin aus dem Körper spülen« – jeder spürte, hier waren Teufelskerle am Werk, die es einem schon zeigen würden. Und der Oberraucher unter uns, der sich in seinem früheren Leben gleich mit dem morgendlichen Weckerrasseln eine angesteckt und dafür mit etlichen Magengeschwüren und der Verbannung aus der ersten Fußballmannschaft gebüßt hat, er verstand schon gar nicht mehr, »wie ich solchen Unsinn machen konnte.«

Aber nur mit Fruchtsafttrinken kamen wir denn doch nicht davon. Dafür sorgten zwei Männer, ein Psychologe, der auf Beschäftigungstherapie schwor und an Gott glaubte und ein Heilgymnast. Beide trachteten, unsere von Teer und Kohlestaub verstopften Blut- und Atemwege zu neuem Leben zu erwecken. Im Schlußsprung hüpften wir durch den Raum, urwüchsige Schreie hatten wir, Karatekämpfern gleich, auszustoßen. Und, als müßte uns dies unfehlbar zu Nichtrauchern machen, befolgten wir auch die seltsame Aufforderung, die Analmuskulatur kräftig anzuspannen, daß es bis zur Spitze des Penis – »die Damen bitte bis zur Klitoris« – ging. Man wiederholte die Übungen, wie es befohlen war, morgens im Bett, man kam sich ein bißchen lächerlich vor, aber die Nichtraucher-Profis würden schon wissen, wozu es gut war; sich von ihnen helfen zu lassen, war man schließlich hierhergekommen.

Gewiß, auch die täglichen Vorträge Ernst Bauermanns etwa über das Thema »Was ist Glück?«, seine Empfehlung, mal wieder zu einem »guten Buch«, zu »Wiechert oder Bergengruen« zu greifen, all das, womit man uns den Tag über beschäftigte, schien mit dem Rauchen wenig bis nichts zu tun zu haben. Doch immerhin, man wurde abgelenkt auch von den Entzugserscheinungen, die sich nach zwei Tagen bemerkbar machten.

Über Kopf- und Gliederschmerzen stöhnten die einen, über Müdigkeit und geistigen Stillstand die anderen, und keiner, den nicht die unbezwingbare Sucht zum Fressen überkam. Diese gemeinsamen Leiden, die wir einander bei den Mahlzeiten in den prächtigsten Ausschmückungen erzählten, sie machten uns zu einer verschworenen Gemeinschaft. Und in dieser Eigenschaft entdeckten wir gleich ein neues Laster, dem wir uns umso ungenierter hingaben, als wir das alte glaubten abgelegt zu haben. Wir tranken also, sangen in Alkohollaune das deutsche Volkslied »Ja, wir sind mit dem Radl da« und erwiesen uns als schlechte Schüler des Pastors, der uns den Alkohol als eine tückische Falle, tückisch sowieso und für angehende Nichtraucher besonders, geschildert hatte.

Aber niemand rauchte, da waren wir eisern. Einige wühlten gelegentlich, Sklaven alter Gewohnheiten, in den Taschen, aber was sie zutage förderten, waren nur Fruchtbonbons. So unzertrennliche Kameraden wir auch geworden waren, so viele Adressen wir auch austauschten und Bilder von den Lieben daheim herumreichten: Wen wir beim Rauchen beobachtet hätten, und wir beobachteten einander unablässig, den hätten wir aus unserer fröhlichen Mitte ausgestoßen.

Nach fünf Tagen gingen wir denn auseinander, ohne recht zu wissen, wieso wir nun nicht mehr rauchten und warum wir es nicht auf eigene Faust geschafft hatten. War es das Vitamin B, das Professor Woeber uns abends in den Fruchtsaft streute? Waren es Ernst Bauermanns Ausführungen über die Freiheit eines Christenmenschen? Waren es unsere bierseligen Kameradschaftsabende? Gleichviel, als Nichtraucher verabschiedeten wir uns und versprachen, uns am Buß- und Bettag beim Treffen ehemaliger Raucher wiederzusehen. Nur ich, ich werde und muß dort fehlen.

Denn schon nach wenigen Tagen, als ich, so mit mir allein, die Kur in Erkensruhr noch einmal vorüberziehen ließ, stachelte mich die Raucherstimme gegen den »5-Tage-Plan« auf, der mir etwa für den Fall plötzlichen Rauchverlangens empfahl, mich an Gott zu wenden mit der Bitte: »O Herr, hilf du mir, vom Rauchen loszukommen!« Wo ich doch an Gott nicht glaube. Und so habe ich denn beschlossen, wenn ich schon das Rauchen nicht lassen will, mir wenigstens ein gutes Rauchgewissen anzutrainieren. Denn das ist es, was zwar nicht von der Lust am Nikotin, aber von denen, die sie einem nehmen wollen, unabhängig macht.

Ein Gerücht namens Heidegger

Über einen unsichtbaren greisen Grübler

Unter H wie Heidegger steht er im Adreßbuch der Stadt Freiburg; der Philosoph hat ein Telephon und eine Klingel an der Tür seines Bungalows im Fillibachweg 25. Doch »der heimliche König im Reich des Denkens«, wie seine Verehrer ihn nennen, ist weder mündlich noch fernmündlich zu erreichen. Selbst der Telegrammbote wird auf einem eigens angebrachten Schild ersucht, Eildepeschen, ohne zu läuten, in den Briefkasten zu werfen.

So rührt sich denn auch auf mein Klingeln hin nichts im Hause Heidegger. Einlaß ins hoch über der Stadt im Freiburger Villennorden gelegene Reich des Philosophenkönigs findet nur eine auserwählte Schar von langjährigen Freunden und Brüdern im Geiste. Sie bilden die heimliche Leibgarde, die Deutschlands berühmtesten lebenden Nachdenker gemeinsam mit dessen Gattin Elfriede vor der Öffentlichkeit hermetisch abschirmt (»Sie ist ein sehr netter Mensch, wenn man sie herrschen läßt«, äußert jemand aus der näheren Verwandtschaft über Frau Elfriede).

»Herrn Heidegger wollen Sie sprechen?« Fritz Werner, Buchhändler in Freiburg und einer der wenigen Auserwählten, die im Besitz der streng geheimen Telephonnummer des großen Denkers sind. Fritz Werner lächelt abwehrend. Da könne er mir leider auch nicht weiterhelfen, obwohl ... Obwohl er gerade vorgestern oben im Fillibachweg gewesen sei, obwohl er gerade gestern noch mit Professor Heidegger telephoniert habe. Fritz Werner kostet es aus, der Freund einer Weltberühmtheit zu sein, die, wie er erzählt, »täglich bedrängt wird«. »Vor seinem Haus patroullieren Journalisten und Neugierige, die ihn nur einmal sehen wollen.« Aber schließlich sei doch Professor Heidegger kein Ausstellungsstück.

Ich versuche also einen anderen Vertrauten des Philosophen dazu zu bewegen, mir eine Audienz beim Evangelisten des Schwarzwaldes zu vermitteln. Doch auch Friedrich Wilhelm van Herrmann, der Sachwalter Heideggers, der als Privatdozent seit neun Semestern die Freiburger Studenten in das Mysterium Heideggerschen Denkens einweiht, auch er verweist mich lediglich auf den Grundsatz »unseres Philosophen«, »keinerlei Interviews zu geben«. Zwar dürfte er sich als seinen engsten Mitarbeiter bezeichnen. Aber den Professor von seinen Grundsätzen abzubringen, das stehe ihm – »angesichts der Person Martin Heidegger« – nicht an.

So erweisen sich auch die Umwege zum Oberhaupt der Philosophen immer wieder als Sackgassen, und statt ihm persönlich, begegnet man nur seinem Heiligenschein. Wer aber bis zu dem Leibhaftigen vordringen will, der muß schon den Rat befolgen, den ein mit Heideggers Mentalität vertrauter Freiburger Kunsthändler mir unter dem Siegel der Verschwiegenheit gab, der muß sich den Kopf kahlscheren lassen und sich in das Gewand der Buddhisten hüllen. In dieser Gestalt jedenfalls soll schon manchem Fremdling am Fillibachweg aufgetan worden sein.

Der seltsame Kult um die Person Heideggers, die wie das Allerheiligste eines geheimnisvollen Tempelbezirks bewacht wird, den nur die Gläubigen betreten dürfen, dieser Kult kommt nicht von ungefähr. Er ist der feste Bestandteil der von ihm selbst geschaffenen und von seinen Jüngern untertänigst gepflegten Legende, die der Begründer der Existenzphilosophie auch bei denen berühmt gemacht hat, die keine Zeile seiner dunklen Schriften gelesen haben.

Diese Legende handelt von einem deutschen Philosophen, der nicht wie durchschnittliche Menschen nach kalter Logik und angelesenem Wissen denkt. Dieser Eine, dieser womöglich Letzte, schöpfte seine Gedanken direkt aus den Quellen der Natur. Und um es der Öffentlichkeit zu beweisen, daß er recht eigentlich kein Erdenmensch, sondern das Medium unergründbarer Naturgewalten sei, griff er aus seinem Leben eine ergreifende Geschichte.

Es war im Jahre 1930. Da erhielt der in Freiburg lehrende Martin Heidegger einen Ruf an die Universität der deutschen Reichshauptstadt Berlin, eine Ehrung, die sich so leicht keiner hätte entgehen lassen. Heidegger jedoch schlug das verlockende Angebot aus. Und das kam so: Wie immer bei schweren Entscheidungen zog sich der Philosoph aus der Stadt zurück in die Höhen des Schwarzwaldes, um in der Einsamkeit von Todtnauberg, 800 Meter über den Meeresspiegel, zu lauschen, »was die Berge und die Wälder und die Bauernhöfe sagen«. Als sie, wie zu erwarten stand, schwiegen, vertraute der Denker sich seinem Freund, einem betagten Bauern, an und fragte den urwüchsigen Menschen um Rat.

Seine Antwort beschreibt Martin Heidegger so: »Er schiebt den sicheren Blick seiner klaren Augen in den meinen, hält den Mund straff geschlossen, legt mir seine treubedächtige Hand auf die Schulter und schüttelt kaum merklich den Kopf. Das will sagen: unerbittlich nein.« Da wußte der Philosoph, daß der Schwarzwald, daß die Bauern, daß die Heimat ihn riefen und solches Rufen bedeutete ihm mehr als alle akademischen Würden.

Nicht anders als in dieser anrührenden Geschichte profilierte sich Heidegger auch in seinen philosophischen Schriften als Befehlsempfänger der Ursprünglichkeit. Nicht nur dadurch, daß er den technischen Fortschritt und die daraus resultierende Verwandlung des Gartens Eden in eine Gesellschaft hartnäckig ignorierte und stattdessen »die Pracht des Schlichten« und die »stille Kraft des Einfachen« beschwor. Als Magier empfahl er sich vor allem durch eine Sprache, die ein Kritiker Heideggers, der französische Germanist Robert Minder, einmal zutreffend als »Spiel mit gezinkten Karten« charakterisierte. Dieses Spiel bestand darin, die Bedeutung jedermann verständlicher Worte, wie etwa Haus oder Wohnen so weit zu dehnen, bis sie inhaltslos und dunkel wurden und eben dadurch den Glanz verborgenen Tiefsinns erhielten. »Das Haus wird erst Haus durch das Wohnen. Wohnen ist die Weise, nach der die Menschen auf der Erde und unter dem Himmel die Wanderung von der Geburt bis in den Tod vollbringen. Die Wanderung ist der Hauptzug des Wohnens als des menschlichen Aufenthalts zwischen Himmel und Erde, zwischen Geburt und Tod ...«

Jargon der Eigentlichkeit, »unter dem nichts mehr sich denken läßt«, urteilte Theodor Adorno, der scharfsinnigste und unerbittlichste Analytiker Heideggers, über diese verstiegene »Natursprache« des Schwarzwälder Philosophen.

Solcher Kritik haben weder Heidegger noch die Schar seiner Jünger je etwas entgegenzusetzen gewußt. Als ich Friedrich Wilhelm van Herrmann gegenüber nur den Namen Adorno erwähne, verzieht sich sein Gesicht vor moralischer Abscheu gegen »diesen Philosophen vierten Grades«, der nichts als »leeres Geschwätz« zustandegebracht habe. Daß sich trotz Minder, trotz Adorno die Legende vom bäuerlichen Naturdenker gehalten hat, liegt vor allem daran, daß ihre Spuren nicht nur in den philosophischen Schriften Heideggers, sondern in der Wirklichkeit selbst zu verfolgen sind. Denn mit dem ihm eigenen Sinn fürs Stilechte benannte der Grübler, der im tiefen Schwarzwald mit den Urproblemen der Menschheit ringt, nicht nur auf geduldiges Papier, nein, er lebte sie tatsächlich buchstabengetreu nach.

Im Jahre 1922 baute Heidegger oberhalb von Todtnauberg, einem 200 Häuser zählenden Dorf im Hochschwarzwald, eine Holzhütte, die in den Köpfen der Heidegger-Verehrer rasch die Gestalt eines Sinnbildes annahm. Hoch am Wiesenhang, ohne jeden zivilisatorischen Komfort und nur zu Fuß zu erreichen, steht sie nun da, die heute vom Philosophen verlassene Denkerkate, die in keiner Würdigung Heideggers unerwähnt bleibt.

Höhere Weihen erlangte das schlichte Bauwerk nicht nur durch seinen Bewohner, sondern auch durch die Besucher, die sich, wie Hans-Georg Gadamer, ein Denk-Kollege Heideggers, sogleich als »Wallfahrer« fühlten oder die, wie der Lyriker Paul Celan, das Erlebnis des Philosophen in der Hütte nur mit einem Gedicht zu bewältigen vermochten.

Wer freilich den Besitzer der Heidegger-Hütte, wie sie im Dorf genannt wird, nicht kennt, vermag an ihr nichts weiter zu entdecken als dunkle Holzschindeln, ein tief herabgezogenes Dach und grüne Fensterläden: die Mini-Kopie eines echt Schwarzwälder Bauernhofes im Legoland der freien Natur. Historische Forschung ergibt, daß mit dem Bau des »Lachenhäusli« – von Heidegger so getauft, nach dem Namen des angrenzenden Waldes – auch das Ende der Bauernidylle in Todtnauberg anbrach. Denn sein Ferienhaus war das erste, in dem heute von Wochenenddomizilen und Pensionen vollends zerstörten Dorf, das sein ursprüngliches Gesicht dem gewinnbringenden Bedürfnis der Heideggers nach Abgeschiedenheit und Waldesrauschen geopfert hat.

Der Blick von der sagenumwobenen Hütte geht hinab auf fünf im ursprünglichen Stil renovierte Bauernhäuser, in denen Heidegger den Ruf erwarb, ein Bauer und nicht ein Professor aus Freiburg zu sein. Daß seine Freunde, die Bauern, nie ganz die Ehrfurcht vor ihm verloren und ihn mit »Professor« anredeten, darüber kam er hinweg. Als jedoch der Bürgermeister bei der 700-Jahr-Feier von Todtnauberg den Ehrengast Heidegger in aller Öffentlichkeit als den »Professor aus Freiburg« begrüßte, da verbesserte der Philosoph den Bürgermeister: Kein Professor aus Freiburg sei er, sondern »e Maan us Todtnauberg«. Die anwesende Presse schrieb's mit und feierte anderntags unter der Überschrift »Ein Denker unter Bauern« die schlichte Art des weltberühmten Philosophen.

Und so haben ihn auch »die Nachbarn« von unterhalb der Hütte in Erinnerung. »Ganz normale Leut'«, charakterisiert die fünfundsechzigjährige Bäuerin Brigitte Klingele den Philosophen und seine Frau: »ein Nachbar, der halt seine Sprüch' mit uns g'macht hat«, fügt Rosa Schneider hinzu, die »dem Heidegger«, wie er in Todtnauberg hieß, zu jedem Geburtstag ein Gedicht in alemannischer Mundart gefertigt hat, als Mitbringsel gleichsam. Denn an seinem Ehrentag pflegte der Philosoph die Bauersfrauen auf die Hütte einzuladen. Rosa Schneider erinnert sich: »Wir haben bei Kaffee und Kuchen gesessen, und der Heidegger hat alemannische Gedichte von Hebel vorgelesen und klassische Musik gespielt. Er hatte ja einen Plattenspieler da oben.« Warum denn die Männer nicht eingeladen gewesen seien? »Wahrscheinlich«, vermutet Luise Mühl, die einstige Gemeindehebamme von Todtnauberg und ständiges Mitglied des Geburtstagszirkels, »wahrscheinlich hat er gedacht, daß wir Frauen uns mehr für Lyrik und gute Musik interessieren.«

Während Heidegger die Bauersleute als leibhaftige Repräsentanten seiner Lieblingsidee von der Ursprünglichkeit schätzte und sich im Umgang mit ihnen die Aura des Naturwüchsigen und Volkstümlichen zu verschaffen glaubte, auf die ein rechter deutscher Grübler nicht verzichten kann, vereinnahmten sie ihn als den großen Mann, der in ihr kleines Dorf gekommen war. So tat man sich gegenseitig einen Gefallen.

Noch heute, da der Philosoph seine Hütte nicht mehr besucht, sprechen die Frauen von ihm in der Gegenwart und »rechnen ihm hoch an, daß wir so einen gelehrten Mann hier haben«. In ihrem an Abwechslungen nicht eben reichen Leben, das über Todtnauberg kaum hinausführte, nimmt die Begegnung mit der Weltberühmtheit ebenso einen Extraplatz ein wie die Bilder vom Professor im Photoalbum Rosa Schneiders, Bilder, von denen der

Denker einige nach Art aus Film, Funk und Fernsehen bekannter Persönlichkeiten mit seinem Autogramm verziert hat.

Von den Werken des Philosophen haben Heideggers Bauersfrauen freilich nichts gelesen. Nur Rosa Schneider, der der Philosoph einmal das Manuskript von *Sein und Zeit*, seinem Hauptwerk, in die Hand drückte, hat einen Versuch gemacht, ehe sie nach 14 Seiten vor der Tiefe der Gedanken über das Da-Sein des Seins kapitulierte. »Das kann unsereiner nicht verstehen«, meint sie. »Da muß man schon extra veranlagt sein«. Vollends überzeugt von der gewaltigen Philosophie, die sie nicht kennen, sind sie, seit es »ja auch im Fernsehen gekommen ist«, daß bald eine Heidegger-Ausgabe mit 70 Bänden erscheinen soll.

Daß er den Leuten unterhalb der Hütte dennoch nicht fremd wurde, lag sowohl an der Zutraulichkeit der Berühmtheit, die manchmal einfach in die Bauernstube hereinschneite und sich wortlos mit an den Tisch setzte, als auch an mancher Geste freundschaftlicher Verbundenheit, die bei den Bauern gut ankam.

So charterte Heidegger einmal für alle originalen Ureinwohner von Todtnauberg einen Bus, der das Landvolk nach Hausen ins nahegelegene Wiesental brachte, wo das Land Baden-Württemberg den Philosophen mit dem Hebel-Preis auszeichnete für die Verdienste um die heimatliche Kultur. Und in seiner Festrede vor vielen Vertretern des öffentlichen Lebens und der Presse sprach Heidegger die zur Preisverleihung verfrachteten Bauern dann eigens an als »meine Nachbarn«. Darob deren Wangen vor Stolz glühten. »Sie können sich ja vorstellen, wie wir uns gefühlt haben«, schließt Rosa Schneider ihre Erzählung ab.

Die Drehbuchhandlung zum kitschigen Landleben des Freiburger Universitätsprofessors endet dort, wo sie anfing: in Meßkirch, dem Geburtsort Heideggers, in den er nach seinem Tode auch zurückkehren wird. Die 5000 Einwohner zählende Kleinstadt, nahe dem Bodensee gelegen, ist mit ihren winkligen Gassen und der noch aus dem Mittelalter erhaltenen Stadtmauer die ideale Kulisse, »den Zauber der Heimat« zu veranschaulichen, dem der Existenzphilosoph sich derart verfallen glaubte, daß er sich als »den Hörigen seiner Herkunft« bezeichnete und seine Denkerfähigkeiten allein »der Tiefe des heimatlichen Bodens« zuschrieb.

Mit solchen Bekenntnissen erfreute er nicht nur die Stadtväter von Meßkirch, die den Philosophen 1959 zu ihren Ehrenbürger machten, sondern er erwarb dadurch auch das Recht, gleichsam als Beauftragter des Heimatgedankens, als dessen Oberzeremonienmeister aufzutreten. Wenn es in Meßkirch eine Schule einzuweihen, wenn es des Todestages der einstigen Dorfgenies, Abraham a Sancta Clara und Konradin Kreutzer, zu gedenken galt, dann reiste Heidegger eigens vom 120 km entfernten Freiburg an und beschwor vor den ergriffenen Meßkirchern vom Rednerpult aus die geheimnisvollen Kräfte der Muttererde.

Während Heidegger die Heimat als Symbol für das mysteriöse Reservat der Ursprünglichkeit anrief, übersetzten die philosophisch unbekümmerten Stadtväter das Symbol geradewegs in die Wirklichkeit. »Er ist Meßkircher, und er wird es auch bleiben«, verteidigt Julius Knittel, der stellvertretende Bürgermeister die Eigentumsrechte Meßkirchs an der Berühmtheit, die sich als Objekt der Heimatpflege dennoch keineswegs mißverstanden fühlt, sondern im Gegenteil »zutiefst ergriffen« ist über die Ehrfurcht der Heimat vor ihm, dem Kleinstädter, der es in der großen Welt zu etwas gebracht hat.

Daß die Stadtväter eine gewöhnliche Asphaltstraße, die einst ein Feldweg war und durch eine »Der Feldweg« betitelte Schrift Heideggers metaphysische Weihen erhielt, ihm zu Ehren von Hofgartenstraße auf »Am Feldweg« umtaufen wollen, das, so erklärte der große Sohn Meßkirchs, sei »das schönste Geschenk zu seinem 85. Geburtstag«.

Die Philosophie des Professors muß auch in Meßkirch hinter dem Ehrgeiz der Kleinstädter, durch die Verehrung der Berühmtheit selber ein bißchen berühmt zu werden, zurückstehen. Selbst in dem Gymnasium, das nach seinem Tode »Professor-Doktor - Martin-Heidegger-Gymnasium« heißen wird, werden seine Schriften, obwohl Heidegger der Schule alle Neuerscheinungen regelmäßig zuschickt, »allenfalls im Religionsunterricht« gelesen. Direktor Lode, ein Freund Heideggers, gibt ganz unumwunden zu: »Er ist für die Oberstufe ungenießbar. Die Germanisten im Kollegium lehnen ihn sogar größtenteils ab. Wahrscheinlich gibt es auch nur einen, der ihn wirklich versteht: und das ist er selber.«

Der Respekt vor dem anerkannten Mann, die Furcht, sich ein Urteil über den Ehrenbürger ihrer Stadt anzumaßen, beherrscht die Leute in Meßkirch nicht anders als die in Todtnauberg. So kommt es, daß alle ihn so sehen, wie er sich selber sehen wollte: groß und unverständlich und doch ein Mensch wie du und ich.

Der soziale Minderwertigkeitskomplex der Provinzbewohner, ihr unbefriedigtes Bedürfnis nach großer Welt, das gerade, weil es unbefriedigt bleibt, auf Heideggersche Heimat- und Trostphilosophien, zu Hause sei es letztlich doch am schönsten, angewiesen ist: Dies ist das Fundament, auf dem das Bäuerliche an Heidegger gedeihen konnte.

Einer in Meßkirch hält freilich von dem Kult um den Philosophen nichts: Martin Heideggers einundachtzigjähriger Bruder Fritz, der pensionierte Direktor einer Sparkasse, der »am liebsten Reichstagsabgeordneter geworden« wäre, »um immer dazwischenzurufen«. Er, der vor dem Ersten Weltkrieg drei Jahre in Berlin gelebt hat, ehe er auf Wunsch der Eltern nach Meßkirch zurückkehren mußte, nennt die großen Worte über seinen Bruder »dummes Geschwätz«. Über den Einfall der Honoratioren, eine bebaute und asphaltierte Straße in »Feldweg« umzubenennen, kann er nur lachen, wie er überhaupt der Mystifizierung der ländlichen Heimat entgegentritt.

»Ich würde«, sagt der lebhafte alte Mann fast melancholisch, »noch heute nach Berlin gehen, auch wenn ich mich wahrscheinlich nicht mehr zurechtfinden würde. Aber in der Großstadt kann man doch viel wahrhaftiger leben. Hier bei uns ist alles Angst und Heuchelei und Furcht vorm Leben.«

Und daß er da jetzt zwei Leute aus der Großstadt um sich hat, findet er so herrlich, daß er, nachdem er unsere Vornamen erfragt hat, uns ins Hotel »Hofgarten« einlädt. »Früher war das Hotel ein BDM-Heim«, erzählt Fritz Heidegger. »Sie sehen ja, etwas braune Farbe ist noch dran.« Er bestellt zu essen und zu trinken, die Bierflaschen sind ihm zu klein (»Das sind ja Weiberflaschen!«). Die Bedienung ist ihm nicht schön genug (»In Berlin wär' das anders!«). Nach so vielen gespenstischen Begegnungen mit Leuten, die hinter dem Ruhm des Philosophen sich als Personen versteckt hielten, ist der Bruder eine richtige Oase von Menschlichkeit.

Als er sein »Heidegger-Menü« (Bratkartoffeln mit drei Spiegeleiern) verzehrt hat, fängt er an »vom Martin« zu erzählen. »Der Martin, der wußte schon in der Untersekunda, daß er Universitätsprofessor werden wollte. Ja, schon als Kind beim Kriegspielen war er zwar der Kleinste, aber immer in der Rolle des Hauptmanns mit dem Säbel.« Wie er denn dann seine Liebe zum einfachen Leben, in dem er doch gerade nicht Mittelpunkt, sondern

Gleicher unter Gleichen sein wollte, entdeckt habe?

Das mit den Bauern sei eben auch nur so ein Geschwätz. »Der Bruder verkehrte doch hier nur bei den besseren, nicht bei den armen Leuten. Und in Todtnauberg, ja, da kannte er so ein paar Bauern. Aber der Umgang mit ihnen war doch für ihn nur so ein philosophischer Ernährungsnachschub. Im Grunde paßte das nicht zu ihm.«

Ob er selber auch manchmal philosophiere? »Ja, so Sachen halt, die hab' ich zu Hause in einem Karton liegen. Aber ich bin einfach nur so ein philosophischer Landstreicher. Der Martin denkt mehr in die Höhe und in die Tiefe, ich in die Horizontale.« Fritz Heidegger bestellt eine neue Runde, inzwischen weiß er nicht mehr, was er zuletzt gesagt hat. »Der Martin ärgert sich immer, wenn Leute seine Sachen nicht verstehen, aber wenn sie sie verstehen, dann, sagt er, sie verstehen sie nicht. Er ist halt ein schwieriger Bruder.« Schade eigentlich, daß man den nicht auch mal kennenlernen kann.

Ein Kind von Traurigkeit

Auf der Suche nach dem Leben der Barbara Ossenkopp

Die Bilmer Straße ist eine versteckte Straße hinter dem Lüneburger Bahnhof, eine vergessene, von der Nachkriegszeit überholte Gegend, in der der alteingesessene Schuster sich durch die Angliederung einer Dampfwäscherei mit Oberhemdenschnelldienst gegen die Konkurrenz der Innenstadt zu behaupten versucht. Das einstige Schaufenster des Elektro- und Radiogeschäfts ist inzwischen zum Wohnzimmerfenster geworden, in dem anstelle von Tauchsiedern und Toaströstern immergrüne Topfpflanzen stehen; nur die Gaststätte »Zur Hohen Luft« hat die Zeit des Wiederaufbaus und des Wohlstands ungebrochen überlebt.

Zwischen den hohen schwarzroten Backsteinhäusern, die wie Bahnhofsgebäude aus wilhelminischer Zeit aussehen, wirkt die Bilmer Straße wie eine gute Stube, die man hier zu Ausstellungszwecken aufgebaut hat. Die Fassaden der niedrigen, Wand an Wand gebauten Häuser sind so weiß wie die Gardinen hinter ihren stummen Fenstern; die zwischen Haustür und Bürgersteig eingeklemmten Vorgärten erinnern an die geometrische Gartenkultur eines Schloßparks, aber geht man nur um die nächste Straßenecke, ist man gleich wieder mittendrin in Baufälligkeit und Unkraut.

In dieser sich stolz gegen die abbruchreife Umgebung verteidigenden Straße ist Barbara Ossenkopp aufgewachsen. Barbara Ossenkopp, die heute 33 Jahre alt ist, seit drei Jahren nicht mehr auf St. Pauli arbeitet und am Stadtrand von Hamburg mit dem zweiundvierzigjährigen englischen Musiker Warren Gould und dessen beiden Söhnen David (12) und Warren (15) zusammen lebt, erinnert sich an ihre Kinder-, Schul- und Lehrlingsjahre in Lüneburg, als wäre nichts gewesen.

Sie kann die Kanne beschreiben, in der sie als Lehrling Öl holte; sie weiß noch die Namen jener englischen Besatzungssoldaten, die nach dem Krieg das untere Stockwerk des Ossenkoppschen Hauses bewohnten; sie kann das Gedicht von Theodor Storm, das sie jedes Jahr unter dem Weihnachtsbaum aufsagte, immer noch auswendig: »Von drauß' vom Walde komm ich her; ich muß euch sagen, es weihnachtet sehr! Allüberall auf den Tannenspitzen, Sah ich goldene Lichtlein sitzen ...« Titel und Verfasser eines Buches hat sie behalten, das ihr die Schuldirektorin als Auszeichnung für eine sportliche Leistung überreichte – »Der schwarze Hengst Bento« hieß das, von Dieter Holesch.

In Barbara Ossenkopps Gedächtnis liegt das eigene Leben als ein Sammelsurium wahlloser Einzelheiten begraben. Von den Doktorspielen mit ihrem Bruder erzählt sie mit derselben archivarischen Genauigkeit, wie sie einen Deutschaufsatz aus der achten Klasse referiert. Die Verhältnisse, in denen sie groß wurde, waren kleinbürgerlich, geprägt von den mittelständischen Idealen, sich nicht hervorzutun außer durch Fleiß und das, was unter den jeweiligen politischen Umständen als anständig galt. Und als anständig galt nach dem verlorenen Krieg vor allem eins: zu arbeiten. So stürzten sich ihre Eltern Karl und Elfriede Ossenkopp mit Fleiß in den Neuaufbau des darniederliegenden Familienbetriebs. Die Wiederbewaffnung der Bundesrepublik brachte für den Malermeister Karl Ossenkopp den lukrativen Auftrag, die Kasernen in und um Lüneburg olivgrün anzustreichen.

Seitdem ging es mit dem Geschäft bergauf. Als erste in der Bilmer Straße hatten die Ossenkopps einen Fernsehapparat; für das Wohnzimmer konnte bald eine Couchgarnitur gekauft werden, und Elfriede Ossenkopp trat in den Bertelsmann-Lesering ein. Wenn Barbara Ossenkopp von zu Hause erzählt, wenn sie sich an die Zeit erinnert, ehe sie von der Familie verstoßen wurde, weil sie den »guten Namen« der Firma Ossenkopp beschmutzt hatte, dann ist in den Erzählungen von der späteren Demütigung durch die Eltern nichts zu spüren. Die Erinnerung an »unsere Straße«, an Lüneburg und an zu Hause liegt unversehrt in ihrem Gedächtnis, abgeschieden und ausgeschlossen von dem späteren Leben als Striptease-Tänzerin auf St. Pauli.

So unbekümmert Barbara Ossenkopp normalerweise redet, so mißtrauisch kann sie plötzlich werden, wenn das Tonband läuft und die Öffentlichkeit mithört, deren Interesse sie genießt und zugleich als Falle fürchtet. Sie weiß, daß sie nicht als Person, sondern als die ehemalige Striptease-Tänzerin gefragt ist; sie wittert, daß die öffentliche Beachtung, die sie findet und sucht, nur eine andere Form der öffentlichen Ächtung ist, unter der sie leidet. Der Widerspruch treibt sie an zur Flucht in alle Windrichtungen. Als Barbara Ossenkopp in einer Talk-Show von Wolfgang Menge mit der Frage in den Hintern gekniffen wurde, ob auch er denn das Strippen lernen könnte, schlug sie ihm auf die Finger: »Sicher können Sie das auch machen. Aber (Pfoten weg von mir!) eine Spezialbeleuchtung würde man bei Ihnen schon brauchen.« Das Publikum johlte, und die Presse bescheinigte ihr anderntags Witz und Intelligenz, als wären das Eigenschaften, die bei einer wie ihr denn doch verblüfften.

Aber »das Arschloch Menge« und diese Leute, die denken, »wer auf St. Pauli arbeitet, der muß dumm oder milieugeschädigt oder heruntergekommen sein«, sind sofort vergessen, wenn sie Photos von der Sendung zeigt, auf denen sie neben Berlins Regierenden Bürgermeister Klaus Schütz zu sehen ist. »Wahnsinnig, der Typ, sag' ich dir.« Ein gelungener Fernsehauftritt, eine bleibende Erinnerung. Oder Barbara Ossenkopp stürzt auf der Flucht vor ihrem St. Pauli-Image einfach diesem Image Hals über Kopf entgegen, indem sie sich auf einer Geburtstagsparty zwei nach etwas »Besserem« aussehenden Damen vorstellt: »Also ich bin die, die schon fünfhundert Männer gefickt hat.« Abwechselnd kleinlaut und rebellisch, immer unter dem Zwang, den anderen etwas zu beweisen und sich zu rechtfertigen, läuft sie an der Leine sozialer Minderwertigkeitsgefühle nach der Peitsche öffentlicher Erwartungen im Kreis. Einem Reporter von BILD erzählt sie in stundenlangen Sitzungen sämtliche Einzelheiten ihres Lebens in dem vertrauensvollen Glauben, sie sei eine jener »interessanten Persönlichkeiten unserer Stadt«, die in einer Serie zu porträtieren der Herr von der BILD-Zeitung vorgab. Und als sie sich dann unter dem Titel »Strip-Strip Hurra!« als »sündige Barbara« wiederfand, fiel sie aus allen Wolken. Daß diese »interessanten Leute, für mich ja sowieso interessant«, daß diese Kumpels von Presse, Funk und Fernsehen »solche Schweine« sein können, das will ihr so wenig in den Kopf, daß sie fürs nächste Interview schon wieder zur Verfügung steht. Denn was geschieht, ist dann doch immer wieder gerechtfertigt dadurch, daß es geschieht: Schicksal.

Warum schreibt ein Lokomotivführer oder ein Zollinspektor

nicht seine Memoiren? Warum gibt es nicht die »Gedanken und Erinnerungen« eines Büroangestellten? Denken sie alle nichts. Und haben sie alle nichts zu erinnern? Auch Barbara Ossenkopp kann von ihrer Vergangenheit, die zu nichts »Nennenswertem« geführt hat, auf der sie bis heute sozusagen sitzengeblieben ist wie auf einer Ware, die keiner haben will, erst sprechen, wenn sie dazu aufgefordert wird, wenn jemand sich für das Leben interessiert, mit dem sie selber im Gedächtnis längst abgeschlossen hat. Sie hat das Vergangene abgetan; passiert es, daß es trotz des eigenen Verdikts gefragt ist, so ist der Erinnerungsstrom nicht zu bremsen. Dann sieht man, warum Barbara Ossenkopp für Reporter und Filmemacher ein so beliebtes Objekt wurde: Sie ist die Striptease-Tänzerin, die von der Vergangenheit zu reden weiß.

Barbara Ossenkopp braucht nur Freddys »Heimweh« oder Caterina Valentes »Ganz Paris träumt von der Liebe«, ihre Lieblingsschlager von früher, zu hören, dann zieht es ihr schon den Boden unter den Füßen weg, und sie muß weinen vor Unruhe und Spannung. Die Melodien der Vergangenheit legen ihr etwas auf die Zunge, auf das sie nicht kommen kann. Sprachlose Erinnerungen, bodenlose Ohnmachtsgefühle wie immer noch jedes Jahr an den Weihnachtstagen, an denen sie die Lichter am Baum und die Wiener Sängerknaben im Fernsehen nicht sehen kann, ohne in Tränen auszubrechen.

Flau wird es ihr in der Magengegend, wenn sie nach Lüneburg kommt; die Stätten der Vergangenheit sind immer noch da: das Elternhaus in der Bilmer Straße, die Volksschule, das Einrichtungshaus von Hacker und Bartels, in dem sie vor siebzehn Jahren Verkäuferin gelernt hat und in dem heute ein anderes Mädchen Verkäuferin lernt. 1943 wurde Barbara Ossenkopp in Lüneburg geboren. Die Welt außerhalb von Lüneburg kannte sie nur aus dem Fernsehen oder vom Hörensagen. Schon das nur zwanzig Eisenbahnminuten entfernte Hamburg war für sie eine Traumstadt »wie Hollywood oder New York«.

Bevor sie später in diese Traumstadt verzog, hatte sie das Elternhaus nur ein einziges Mal für längere Zeit verlassen. Das war nach dem Schulabschluß, »als meine Eltern nicht wußten, was ich werden sollte«, (Barbara Ossenkopp sagt das ohne Ironie oder nachträgliche Kritik, als sei es auch heute noch selbstverständlich, daß allein ihre Eltern wissen konnten, was sie wollte.) Es ist die übliche Kindheitsgeschichte, die Geschichte von der

Zerstörung des Eigenlebens, das Kinder an die Aufsichts- und Fürsorgepflicht der Eltern abzutreten haben.

Mittwochs und samstags mußten die Ossenkopp-Kinder ihre schmutzige Wäsche der Mutter vorzeigen, ehe sie frische bekamen. Freitags wurde die »Bande« ins Bad gesteckt – erst die beiden Mädchen, dann die beiden Jungen, und die Tür wurde abgeschlossen. Anschaffungen (etwa die Wolle für den Handarbeitsunterricht) unterlagen der vorherigen Anmeldepflicht. Wer ein neues Schreibheft brauchte, mußte erst das vollgeschriebene vorlegen. Taschengeld bekamen die Kinder nicht. Die Seiten ihrer Arbeitshefte numerierte Elfriede Ossenkopp, damit nicht etwa schlechte Diktate unbemerkt verschwanden. Barbaras Kleider hatte sie in ihrem Schrank verschlossen: was das Kind morgens anzog, bestimmte die Mutter.

Das Anschwellen des Busens, das Einsetzen der Menstruation, waren Vorgänge, die die Mutter nicht verbieten oder kontrollieren konnte. »Als ich zum erstenmal meine Tage hatte und wissen wollte, wo das Blut herkommt, was da überhaupt los war, hat meine Mutter nur ganz schnell irgend so was wie „das weißt du doch" oder „das brauchst du nicht zu wissen" gesagt, und dann hat sie mich gebadet. Gebadet, das mußt du dir mal vorstellen.«

Unter den Altersgenossinnen in der Schule galt es dagegen als persönliche Ruhmesleistung schon die Tage oder »Brust« zu haben. »Wir hatten in der Klasse eine Sophia-Loren- und eine Gina-Lollobrigida-Partei, die immer darum stritten, daß der Busen von der einen größer war als der der anderen. Auf der Toilette haben wir uns unsere Muschis gezeigt, und die, die noch keine Tage hatten, kriegten sie mit roter Tusche angemalt.« In dem Dorf, wo sie für einige Monate als Magd schrubbte, kochte und bei der Ernte half, führte sie nach Feierabend unter engem Pullover und dem von einer älteren Magd geklauten Büstenhalter stolz ihren Busen durch die Dorfstraße. »Weiß ich noch genau, daß ich das toll fand, so durchs Dorf zu gehen. Wahnsinnig kam ich mir dabei vor.«

Die Romane, in die Barbara Ossenkopp sich als Kind zurückzog wie in eine Höhle, wurden ihr weggenommen: Dafür sei sie zu klein. Mit welchen Mädchen sie sich anfreunden sollte, bestimmte die Mutter: »Ich war viel mit meiner Heidi zusammen, die immer gute Zeugnisse in der Schule hatte. Und meine Mutter sagte, an der sollte ich mir ein Beispiel nehmen. Die war mein

Vorbild, und darum mochte ich die auch nicht.« »Kinder mit'm Willen kriegen was auf die Brillen«, pflegte Elfriede Ossenkopp zu sagen.

Was den Eltern verborgen oder ihrem Einfluß unzugänglich bleibt, macht sie nervös und mißtrauisch. So witterte auch Elfriede Ossenkopp nur Unrat, wenn ihre Tochter aus der Schule nach Hause zurückkam. »Was hast du denn heute wieder angestellt?«, lautete die stereotype Frage. Im Schulranzen machte sie von Zeit zu Zeit Stichproben, ob sich heimliche Dinge darin verbargen. Und einmal ging ihr tatsächlich ein dicker Fisch ins Netz: ein Liebesbrief, den Barbara auf entwendetem Ossenkoppschen Geschäftspapier an einen Jungen aus der Parallelklasse geschrieben und im Rechenbuch vergessen hatte. »Als meine Mutter den Geschäftsstempel auf dem Umschlag sah, hat sie mir erst mal eine gescheuert. Dann hat sie den Brief aufgemacht und gesagt: „Das ist ja eine Schande. Den Jungens hinterherlaufen. So fang man an, Fräulein." Ich war dreizehn und habe mit diesem Jungen kein einziges Wort gesprochen.«

Aber es genügte auch schon, daß Barbara beim Abwaschen Schlagermelodien vor sich hin pfiff, um bei der Mutter das Gefühl auszulösen, es geschehe etwas hinter ihrem Rücken. »Mädchen, die pfeifen, und Hähne, die krähn, denen soll man beizeiten die Hälse umdrehn«, stichelte sie dann.

Hat es denn gar keine gelösten Momente, keine zärtlichen Augenblicke gegeben? Ja, beim Mensch-ärgere-dich-nicht, da hätten sie manchmal gelacht. »Am schönsten war es, wenn meine Mutter Kuchen backte und ich so mit dem Finger in die Teigschüssel durfte. Da war plötzlich ein richtiger Frieden.« Aber an Zärtlichkeiten kann Barbara Ossenkopp sich nicht erinnern. »Höchstens hat sie mich mal so geknufft«. Und Weihnachten? »Weihnachten hat meine Mutter jedesmal geweint, und mein Vater hat sich über sie lustig gemacht und gesagt: „Heute ist Weihnachten, nun weint Mutti wieder". Aber wenn wir sie in den Arm nehmen und uns für die Geschenke bedanken wollten, dann kam gleich wieder: „Ich hoffe ja, daß du dich nun besserst und mir in Zukunft nicht mehr so viele Sorgen machst."«

So ging ein Tag, ein Jahr nach dem anderen gleichförmig dahin. Karl Ossenkopp fuhr mit Leitern und Farbtöpfen zur Arbeit, seine Frau besorgte den Haushalt, kümmerte sich um die Kinder und erledigte die Büroarbeit. Nur sonntags war alles ganz anders:

Da gab es zum Frühstück gute Butter und ein Ei; da wurden die Kinder nicht in die Schule, sondern in die Kirche geschickt, und Karl Ossenkopp spielte am Stammtisch »seinen« Sonntagsskat.

Die Tage wurden abgerissen, pflichtgemäß, wie Soldaten ihre gesetzlich vorgeschriebene Militärzeit abreißen. Der Vorgarten war in Schuß; die Ziertassen standen in der Wohnzimmervitrine bereit; die Kissen auf dem Sofa waren aufgerichtet, der Fußboden glänzte vor sich hin. Das Leben konnte jederzeit beginnen.

Und so, wie die Mutter für diesen Fall alles vorbereitete, indem sie den Haushalt und die Buchführung des Geschäfts pedantisch in Ordnung hielt, so präparierte sich auch Barbara Ossenkopp für das spätere Leben. Sie lernte, daß man »Nuß« mit s Z, »Nüsse« mit doppeltem s schreibt; daß Rom die Hauptstadt von Italien ist und daß man Briefe nicht mit »ich« anfängt.

Plötzlich war sie fünfzehn Jahre alt und die Schulzeit vorüber. Was sie jetzt machen wollte, wußte sie nicht. Das einzige, was sie von sich selber wußte, waren Name, Alter, Adresse, Beruf ihres Vaters und der Mutter, und daß sie »immer ein fröhliches Mädchen gewesen« ist »mit einer wahnsinnigen Phantasie – logisch, weil ich ja nichts durfte.«

Aber ebenso wie sich Barbara Ossenkopp nicht erinnern kann, sich je von zu Hause fortgewünscht zu haben (obwohl sie gern zur Schule gegangen ist, »weil ich dann von zu Hause weg war«), genauso träumte sie auch nicht über ihre Verhältnisse hinaus oder gegen sie an. Wohl gab es in ihrer Klasse Mädchen, die abends weggehen oder die sich ihre neuen Schuhe selber aussuchen durften, dafür waren das aber auch »Flittchen«, wie die Mutter sagte. Obwohl sie keine Ahnung hatte, was ein »Flittchen« war, verwandelten sich unter der abfälligen Betonung, mit der die Mutter das Wort aussprach, die verbotenen Wünsche in das Bedürfnis, auf sie zu verzichten, sie einfach zu vergessen, um kein »Flittchen« zu sein und der Mutter nicht zu mißfallen. Der angespannte und ziellose Verdacht, daß hinter allem noch etwas anderes steckte, äußerte sich in einem Alter, in dem die einzige Wirklichkeit, die einem Kind selber gehört, nämlich der eigene Körper, sich Barbara Ossenkopp unabweisbar aufdrängte. Sie spürte die Blicke der Jungen auf ihrer Brust; manchmal, wenn sie morgens erwachte, registrierte sie eine unbekannte körperliche Erregung, mit der sie nichts anfangen konnte und die doch da war; oder sie strich sich über den Busen, und gleich antwortete etwas in ihr mit einer Spannung wie zum Weglaufen. »Erregt hat mich mal ein Brief, den mein Bruder aus der Schule mitgebracht hat. „Das Leben einer siebzehnjährigen Französin", hieß der. „Als ich siebzehn Jahre alt war, ging ich in die Bibliothek meines Vaters und fand ein Buch... ", irgendwie so fing das an. Diesen Brief habe ich heimlich mit der Taschenlampe unter der Decke gelesen. „Ich kam dann in ein Internat", hieß es da, und da hat sie mit Wurzeln und Kerzen onaniert, und das hat mich unheimlich erregt. Und genau am Fußende von meinem Klappbett standen zwei Kerzen, und da hab ich onaniert, weil da stand, daß das mit Kerzen ging, und ich hab das dann quasi nach Vorschrift gemacht.«

Die Jahre, in denen Barbara Ossenkopp heranwuchs, waren eine seltsame Zeit, die Zeit der Vergangenheitsbewältigung. Mit einer für die Kinder unerklärlichen Gereiztheit saßen die Erwachsenen in diesen Nachkriegsjahren am Mittagstisch und fuhren bei der geringsten Meckerei an der Graupensuppe ihre Kinder an, sie hätten eben Krieg und Hunger nicht erlebt. Wo immer die Nachkriegskinder den Mund aufmachten, ob sie in der Schule dem Lehrer widersprachen oder zu Hause am Essen nörgelten, man warf ihnen vor, diese »schreckliche Zeit« nicht miterlebt zu haben. Die Kinder wußten nicht, wie ihnen geschah. Krieg, Hunger, Bombennächte, Flucht; man mußte es erlebt haben. Warum? Warum mußte man eine »schreckliche Zeit« erlebt haben? Und dann wieder sagte man ihnen, nicht weniger vorwurfsvoll, sie sollten froh sein, das alles nicht erlebt zu haben. Irgend etwas stimmte da nicht.

Diese Kinder, die nichts erlebt, nichts mitgemacht und nichts kennengelernt hatten, sollten gefälligst zufrieden sein. Sie waren zufrieden. Was hätten sie sonst sein sollen? Sie redeten nur, wenn sie gefragt wurden. Sie standen auf, wenn der Lehrer das Klassenzimmer betrat. Sie hatten ein schlechtes Gewissen, aber waren sich keiner Schuld bewußt. Die Mädchen schwärmten für »Sissi«, die Jungen sammelten Kaugummibilder und lasen »Rasselbande«, die Jugendzeitschrift der fünfziger Jahre; wer unglücklich war, flüchtete zu James Dean oder zu Elvis Presley. So hatten alle ein beunruhigendes Geheimnis voreinander. Die Mutter glaubte, daß etwas dahintersteckte, wenn die Kinder Schlager vor sich hin pfiffen; und die Kinder wußten nicht, warum die Mutter sagte, daß sie für die Wurst, die sie ihnen aufs Schulbrot schmierte, vor wenigen Jahren noch ihren Ehering weggegeben hätte.

1945, gleich nach Kriegsende, hatte Karl Ossenkopp zum zweitenmal geheiratet. Seine erste Frau, die leibliche Mutter der vier Kinder, war 1943, acht Monate nach Barbaras Geburt, gestorben – an Lungentuberkulose, wie der Vater sagte, durch Selbstmord, wie Barbara Ossenkopp von Verwandten erfuhr. Obwohl von der toten Mutter nicht gesprochen und betreten das Thema gewechselt wurde, wenn eines der Kinder sie zufällig erwähnte, war sie im häuslichen Leben doch ständig anwesend: indem die neue Mutter sich ständig Schattengefechte mit der alten lieferte.

Die Stiefmutter Elfriede Ossenkopp war, als sie heiratete, sechsundzwanzig Jahre alt und galt bis dahin – nach den Aussagen einer Cousine – als ein lebenslustiges Mädchen, das den Männern schöne Augen machte und von ihren Eltern für ein Flittchen gehalten wurde. Aber Barbara Ossenkopp selbst weiß über die Biographie ihrer zweiten Mutter so wenig wie über die ihrer »richtigen«, die sie mit Bewußtsein nie kennengelernt hat. »Einmal hat sie mir erzählt, daß sie in der Schule Französisch hatte.« Die Kinder redeten ihre Mutter anfangs mit »Tante« an, und wenn ihnen später, als sie sich an das bald offiziell eingeführte »Mutti« eigentlich hätten gewöhnt haben sollen, einmal die alte Anrede mit »Tante« unterlief, dann korrigierte Elfriede Ossenkopp: »Es heißt nicht Tante, sondern Mutti.«

Bei Elfriede Ossenkopp sammelte sich im Untergrund dieser hygienischen Familienordnung eine sprachlose Nervosität und tränenerstickte Unruhe an, die keinen Ausgang fand. Ihr Umgangston, mit dem sie den geradesitzenden Kindern befahl geradezusitzen, hatte eine unerklärliche zusätzliche Lautstärke, als wollte sie eigentlich immer etwas anderes sagen. Den Haushalt besorgte sie mit einem Eifer, der unnachsichtig jeden schmutzigen Teller, kaum, daß er schmutzig geworden war, mit Säuberung strafte. Lauter unsichtbare Bedrohungen und ein andauerndes Gefühl, hintergangen zu werden. Vor allem aber von den Kindern ging auf Elfriede Ossenkopp dieser ungreifbare Verdacht aus, daß ständig etwas hinter ihrem Rücken geschah, und diese Furcht konzentrierte sich auf Barbara, das jüngste unter den vier Kindern, das an seine leibliche Mutter keine Erinnerungen mehr hatte. »Früher, bis ich fünf oder sechs Jahre alt wurde, war ich immer der Liebling meiner Stiefmutter.« Als jedoch die Schulzeit begann, Barbara morgens aus dem Haus ging und bis zum Mittag die Mutter verließ, wurde aus dem Liebling das Sorgenkind, das Elfriede Ossenkopp auch und erst recht »Kummer« machte, wenn es gute Zensuren nach Hause brachte.

Wie in jedem Leben, von dem die Öffentlichkeit erfährt, so gab es auch im Leben der Barbara Ossenkopp jene Veränderungen und Entwicklungen, ohne die uns eine menschliche Existenz beunruhigen würde, wie eine Katastrophe ohne Ursache. Sie war etliche Zentimeter gewachsen, ihre Schuhgröße hatte sich verändert, sie mußte einen Büstenhalter tragen. Ein, wie es auf der Schlußfeier der Schule hieß, neuer Abschnitt ihres Lebens begann.

Was tat im Jahre eintausendneunhundertachtundfünfzig ein Mädchen, das aus der Schule ins »Leben« entlassen worden war? Die Tochter eines Lüneburger Malermeisters wird nicht nach Genf oder Paris, sie wird nach Südergellersen als Magd auf einen Bauernhof geschickt – zur Bewährung und damit sie gar nicht erst auf dumme Gedanken käme; Arbeit hat schließlich noch keinem geschadet und: »Kochen muß eine Frau können, hieß es.«

Barbara Ossenkopp war stämmig gebaut, hatte Knochen wie Bleirohre. »Die Arbeit auf dem Bauernhof hat mir unheimlich Spaß gemacht. Es war eine schöne Zeit«. Am Wochenende kam die Mutter aus Lüneburg, um sich beim Bauern nach der Tochter zu erkundigen; am Monatsende nahm sie den Lohn in Verwahrung. »Ich wußte nie, wieviel ich verdiente.«

Aber die schöne Zeit dauerte nur wenige Monate, bis zu dem Tag, »wo ich für meine Mutter eine Rumtreiberin war und für meinen Vater auch. Irgendwann kriegte ich einmal meine Tage nicht. Und damals hatte ich einen Freund in dem Dorf. Mit dem bin ich abends immer zum Teich runter, und da haben wir uns geküßt, so mit aufeinandergepreßten Lippen, daß das richtig wehgetan hat. Aber für mich war das Himmel und Hölle und alles auf einmal. Abends bin ich dann zum Bauernhof zurückgeschlichen, und wahrscheinlich hat der Opa mich da mal gesehen und das meiner Mutter erzählt. Jedenfalls fragte die mich, ob ich meine Periode noch nicht bekommen hätte, die wußte immer, wann die fällig war; ich wußte so was nicht. Ich sag also, nee. Wieso, sagt sie, die ist doch schon drei Tage überfällig. Du hast hoffentlich kein dummes Zeug gemacht. Und dann ist sie eine Woche später mit mir zum Arzt nach Lüneburg. Ich mußte auf so einem Bock liegen, und die haben da irgendwas rumgetuschelt.

Ich kriegte eine Spritze, mehr weiß ich nicht. Gesagt hat mir keiner was. Als wir nach Hause gekommen sind, war mein Vater unheimlich sauer, und er guckte mich so an: „Das hättest du mir nicht antun dürfen".«

Zurück nach Hause unter die mütterliche Aufsicht, Lehre als Verkäuferin, die allerletzte Chance. »Warum ich Verkäuferin gelernt habe? Ja, warum? Wahrscheinlich war da gerade eine Stelle frei oder so. So genau weiß ich das nicht mehr, das haben ja alles meine Eltern gemacht.«

Drei pflichtbewußte Lehrjahre lang, in denen »es« sich nun zeigen mußte, ging Barbara Ossenkopp morgens zur Arbeit, wurde sie abends von der Mutter abgeholt. Nach der »Tagesschau« war wieder ein Tag zu Ende: »Fräulein, deine Zeit ist um. Dann mußte ich sang- und klanglos verschwinden.« Nur wenn »Familie Schöllermann« im Fernsehen zu Besuch kam, durfte sie länger aufbleiben, und die Mutter sagte dann vorwurfsvoll: »Da sieht man mal, was eine wirkliche Familie ist.« Nicht fernsehen, sondern von fern gesehen werden: der einschüchternde öffentlich-rechtliche Köpcke-Blick in die mit eingeschüchtertem Geschmack hergerichtete Häuslichkeit der Ossenkopps, die zweimal im Jahr, wenn die neuen Kollektionen eintrafen, frisch tapeziert wurde. Der Malermeister ging seinen Kunden mit gutem Beispiel voran, und in diesem beispielgebenden Wänden konnte man Köpcke und Anneliese Rothenberger, Kilius/Bäumler und Peter Frankenfeld mit Anstand empfangen. Nach drei Jahren und bestandener Prüfung war Barbara Ossenkopp gelernte Verkäuferin. Und wieder war diese Zeit »eine schöne Zeit, vielleicht sogar die schönste in meinem Leben überhaupt.«

Dankbarkeit, gepaart mit der ausweglosen Demut derer, die froh (oder verwundert) sind, daß sie überhaupt dabei sein dürfen – diese förmliche teilnahmslose Dankbarkeit erweist Barbara Ossenkopp in regelmäßigen Abständen ihrem Leben, wie jemand für einen Besuch das gute Geschirr aufdeckt, das er für sich selber nie benutzt. Nach Abschluß der Lehre war nun wieder zu überlegen, was mit ihr geschehen sollte. Barbara Ossenkopp, inzwischen neunzehn Jahre alt, wartete wieder auf den Ratschluß der Eltern, den Elfriede Ossenkopp später so formulierte: »Mit siebzehn bis achtzehn Jahren hat sich Barbara schon herumgetrieben und sich dann nach Hamburg abgesetzt, um auf Weisung ihres Vaters den Beweis anzutreten, auf eigenen Füßen stehen zu können.«

Aber als sie in Hamburg ankam, waren die Wege, auf denen die eigenen Füße gehen durften, schon markiert. Der Lüneburger Lehnherr hatte ihr eine Stelle als Raumgestalterin vermittelt; die Mutter hatte ihre Tochter in einem Mädchenheim einquartiert, in dem Punkt 22 Uhr das Licht ausging. Wieder kam an den Wochenenden die Mutter zu Kontrollbesuchen, wieder nahm sie an den Monatsenden die Lohntüte in Verwahrung.

Trotzdem sickerten in das abgeschirmte Leben nun Einflüsse von draußen ein – die Kollegen am Arbeitsplatz, unter denen sie die einzige Frau war; der Umgang mit den fremden Mitbewohnerinnen des Heims. Und auch die strenge Hausordnung hinderte Barbara Ossenkopp nicht daran, zu spüren, daß sie noch am Leben war, Ideen, das Abitur auf der Abendschule zu machen oder vielleicht Innenarchitektin zu werden. »Vor den Mädchen im Heim hab' ich auch erzählt, daß ich bei Prominenten Teppiche verlegt habe: die spinnt ja, hieß es dann. Diese Mädchen kamen ja zum größten Teil aus kaputten Familien und arbeiteten in Fabriken. Außer Lore-Romanen und Peter Alexander hatten die nichts im Kopf. Also ich konnte mich mit denen überhaupt nicht unterhalten. Ich habe mir dann da so meine kleine Phantasiewelt aufgebaut, dafür haben die mich schon mal gehaßt. Wie die schon spricht, sagten die auch. Ich hab da immer ein sehr gewähltes Deutsch gesprochen.«

Barbara Ossenkopp belegte Malkurse am Lerchenfeld, der Hamburger Kunsthochschule. Sonntags setzte sie sich dann an die Alster und malte. Mit jedem Tag mehr, den sie in Hamburger Villen Gardinen aufsteckte und Teppiche verlegte, fühlt sie sich weniger an die Ordnung des Heims gebunden. Die gehorsame, nie aufmuckende Tochter von Karl und Elfriede Ossenkopp mault übers Essen, nölt herum, wieso man hier nicht fernsehen darf, sie würdigt die anderen Mädchen kaum noch eines Blickes, bis die Heimleiterin der aus Lüneburg herbeigerufenen Mutter nahelegt, ihre Tochter woanders unterzubringen.

»Ich war immer aufsässig, das heißt, die Heimleiterinnen haben bemerkt, daß ich etwas intelligenter war als die anderen Mädchen. Ich paßte nie rein in dieses Klischeebild.« Ein Irrgang zwischen zwei Kulturen, bei dem Barbara die Orientierung (Schulmeister würden sagen, den Halt) verlor.

Im Kopf das kitschige Drehbuch vom Kleinstadtmädchen, das in die Großstadt kommt und dort das versäumte Leben nachholt, promeniert sie mit wagenradgroßem Hut und armlanger Zigarettenspitze über den Jungfernstieg – die Auslagen in den Geschäften mit einem Luxus-Blick streifend und strafend, wie Frauen in alten Filmen, die Männer, denen sie gehören möchten, abwesend anschauen. Große Dame und Heimkind, das war die Mischung, die sie für die Hamburger Szene attraktiv machte.

»Palette« hieß das Kellerlokal am Gänsemarkt, in dem in den sechziger Jahren die Jung-Hamburger Presse-, Fernseh- und Schauspielerprominenz einkehrte, um mit Stadtstreichern, alkoholsüchtigen Beamten, mit von zu Hause ausgerissenen Mädchen und Existenzen, die schon mal in einem richtigen Knast gesessen hatten, einen zu heben auf die klassenlose Gesellschaft, die bis zum frühen Morgen bestand, wenn die Arbeit wieder begann. In die »Palette«, wo »es nicht drauf ankam, was du bist und was du hast«, kehrte Barbara Ossenkopp bald wie nach Hause zurück. Hier war sie »Chinesen-Babs«, das dralle Mädchen mit den asiatischen Backenknochen, der Kumpel, dem man unbekümmert seinen Kummer erzählen konnte, die Stimmungskanone, in Aktion bis zum Umfallen.

Wenn Barbara Ossenkopp von der »Palette« erzählt, dann kommt sie auf Touren wie ein Stammtisch von Kriegsveteranen. Sie redet sich um Kopf und Kragen, stapelt Abenteuer, Namen wie Gegenbeweise auf dem Küchentisch auf. Sie hat nichts zu verschweigen, unterbricht sich gelegentlich mit einem kleinlaut verschämten »ich weiß ja nicht, ob das für eure Leser interessant ist« oder »ob du das gebrauchen kannst« und fährt dann fort, den Koffer der Erinnerungen auszupacken, jetzt wieder froh wie ein Kind, das den Fremden all seine Spielsachen zeigen darf, auch die, die nicht zum Vorzeigen sind.

Gewöhnung an die klassenlose »Palette«, fünf Treppenstufen unter Tage, Nachtleben-Leben außer Konkurrenz, obwohl ... »ich hab immer das Gefühl gehabt, daß die Leute da mich nicht so richtig für voll nehmen. Die waren für mich alle so weltoffen. Die Mädchen in hautengen Hosen, in Ledersachen, und die standen da ganz lässig herum. Und ich war ja auch nicht so belesen, also rein vom Wissen her; ich wußte ja nur Sachen, die ich selber erlebt hatte. Und eine politische Meinung hatte ich auch nicht.«

Chinesen-Babs kehrt nächtelang nicht ins Heim zurück. Sie verschläft morgens die Arbeit, hat Angst, zu spät zu kommen (man kommt nicht zu spät), sie bleibt gleich den ganzen Tag weg und vor nun noch schlechterem Gewissen den übernächsten auch, sie kündigt, »ehe die mir kündigen«, die Mutter schaltet die Fürsorge ein, Barbara Ossenkopp versucht, wieder Anschluß zu finden an das Leben, das sich gehört. Sie verlobt sich mit einem Ingenieur. »So richtig mit Anzeige in der „Lüneburger Zeitung“, glücklich und verlobt; kommt Opa und Tante und nun darfst du Elfriede zu mir sagen, mein lieber Peter«. Aber kurz darauf mußte der Peter für ein Jahr nach Spanien. Seitdem hat Barbara Ossenkopp nie wieder etwas von ihm gehört. »Wahrscheinlich hat er da unten eine Spanierin kennengelernt. Ich habe ihm das überhaupt nicht übelgenommen.«

Eines Abends wurde Chinesen-Babs nun wieder in der »Palette« angesprochen, ob sie Lust hätte, 4000 Mark im Monat zu verdienen. 4000 Mark? Wo denn? – Auf St. Pauli als Bardame. – Du spinnst wohl. Ich arbeite doch nicht auf St. Pauli.« Hamburgs St. Pauli, das Gebiet zwischen Hafen und Reeperbahn, ist ein Stadtviertel, das es in Wirklichkeit nicht gibt. St. Pauli: das ist das Kino-Gerücht, von dem St. Pauli lebt, eine in die Phantasie der Besucher versunkene Welt, die wirklichkeitsgetreu nachgestellt und stehengelassen worden ist.

In St. Pauli, da gibt es noch den Krämer an der Ecke. In St. Pauli kann man noch die Milch in der Kanne holen. In St. Pauli hat der Bäckerladen noch Marmorplatten. Und wenn man an dem Schuhgeschäft vorüberkommt, das in einem Keller liegt und auf einem noch mit der Hand getuschten Pappschild die »große Auswahl in Herren- und Damenschuhen« anzeigt, dann fragt man sich, wie solch ein Geschäft sich wohl noch halten kann. St. Pauli bei Tag – eine von der Nachkriegszeit abgelegte Idylle, bewohnt von Gastarbeitern und alten Leuten, auf die es nicht mehr ankommt. Noch nicht tot und nicht mehr am Leben: In St. Pauli hat man nichts zu verlieren.

Und abends bricht das am Tage vergessene St. Pauli auf zur Reeperbahn und Herbertstraße und läßt die Puppen aus den auswärtigen Köpfen in Wirklichkeit tanzen, hinter den Wänden, auf denen draußen Mississippi-Neger in Öl Saxophon spielen und naturgetreu gemalte Nackte, die an Gemälde von volkstümlich hochragendem Gebirge erinnern, sich erstarrt räkeln.

Nach ein paar Tagen wollte sich Chinesen-Babs diese Bar, in der sie 4000 Mark verdienen konnte, doch wenigstens mal angucken, »aus Neugierde eigentlich nur.« Sieben Jahre blieb sie dann auf St. Pauli.

»Die Atmosphäre hat mich sofort fasziniert. Die eleganten Leute, Männer in schicken Anzügen und mit Pfeife, und ich so ungefähr im Dirndl daneben. Plötzlich hat mich das wahnsinnig gereizt, da zu arbeiten.«

Nun wurde aber mit einemmal keine Bardame, sondern jemand zum Animieren gesucht. »Animieren? Was ist das denn, habe ich gefragt. – Das ist ganz einfach, sagt der Geschäftsführer. Sie fragen Gäste, ob Sie sich zu ihnen setzen dürfen, dann trinken und unterhalten Sie sich mit denen und kriegen für jedes Getränk, das ein Gast ihnen spendiert, Prozente. – Das ist ja Klasse, dachte ich. Da lernst Du Leute kennen, trinkst und quatscht mit denen und verdienst sogar noch Geld dabei.«

Barbara Ossenkopp zieht nach St. Pauli in die Große Freiheit und arbeitet im »Klein-Paris« als »Animiertöle«, wie sie das später nur noch geringschätzig nannte. Binnen weniger Tage lernt sie ein völlig neues Lebensgefühl kennen. »Ein Gefühl, als ob du jeden Abend Party hast. Man säuft, man lernt Leute kennen. Du gehst zur Arbeit, als ob du ausgehst.« Zu ihrem Namen kauft sich Chinesen-Babs Perücken, ein Sortiment von Wimpern, sie legt sich zwei Zwergrehpinscher – Danny und Littlebit (»ein bißchen Hund«) – zu. Im Schutz dieser Masken platzt Chinesen-Babs vor Tatendrang. Sie klopft große Sprüche, zum Beispiel, daß die Stripperinnen im »Klein-Paris« nichts taugen: »Was die können, kann ich schon lange.« Vormachen, hieß es da. Das läßt sich Chinesen-Babs nicht zweimal sagen. Mit dieser Vorstellung qualifiziert sie sich auf Anhieb für den Beruf, den sie dann sieben Jahre lang ausübte. Sie wurde, was der Volksmund Stripperin nennt und was offiziel – beim Arbeits- oder Finanzamt – Artistin heißt. Und plötzlich, hier auf der Großen Freiheit, im Hinterzimmer des bürgerlichen Lebens, hatte sie Erfolg. Sie verdiente in ihrem neuen Beruf bald sechsmal soviel wie zuvor als Dekorateurin, und sie war geachtet im geächteten Milieu von St. Pauli. Aber gerade dieses Nacht für Nacht sich wiederholende Karnevalsspiel einer verkehrten Welt, in der die Letzten dieser Gesellschaft für einige Stunden die Ersten sein dürfen von den Gnaden jener zahlungswilligen Bürger, die einer Chinesen-Babs applaudierten, wenn sie sich auszog, und sie zugleich verachteten, weil sie sich auszog, dieses doppelte Spiel machte Barbara unwillig mit. Sie wollte endlich für voll genommen werden.

Unter den Nachtlokalen von St. Pauli gehört zu den feinsten das »Salambo« in der Großen Freiheit. Wer ins »Salambo« geht, weiß, daß er nicht mit gewöhnlichem Kleinbürger-Sex behelligt, daß er von Mädchen bedient wird, die sich durchaus auf Umwege verstehen: Es ist das Show-Lokal für die feinen Leute mit dem schmutzigen Gedanken.

Ihren Weg ins »Salambo« schildert Barbara Ossenkopp ganz unabsichtlich und selbstverständlich als Weg nach oben. Was vorher war, im »Klein-Paris« und im »Tabu«, die faulen Tricks der Kellner, die abgewichsten Sprüche der Mädchen, das schlechte Niveau und die wurstige Berufsauffassung der Tänzerinnen, »die sich auszogen, als ob sie alleine ins Bett gingen, oder die mitten in der Show nach der Tür hinschielten, wenn ein neuer Gast kam«: es war eben nur St. Pauli, Leute ohne Kultur, die sich als Gastgeber einen Dreck um das Wohl ihrer Gäste kümmerten, wenn nur die Kasse stimmte. (Ein Gast muß sich wohl fühlen. Dem Gast muß es schmecken. »Wenn zu Hause Kundschaft oder Besuch kam, dann durften wir in der Garderobe den Mantel abnehmen, und dann hieß es, so, nun geht mal auf euer Zimmer, verschwindet.«) Arbeiten nicht, um Geld zu verdienen, sondern um dem Publikum zu gefallen; strippen, um vor dem Publikum »etwas darzustellen« (ein Mensch muß etwas darstellen im Leben). Konzentration auf »den« Gast, wie sie im Anstandsbuch steht, aus dem Barbara Ossenkopp zitiert haben könnte, so endgültig und förmlich erklärt sie, wie sich ein guter Striptease gehört. »Eine Frau muß musikalisches Gehör haben und ihren Körper nach einem Rhythmus schön und erotisch bewegen können. Sie muß beteiligt sein, sie muß so tun, als ob sie das nur für einen einzigen Mann macht. Sie muß das Gefühl darstellen können, als ob sie unheimlich verknallt wäre oder richtig scharf auf jemanden ist, mit ihm ins Bett zu gehen. Bei einem schlechten Striptease kommen Mädchen auf die Bühne, denen man schon ansieht, daß sie keine Lust haben und während des Ausziehens nur daran denken, was sie morgen mal zum Mittagessen kochen könnten.«

In dieser strengen Berufsauffassung ist neben dem Ehrgeiz, den höheren, den Gäste-Ansprüchen zu genügen, auch die Stimme des »Salambo«-Chefs René Durand vernehmbar, der Chinesen-Babs aus den Niederungen der Sex-Lokale an sein »Erotic-Theater« holte. Unter seiner choreographischen Anleitung lernte sie, sich als Künstlerin zu begreifen, lernte sie, daß sich ausziehen etwas anderes ist »wie ein Ballett oder ein Schauspiel«.

Aber wenn Chinesen-Babs nach dem in harter Arbeit einstudierten Auftritt zu den Gästen hinabstieg, dann war sie doch wieder nur die »gemeine Animiertöle«, »die verruchte Sau, die aber auch wieder nicht so verrucht ist, daß man ihr nicht gern unter den Rock greifen wollte«. Auf solche Mißachtungen ihrer sozialen Stellung in der St. Pauli gültigen Hierarchie, nach der Prostituierte von Animiermädchen und Animiermädchen von Tänzerinnen streng unterschieden sind, auf »Salambo«-Gäste, die sich aufführten wie auf St. Pauli, die nicht wußten, wo sie waren und mit wem sie es zu tun hatten, reagierte Chinesen-Babs mit selbstbewußter Verachtung. »Wenn einer mich anfassen wollte, hab ich gesagt: Komm her, lang einmal kräftig hin, und dann aber Finger weg. Das ernüchtert diese Männer derart, daß sie überhaupt keinen Bock mehr haben, dich anzugrapschen, weil du ihnen die ganze Illusion nimmst, daß sie um dich kämpfen müssen, so nach der Art: erst noch'n Whiskey, dann darfst du auch an der linken Brust anfassen. Mich hat das auch in meiner Eitelkeit verletzt, wenn einer, kaum, daß er mir ein Getränk spendiert hatte, gleich fragte: „Was krieg ich denn dafür?" Bei denen habe ich unheimlich den Hochstapler gemacht. „Sei mal froh, daß ich meine kostbare Zeit überhaupt mit dir verschwende, daß ich überhaupt neben dir sitze, das Glück hat nicht jeder". – „Wieso", sagten die dann, „willst du etwa was Besseres sein?" – „Nee", sag ich, „ich bin Babs, sonst gar nichts, aber das genügt doch wohl schon mal".«

Die Kontakte nach Lüneburg hatte sie abgebrochen. »Ich wollte meinem Vater nicht weh tun. Ich konnte zu Hause einfach nicht sagen, wo ich arbeitete. Selbst später, als Barbara Ossenkopp St. Pauli verlassen hatte, holte St. Pauli sie noch ein. Als vor zwei Jahren Karl Ossenkopp starb, durfte die Tochter nicht an der Beerdigung teilnehmen. Denn wenige Tage vor seinem Tod war die »Strip-Strip-Hurra!«-Serie in der BILD-Zeitung erschienen, und daran, so hieß es, sei der Vater gestorben.

Mal sieht sie sich in der Rolle der Außenseiterin, die mit St. Pauli »im Grunde« nichts zu tun hatte, die sich in den Halb- und Unterwelt-Lokalen nicht auskannte (»also da kann ich dir überhaupt nichts erzählen«), die die Leute, die wie sie selber auf St. Pauli arbeiteten, »bescheuert« und »spießig« fand und die nicht mal wußte, was »Maxen« war – »da hab ich beinah eins auf die Birne gekriegt. Was, du bist sechs Jahre auf'm Kiez und kannst nicht maxen?« (Maxen ist ein auf St. Pauli beliebtes Würfelspiel).

Dann wieder spricht sie souverän als Expertin, die weiß, wie es auf St. Pauli »wirklich« ist, und dabei verteidigt Barbara Ossenkopp unwillkürlich das gleiche St. Pauli, von dem sie sich eben noch abgesetzt hat in den Kulturbetrieb, für den sie auch schon – an der Hamburger Staatsoper in dem Elektronical »Kyldex« – Striptease getanzt hat. Ihren Chef René Durand, den sie in einer anderen Stimmung als Antreiber und schlecht zahlenden Ausbeuter beschrieben hat, lobt sie jetzt als ihren großen Förderer, dem sie die Film- und Fernsehengagements verdankt, durch die Chinesen-Babs bei ihren Kolleginnen in den höheren Ruch kam, prominent zu sein. Und eben diese Mädchen, mit denen sie in anderen Erzähllaunen nur Streit und nichts zu schaffen hatte, die nimmt sie nun in Schutz vor den abwertenden Urteilen der Leute außerhalb von St. Pauli, »die sowieso keine Ahnung haben«.

»In der Regel arbeiten auf St. Pauli ganz normale Menschen. Natürlich gab es auch zum Beispiel vorbestrafte Mädchen. Ist ja klar. Ehe die sich in der Fabrik für ein paar Mark totarbeiten, sagen die sich: Bin ich denn blöd? Und Vorbestrafte, wenn die irgendwo in einem Beruf arbeiten sollen, dann kriegen die doch nur Schwierigkeiten. Auf St. Pauli wird nach so was nicht gefragt.«

Mittags aufstehen, mit den Hunden gehen, einkaufen, frühstücken, Haschisch rauchen. »Und dann lag man auf der Couch und hörte Musik«, bis es auch schon wieder Zeit war, »daß ich mich fertig machen mußte zur Arbeit«. Keine Zeitung, keine »Tagesschau«, kein Bausparvertrag, der irgendwann fällig werden würde, keine Vorfreude und keine Nachtrauern. »Ins Kino bin ich viel gelaufen, zum Friseur oder Klamotten kaufen«. Vergangenheit ohne Ende und ohne Aussicht, Erinnerungen ohne Zeitgefühl, Staunen, »wie lange her das ist«, »als wäre es erst gestern gewesen.« Ziellose Erlebnisberichte von Perversen, die von ihr ausgepeitscht werden wollten, Abenteuer- und »Da-hab-ich-mal-1000-Mark-in-zwei-Stunden-verdient«-Geschichten, in denen Barbara Ossenkopp als Augenzeugin ihres eigenen Lebens auftritt. »Da blieb keine Zeit für gute Bücher oder kulturelle Sachen oder irgendwelchen Kreisen anzugehören, die politisch organisiert waren«. Sie erzählt planlos und panisch drauflos, findet kein Ende, deckt eine Erlebnisgeschichte mit der nächsten zu.

Eines Tages, man muß es schon so sagen, eines Tages lag sie mehrere Wochen im Krankenhaus mit einer Magen- und Darminfektion, und Chinesen-Babs beschloß, auf St. Pauli aufzuhören, wenn sie wieder gesund wäre. Einige Monate vorher war sie von dem Filmregisseur Peter Fleischmann für eine Rolle in der Porno-Satire »Dorotheas Rache« engagiert worden. Der Film endet, wo die Dreharbeiten endeten: in der Abgeschiedenheit der Lüneburger Heide, wo das Leben suchende Kinder aus gutbürgerlichen Elternhäusern sich mit den St. Pauli-Mädchen, bei denen sie es fanden, verbrüdern zu einer bäuerlichen Landkommune.

Während der Dreharbeiten zu »Dorotheas Rache« sei es gewesen, daß sie sich »innerlich von St. Pauli gelöst« habe. Und so wie im Film zog Chinesen-Babs von St. Pauli aufs holsteinische Land in eine Kommune.

Wenn jemand sieben Jahre lang in dem für die Lebensvorstellungen des Normalmenschen unzugänglichen Milieu von St. Pauli gelebt hat, wenn, ganz allgemein, jemand nicht lebt und ist, wie wir alle leben und sind, dann muß er allemal erklären, wie er dazu kommt. Ein Finanzbeamter muß sich nicht erklären. Die von der Mitte abweichen, werden vor die Öffentlichkeit zitiert, werden von tonbandbewehrten Repräsentanten dieser Öffentlichkeit heimgesucht und zu Talk-Shows eingeladen. Anhörung der Abweichler, die, wenn sie auf der Sozialskala nach oben abgewichen sind, zu beweisen haben, daß sie auch nur Menschen sind – mit einer Nase mitten im Gesicht; Anhörung der Abweichler, die, wenn sie nach unten abgewichen sind, erst mal erklären müssen, wieso auch sie eine Nase mitten im Gesicht haben.

»Ich wollte aufs Land, ganz was anderes machen«. Chinesen-Babs zog in das Wochenendhaus einer Freundin, die sie noch aus der »Palette« kannte, nach Hamfelde, ein Dorf unweit von Hamburg, wo sie Studenten kennenlernte, die in einer Kommune zusammenlebten. »Das war da meine Zufluchtsstätte. Zuerst sind mir die unheimlich auf die Nerven gegangen. Bei allem und jedem, was ich von St. Pauli erzählte, sagten sie, ja, ja, das liegt an der Erziehung. Mensch, sag ich, du kannst doch nicht alles auf die Erziehung schieben. Man kann doch nicht alles damit entschuldigen.« Diskussionen bis in die Nacht hinein, das Vorleben wird in erklärenden Sätzen abgeheftet, gegen die sie sich immer noch wehrt, als wollte man ihr etwas wegnehmen, bis sie sie dann selber benutzt. »Das war sicher auch eine Rache an meinen Eltern, daß ich nach St. Pauli gegangen bin, weil die mich so streng erzogen haben.«

Als die Kommune sich auflöst, geht Barbara Ossenkopp zurück nach Hamburg; Versuche, die Beziehungen zu den Eltern »wieder in Gang zu bringen«, scheitern, ihre Briefe nach Hause werden nicht beantwortet; im feinen Stadtteil Uhlenhorst arbeitet sie als Bardame, ein paar Wochen nur, »ich wollte nicht mehr nachts arbeiten«; auf eine Zeitungsannonce »Ersatzmutti gesucht für 2 Kinder« bewirbt sie sich und wird für zwei Jahre »Ersatzmutti«, bis sie am 8. April 1975 Bunnie kennenlernt. In Sasel, weit draußen am östlichen Stadtrand von Hamburg, lebt Barbara Ossenkopp seit einem Jahr mit dem englischen Saxophonisten Waren »Bunnie« Gould zusammen.

An der Klingel des zu einem spitzen Giebel zusammengedrückten Einfamilienhauses steht der Name Gould; wenn das Telephon klingelt, meldet sich Barbara Ossenkopp mit »Ja«, und auch ihr Bankkonto läuft auf den Decknamen Gould. Die Türen sollen noch gestrichen werden. Hier soll später die Garderobe hin, und für das Treppenhaus »fällt uns auch noch was ein«. Später. »Es ist alles noch nicht fertig. Wir haben ja Zeit, und außerdem leben wir doch nicht für „Schöner Wohnen“ hier.«

Drei Monate nach ihrem Einzug hat Bunnie seine beiden Kinder nach Hamburg geholt. Sie sollen in einer freien Atmosphäre aufwachsen, sie sollen nicht so aufwachsen, wie Barbara Ossenkopp aufgewachsen ist. Aber manchmal, wenn eins der Kinder die Mutter so heimlich von der Seite anguckt oder wenn Bunnie wieder mal das englische Essen besser schmeckt als ihres, dann kann es schon einmal passieren, daß Barbara Ossenkopp die Tür wirft, daß die Scheibe zerspringt, daß sie wie neulich wegfährt an die Ostsee, für immer.

Aber nach zwei Tagen ist sie dann doch nach Hause zurückgekommen. Und die Glasscherben, die immer noch dalagen, hat sie weggefegt.

»Was lesen die denn bloß?«
Über den Klagenfurter Dichter-Wettstreit

Seit sieben Jahren findet, immer zu Beginn der touristischen Hauptsaison am Wörther See, im österreichischen Klagenfurt der Dichter-Wettbewerb um den Ingeborg-Bachmann-Preis statt, dem »bekanntesten Preis für deutsch-sprachige Nachwuchsautoren« (HAMBURGER ABENDBLATT). Auch vorletzte Woche waren wieder 26 Talente aus Österreich, der Bundesrepublik und der Schweiz auf Kosten der Stadt und des Österreichischen Fernsehens zur poetischen Massenabfertigung nach Klagenfurt gekommen, auf daß ein jeder sich schätzen ließe von elf Literaturexperten, die gegen Honorar, über dessen Höhe sie entrüstet die Auskunft verweigern, darüber befinden, wer preis- und wer nichtswürdig sei.

Als nichtswürdig wurde gleich am Eröffnungsabend der per Post geschickte Text der in Temeswar lebenden Rümanien-Deutschen Herta Müller eingestuft, die von den rumänischen Behörden keine Ausreisegenehmigung erhalten hatte und daraufhin von den Klagenfurter Juroren aus dem Wettbewerb eliminiert wurde mit der Begründung, daß nur anwesende Autoren teilnahmeberechtigt seien. Das achselzuckende Bedauern war allgemein. Dann kam die Literatur zu ihrem Recht.

Vier Tage lang trugen Autoren ihre Texte vor, nicht ohne sich eigens für die Lesung wie zum Kirchentag oder zum Einstellungsgespräch beim Personalchef umgezogen zu haben. Die Wettbewerbskandidaten heißen Jochen Beyse, Helen Meier, Wolfgang Hegewald oder Norbert Loacker, überwiegend namenlose oder nur Insidern bekannte Schriftsteller. Sie sind jedenfalls gerade unbekannt genug, um die Berühmtheit, das heißt die Übermacht ihrer Richter, die Walter Jens, Martin Gregor-Dellin,

Peter Härtling oder Marcel Reich-Ranicki heißen, so hingebungsvoll anzuerkennen, daß beim Verriß ihre Augen feucht werden oder daß sie noch Tage später von dem festen Händedruck reden, der ihnen nach der Lesung von Reich-Ranicki zuteil wurde.

Schon Wochen vor Beginn, in der Vorbereitungsphase des Wettbewerbs, werden die Autoren darauf eingestimmt, daß sie an einem Ereignis teilnehmen werden, das ihre eigene Bedeutung, jedenfalls bislang, weit überragt. So bitten etwa die Bachmann-Preis-Organisatoren, »die wichtigsten (maximal 8) Veröffentlichungen« mitzuteilen. Aber Jochen Beyse hat erst ein einziges Buch – *Der Ozeanriese* – publiziert, und über dieses Buch hatte die tonangebende FAZ geurteilt, darin werde »groß Geplantes kleingeredet.« Oder Wolfgang Hegewald. Der hat noch gar kein Buch auf dem Markt, und nun soll er mal eben nur seine wichtigsten nennen. Oder Eva Schmidt. Zwei lumpige Hörspiele hat sie bislang geschrieben, gar nichts, gemessen an dem Werkumfang der Klagenfurter Konkurrenten, die offenbar so viel publiziert haben, daß die Veranstalter bitten, keinesfalls mehr als »maximal 8« Titel zu nennen.

Da klammert man sich dann am besten an die Statistik. Fünf Preise werden in Klagenfurt verliehen. »Jedes 5. Los sticht«, hatte Jochen Beyse vor der Abfahrt zum Bachmann-Wettbewerb seine Chancen errechnet. »Warum soll ich da nicht einen Volltreffer landen?« (Er landete am Ende keinen.)

Mit dem Gefühl, für das literarische Großereignis in der Geburtsstadt der Schriftstellerin Ingeborg Bachmann zu klein zu sein, und dem gleichwohl zähen Vorsatz, in die Preise verleihende und Bücher besprechende literarische Öffentlichkeit aufzusteigen, reisen die Talente in Klagenfurt an. In ihren Texten spiegelt sich exakt der eiserne Wille wieder, die Repräsentanten des Literaturbetriebs um so mehr für sich einzunehmen, als sie selber von sich nicht eingenommen sind.

Das Resultat ist eine Literatur ohne Kraft und ohne Eigenschaften, ein fortgesetztes Mitreden, ohne etwas gesagt haben zu wollen. So stöhnte denn auch in der Pause des letzten Wettbewerbstages der Juror Martin Gregor-Dellin: »Wenn das noch drei Tage ginge, würde ich vor Langeweile sterben. Was lesen die denn bloß hier?«

Die Autoren lasen Texte über Liebe und Todesleid, über das

geschlechtslose Nichts und über weibliche Männerverlassenheit. Unanstößige Geschichten von der greisen Feierlichkeit eines Hausmusikabends, Geschichten, deren Inhalt nur darin besteht, das gemeine Leben aus ihnen zu verbannen. Wie man noch die brutalsten Leidenschaften und tödlichsten Kränkungen in den Kammerton von Leseerlebnissen transponiert, führte beispielhaft die Schweizerin Erica Pedretti vor, die für ihr Klagenfurter Musterstück dann auch den Ingeborg-Bachmann-Preis erhielt. Ihre Erzählung handelt von einem besessenen Porträtmaler, der sein von Krankheit gezeichnetes Modell bis ans Totenbett mit der Palette verfolgt. Doch nicht die Spur von Raserei, die man erwarten sollte, findet sich im Text. Die Haare des Modells sind »durchscheinend wie ein Schleier«; der Maler »lauscht ihrem Reden wie Musik«; die Situation, diesem angeblich Besessenen Modell zu sitzen, ist »ermüdend, aber auch aufregend, manchmal geht's dramatisch zu, doch manchmal, oft, ist es quälend«.

Wenn diese angeblich todkranke Modellfrau »planlos durch die Gassen« läuft, dann dringen aus dem Wirtshaus nicht etwa die fäkalischen Bauchlaute von Trunkenbolden, sondern, wie das in Kneipen zu später Stunde so ist, »halblaute Gespräche, gedämpft, vereinzelte Lacher.« Und weil sie in allem, was sie erblickt, »nur noch seine Bilder sieht«, kommt ihr die Natur – dies zur Ästhetik rasender Künstler – vor »wie javanische Scherenschnitte.«

Den Klagenfurter Juroren freilich reichen die Stimmungs-Stichworte Tod und Maler, um mit gesenkter Stimme vom Besuch der Hodler-Ausstellung, vom Tod in der Weltliteratur und vom Tod in den Bachmann-Preis-Texten der letzten Jahre zu raunen. Die Autorin hat ihnen nichts zugemutet, nicht einmal den Namen der ständig beschworenen tödlichen Krankheit genannt. Dafür setzte es den Bachmann-Preis. Die Vorstellung der Klagenfurter Wettbewerbskandidaten von Literatur ist durch den Willen gekennzeichnet, niemanden vor den Kopf zu stoßen, kein falsches Wort zu sagen und bloß nichts beim Namen zu nennen.

In der keimfreien Welt dieser Texte, die schließlich bei den anwesenden Lektoren, Verlegern und Literaturkritikern auch ankommen sollen, gibt es keine Banken und keine Supermärkte, kein Finanzamt und keine Werkskantine; niemand geht zum Friseur oder zum Arbeitsamt, keiner nimmt Drogen und keiner säuft ein beschissenes Leben unter den Tisch. Wenn schon mal eine

Putzfrau vorkommt, wie in Renate Schostacks Erzählung, die den zweiten, den Preis der Klagenfurter Jury, erhielt, dann ist sie auch gleich Türkin und spricht lebensnah bis zur Unkenntlichkeit: »O Weinen, nix gut. Du weinen, gell, weil dein Mann nicht da. Ich auch viel weinen, Papa, Mama in Türkei ...«

Rechtzeitig zum Beginn des Bachmann-Wettbewerbs hatte Peter Handke in der ZEIT die Veranstaltung als »legalisierten Akt der Kultur-Abtreibung« gegeißelt und einen »Trupp gravitätisch-nichtsnutziger Barbaren« am Werk gesehen, »vor denen ein paar arme, eifrige, beflissene Talente erzittern wie damals die gesamte Kärntener Bevölkerung vor den schrecklichen Türken.« Handkes Beschimpfung, der einzige Beitrag zum Bachmann-Wettbewerb, in dem es zur Sache ging, fand reißenden Absatz. Die ZEIT war in Klagenfurt ausverkauft. Doch die Wettbewerbsteilnehmer erwähnten Handkes Namen, wenn überhaupt, nur im Flüsterton.

»Danke fürs Dabeisein«
Über den »BamS«-Kolumnisten Peter Bachér

Die Vorbereitungen zur Hinrichtung werden sonntags getroffen. Ehe die Todeskandidaten am Montag den Kopf unterm Fallbeil des Arbeitsalltags lassen müssen, schwärmt am Wochenende in den Medien ein Heer von Seelentröstern, Freizeitexperten und Gesundheitsberatern aus, auf daß ein jeder von uns sittig, fit und fröhlich vor seinen Herrn trete.

Da heißt es, noch schnell einen Dauerlauf machen, einen Rohkostsalat angerichtet und Buße getan für die Sünden wider Herz und Kreislauf; da heißt es noch rasch im sonntäglichen Wunschkonzert den Letzten Willen zu äußern und Vater und Mutter Lebewohl zu sagen; da heißt es, mit »Gedanken zur Zeit« Abschied vom Leben genommen und zum Programmschluß noch einmal Beethoven gehört.

Abwechslungsreich ist der Speisezettel der Henkersmahlzeiten, unter denen wir in Presse, Funk und Fernsehen sonntags auswählen dürfen, ehe wieder gegessen wird, was auf den Tisch kommt.

Der Chefkoch dieser völkischen Sonntagsküche, die die Gebildeten mit Bildung, die Gläubigen mit Glauben, die Ängstlichen mit Angst, die Ratlosen mit Ratlosigkeit und so jeden mit dem Seinen abspeist, der Chefkoch ist ein Mann, der die Kunst versteht, die vielen kleinen Gnadenbrote für jeden in ein einziges großes Gnadenbrot für alle zu formen.

Der Mann heißt Peter Bachér und ist bei BILD AM SONNTAG zuständig für die letzten Dinge. Auf dem Todesstreifen zwischen Sein und Nichtsein, im Grenzgebiet des Lebens vor und des Lebens nach dem Tod steht der Wachtturm, aus dem Springers völkischer Beobachter auf »unser kleines Leben« herabsieht.

»Heute ist Sonntag« – wenn Bachér mit dieser Erkennungsmelodie sich ankündigt, dann wissen wir, was die Glocke geschlagen hat. »Heute ist Sonntag«: nun ist es also soweit, wir müssen einpacken. »Einmal schnell zu danken, daß man dabeisein darf«, erlaubt er uns noch; auch »ein bißchen Nachdenken« ist noch gestattet, aber bitte, keine »Dauerdiskussionen«, »mit Debattieren und Reflektieren und Infragestellen« und solch zeitraubendem Luxus können wir in unserer Lage uns nicht herumschlagen. Denn kurz ist das Leben, vor allem sonntags.

Also marsch: »Steuern wir gleich in das Zentrum der Dinge«; biegen wir ein in die »letzte schnelle Runde hin zum Jahr 2000«; »ein schnelles Scherzwort, ein Kompliment, ein kleiner Brückenschlag«: und nun aber – morgen ist Montag – ab durch die Mitte. Nicht rechts und nicht links, sondern hochgeschaut zum »Wolkenspiel des Himmels, der alles unberührt überspannt, was wir Menschen auf der Erde einander antun an Bösem ...«

Natürlich weiß Peter Bachér, daß Scheiden weh tut, und er, der schließlich auch ein Mensch ist, ist es genug, uns den Abschied zu erleichtern, indem er die Welt, der wir nun Valet sagen müssen nach dem unerbittlichen höheren Willen der Zeit, »die da kalendermäßig so mächtig auf uns zurollt«, indem er sie einfach dem Erdboden gleichmacht.

»Heute ist Sonntag«, da schlagen wir noch mal so richtig über die Stränge, da benehmen wir uns wie eine Axt im Walde, bei uns kommt es eh nicht mehr darauf an. Außerdem macht es der aus Funk und Fernsehen beliebte Hans Rosenthal schließlich genauso.

Im »BamS«-Freizeitmagazin, dem Fitnesscenter, das wir nach dem Aufenthalt in Bachérs Lager für Konzentration auf die letzten Dinge aufsuchen, verrät uns Hänschen, wie er den Sonntagabend totschlägt: »Dann wird ferngeschen und Salzmandeln geknabbert. Mit Füßen auf dem Tisch und all den unfeinen Sitten, die bei uns nur an so einem Superwochenende erlaubt sind«.

Was uns morgen teuer zu stehen kommt, soll uns am Sonntag billig sein. Peter Bachér spendiert zum Abschied für jeden einen Schuß auf die Welt, auf diese »große, groteske, manchmal fast irre Kulisse«, die nun mit Hallo und immer hinein in einen Trümmerhaufen verwandelt wird.

»Geiseldramen, Bombenanschläge, Bürgerkrieg, brennende Hotelpaläste – der Luxus wird weggebombt ... Eine gigantische Bürokratie wächst daher ... Windschlüpfrige Technik ... Einsamkeit ringsum ... Kolonnenfahrten ... Stundenlanges Warten an sinnlosen Grenzen ... Recht und Unrecht nicht mehr klar auszumachen ...« Wer will noch mal, wer hat noch nicht – genug von dieser Welt?

»In fünfzehn Jahren wird es drei Millionen Deutsche weniger

geben! ... Die Radikalen drängen unvermindert in die Festanstellung ... Die Reformisten haben die Gewichte des Lebens verschoben.« Und wer sich nun immer noch nicht »fürs Dabeisein« bestens bedankt, wer etwa glaubt, sich mit seinem kleinen Leben der großen Welt entgegenstemmen zu können, dem sagt Bachér ein für allemal: »Alle Dinge werden sich beschleunigen ... und es sind allemal die bösen Dinge, die das größere Tempo vorlegen.«

Im Anblick dieser abschreckenden Wirklichkeit weichen »die Depressionen in unseren Seelen« der fröhlichen Erleichterung, noch einmal davongekommen zu sein. »Da muß man kein Dichter sein, da genügt es, Verkäuferin in einer Brotabteilung zu sein«: »Hauptsache: Man bleibt im Rennen«. Denn das Leben geht weiter, morgen ist Montag. Und wir kleinen Leute, die wir noch Bachérs Sonntagsschrecken in den Knochen haben, atmen auf und eilen wie erlöst zur Arbeit, dankbar, daß wir überhaupt dabeisein dürfen.

Der geliebte Patient

Über Harald Juhnkes Presse

Bang pochten die Herzen, die Tränensäcke konnten das Wasser kaum halten, die ganze BILD-Nation klopfte – »Toi, toi, toi« – dreimal auf Holz. »Drücken Sie Harald Juhnke die Daumen«, forderte die BUNTE ihre Leser in einem dramatischen Appell auf. »Harald, mach's gut« und »Wir halten zu Ihnen«, schloß auch die übrige Regenbogenpresse ihr Sorgenkind derart gerührt in die Arme, daß all die guten Wünsche für den Tag der Entscheidung von herzlichem Beileid kaum zu unterscheiden waren.

Wie einen Strafgefangenen mit Urlaub auf Ehrenwort verfolgten sie, Springers Bewährungshelfer von BILD immer vorne weg, den Entertainer bis nach Graz, wo er am vergangenen Samstag die ZDF-Talkshow »Musik ist Trumpf« zu moderieren hatte.

Würde Harald es schaffen, würde Harald durchhalten? Oder würde er – na, unser Harald wird doch wohl nicht wieder Dummheiten machen wie neulich in Opladen, als er sein Publikum sitzen ließ, um lieber in der Kneipe, wo dann besorgte BILD-Reporter offenbar schon auf ihn warteten, seiner Trunksucht zu frönen? Nein, da wären wir BILD-Leser ihm nun wirklich böse, wenn er unsere Fürsorge so schlecht danken und sein hoch und heiliges Versprechen »Nie wieder Alkohol« brechen wollte. Er wird schließlich von allen geliebt.

Wen läßt ein Paßbeamter schon ohne den zu Hause vergessenen Ausweis durch die Kontrolle und sagt noch: »Macht nichts, Harald, gib mir ein Autogramm.« Und wem verzeiht man schon all die alten Geschichten, von denen man nun leider, leider wieder so viel lesen muß: daß er im Vollrausch durch Berlin raste, daß er – sieben Monate Knast wegen Trunkenheit am Steuer – vorbestraft ist, daß er trotz mehrfacher Schwüre, dem Alkohol auf immer Lebewohl zu sagen, mehrfach auch wieder zur alleinseligmachenden Flasche griff. Den BILD-Lesern jedenfalls verzeiht man derlei nicht.

Kein Neid deswegen, bewahre. Schließlich ist Harald einer von uns, von uns »1,8 Millionen«, die »gegen den Alkohol kämpfen – wie Juhnke« (BILD). So was verbindet. Und wenn er auch eine Fernseh-Prominenz ist, so bleibt er doch immer, sagt jedenfalls »Meister Tele« von BILD AM SONNTAG, »Harald, der kleine Mensch ...«, der es, wie du und ich, im Leben wohl nie packen wird. »Harald«, befürchtet »Meister Tele«, ist »das Opfer seines enormen Erfolgs geworden«. Auch darin gleicht er uns, sozusagen, wenn wir auch nur dic Opfer unseres enormen Mißerfolgs sind.

Oder ist »Meister Tele« vielleicht nur neidisch? Woher wollte er denn schon eine Woche vor der Grazer Show wissen, daß »„Musik ist Trumpf" nie wieder sein wird, was es einmal war«? Und wieso überhaupt schreibt dieser gehässige Mißgünstling ausgerechnet zu einem Zeitpunkt, da Harald sich in der Klinik vom Alkohol erholt und unser aller Zuspruch so dringend braucht: »Harald hat es nicht geschafft«? Pfui, Meister Tele! Jeder Mensch, auch »Harald, der kleine Mensch« hat schließlich eine Chance verdient.

Da kann »Meister Tele« hundertmal behaupten, an uns Zuschauern sei Harald zerbrochen, an der »gigantischen Schwungkraft unserer Zuschauerwünsche«: jetzt halten wir erst recht zu ihm. Wie eben auch BILD, das Juhnke mit Herz-Blattschüssen eindeckt, um sich anschließend zu sorgen, ob das arme Opfer – »der gute Harald« – wieder auf die Beine kommt.

Der Mann wird nämlich noch gebraucht. Denn wann kann die

Boulevardpresse ihren Lesern schon mal einen Prominenten präsentieren, der so ein richtig schöner Pflegefall ist, begehrt von »30 000 Frauen« (BILD), aber – das kommt davon – vom Alkohol bedroht. Damit er aber der allseits geliebte Patient bleibt, muß Harald Juhnke schon so nett sein, demnächst mal wieder der Flasche zuzusprechen. Sonst gnade ihm BILD.

Bonns Erster Kammerdiener

Über TV-Kommentator Nowottny

In Bonn geschehen zuweilen geheimnisvolle Dinge, von denen die Öffentlichkeit kein Sterbenswort erführe, wenn nicht der deutsche Fernsehjournalist Friedrich Nowottny ein so unerschrockener Aufklärer wäre. Nowottny war es, der als erster (und einziger) vom Geheimplan, das Bonner Parlament in eine Backstube zu verwandeln, Wind bekommen, sogar von den Testproduktionen gekostet hatte, und daraufhin die Öffentlichkeit alarmierte: »Das Brot des 8. Parlaments ist hart gebacken.«

Von der wahren Identität des niedersächsischen Finanzministers Kiep, der in Wirklichkeit eine »Schwalbe« ist, »hinter der Apel den Sommer einer Steuererhöhung« wittert, wüßte man ohne Nowottnys unanfechtbaren Sinn für das Wesentliche ebensowenig wie von der weithin unbekannten, weil verschwiegenen Tatsache, daß Helmut Kohl sich selbst in seinem Bonner Privatdomizil mit dem Regieren noch gedulden muß, denn »noch regieren die Handwerker.«

Wenn Deutschlands »am meisten geschätzter Kommentator« (LEUTE) im Freizeitmagazin »Bericht aus Bonn« die intimsten Geheimnisse der Mächtigen verrät, dann hört man es knistern und knacken – das Kaminfeuer im Fernsehstudio, indem ein Gespiele der Herrschenden über deren Schwäche für Buttercremetorte kichert. Wie ein Weltmann, der den Daheimgebliebenen von seinem Urlaub im Hindukusch erzählt, als sei's bloß ein läppischer Ausflug in die Lüneburger Heide gewesen, so schließt auch Nowottny sein Publikum von den höheren Sphären aus, in die er es einweiht.

Daß »Willy Brandt einmal zu einer Fernsehdiskussion mit einem warmen Unterziehpulli erschien«, daß »Helmut Kohls Garderobe, seitdem er in Bonn arbeitet, immer feingewirkter wird«, oder daß im innerdeutschen Ministerium die mysteriöse Erscheinung des »doppelten Egon« herumspukt (ein Staatssekretär, der – Sachen gibt's in Bonn, die gibt's gar nicht – genauso wie sein Minister mit Vornamen Egon heißt), durch derlei vertrauliche Informationen aus dem Königspalast gibt Nowottny nicht nur beiläufig zu verstehen, daß er bei den Hoheiten ein und aus geht und sich sogar in deren Kleiderkammer auskennt.

So ganz nebenher läßt er auch alle, die leider draußen bleiben müssen, wissen, daß es da drinnen im Grunde gar nichts Besonderes zu sehen gibt. Nur Menschen wie du und Helmut Kohl, der um acht Uhr in der Frühe am Schreibtisch sitzt und das morgendliche Aktenstudium bei »Vivaldi, den Fischer-Chören oder Roberto Blanco« beginnt. Eine idyllische Welt, dieses Bonn, aus dem Nowottny berichtet wie vom Familientreffen eines eingesessenen Adelsgeschlechtes, bei dem die Verwandten, die sich sonst nicht ausstehen können, einander versöhnlich die Hände reichen.

Wenn sich die politischen Kontrahenten im Bonner Stadttheater bei »Minna von Barnhelm« von pöbelnden Parlamentariern in kultivierte Mitmenschen zurückverwandeln; oder wenn bei der Übergabe eines Jubelbackwerks der neue Bundestagspräsident Carstens, vom Sozialistenfresser zum Kuchenesser geläutert, seiner sozialdemokratischen Vorgängerin ein herrenreiterliches »Solidarität der Demokraten« zulächelt, dann steht Nowottny allemal zum Schnappschuß für die Bonner Familienchronik bereit.

Wer könnte diese Männer aus Nowottnys Hit-Parade der weißen Westen länger dunkler Geschäfte, der Vetternwirtschaft und anderer unstandesgemäßer Delikte für fähig halten, von denen böse Zungen immer wieder reden. Wenn einer wissen müßte, ob an derlei Gerüchten etwas dran ist, dann doch wohl unser Bonner Gewährsmann, der schließlich die Politiker »wie kaum ein anderer kennt« (HÖRZU).

Vor allem in solchen Krisenzeiten bewähren sich Nowottnys ausgeprägte mimische und rhetorische Talente, die scheinbar harmlose Sätze wie »Eine Legislaturperiode, die dauert vier Jahre« derart verwandeln, daß man glaubt, die komplizierte Formel für ein neuartiges chemisches Verfahren vernommen zu haben. Wenn dagegen Undurchsichtiges, durchaus nicht Harmloses, in Bonn geschieht, dann packt Nowottny es – »Wer sein politisches

Haus nur mit Hypotheken belastet, dem wird das Dach auf den Schädel fallen« – zu handlichen Lebensweisheiten ab, die ein jeder getrost nach Hause tragen kann; oder er läßt häßlich anzusehende Skandale einfach – »Die Wanzen-Affäre fegt wie ein Frühlingssturm durchs Innenministerium« – im hübschen Umstandskleid einer Metapher verschwinden, in dem die Skandale nunmehr zum Behagen beitragen wie ein Unwetter, das man hinterm Ofen miterlebt.

Und eh' man sich versehen hat, ist mit der Wanzen-Affäre auch gleich der zuständige Minister – »dieser integre Liberale« – vom Frühlingssturm hinweggetragen worden ins »Zwischenreich der Widersprüche«, wo er von Nowottny mit dem Orden für einen »gewissen Grad von Glaubwürdigkeit« ausgezeichnet wird. Wenn Nowottny dann vom Ausflug ins Zwischenreich auf den Boden der Tatsachen zurückkehrt, klingt seine Frage »Wer schützt uns vor dem Verfassungsschutz?« ähnlich beunruhigt wie ein »Ende gut, alles gut«. Die deutschen Fernsehzuschauer wissen das zu schätzen. In ihrer Gunst liegt nicht mehr Löwenthal, sondern Nowottny auf dem ersten Platz.

»Schweine, Fratzen, Gangster«

Über die ZDF-Diskussion mit Hausbesetzern am 11.2.1981

Wenn im deutschen Fernsehen diskutiert wird, dann haben die Repräsentanten das Wort, die Repräsentanten jener geschlossenen Gesellschaft, die sich Öffentlichkeit nennt. Live legen sie ihre Wortkränze am Grab irgendeines Themas nieder, und allemal beweisen sie, daß sie weder beteiligt noch betroffen, sondern himmlisch verantwortlich sind. Wo man nichts anderes gewohnt ist als die Totenmessen in der »Bonner Runde«, da wird es denn auch gleich zur Sensation, wenn in einer TV-Diskussion nur dem Alltag verbundene Worte wie »Schwein« oder »Bulle« fallen.

Dieses Ereignis fand am vergangenen Mittwoch im ZDF statt, in einem Hearing zu den Ursachen und Antriebskräften der »neuen Jugendrevolte«. Und es konnte nur deshalb stattfinden, weil die ZDF-Redakteure Schättle und Eser den journalistisch ebenso naheliegenden wie todsicheres TV-Brauchtum sprengenden Einfall hatten, nicht nur Polizeipräsidenten, Juristen und Politiker zur Rebellion der Jugendlichen zu befragen, sondern auch diese selber. Da saßen nun also auch Kreuzberger Hausbesetzer live im Studio, jene Leute aus dem alternativen Milieu, die das Fernsehen sich sonst lieber in der »Tagesschau« und in aufgeschlossenen Filmen vom Leib hält. Der Dialog mit den »jungen Leuten«, den zu suchen bei Bonner Politikern inzwischen zum Repertoire der obligatorischen Bekenntnisse gehört, er konnte beginnen. Die Hausbesetzer schilderten ihre Erfahrungen in Berlin-Kreuzberg. Daß zwei Demonstranten unter Polizeieinwirkung ein Auge verloren hatten, einem anderen ein Bein abgequetscht worden war; daß alte Leute, die man aus ihrer Jahrzehnte angestammten Wohnung zwangsumgesiedelt hatte, in Nervenanstalten gelandet seien; und von wem denn wohl die Gewalt ausgehe: von dem, der mal eine Scheibe einschmeißt, oder von dem, der ganze Häuser abreißt. Während CSU-Sekretär Stoiber nur Bahnhof verstand, suchte der CDU-Kollege Geißler den Dialog mit den jungen Leuten auf dem Umweg über die Kriegsgeneration draußen an den Bildschirmen. Mit dem ganzen Einfühlungsvermögen einer Bonner Politikers in die Nöte der Jugend vertraute er den Hausbesetzern an, daß sie nur mal den Krieg hätten erleben sollen, dann würden ihnen die Besetzer-Flausen schon vergehen. Acht Millionen Wohnungen hätten 1945/46 gcfchlt und, gemessen daran, – »wohlgemerkt, gemessen daran« – »gibt es doch heute kein Wohnungsproblem«.

Mit wem redete der Mann? Die jungen Leute jedenfalls fühlten sich von Geißlers im Brustton ignoranter Almosen-Toleranz vorgetragenen Äußerungen so wenig angesprochen, daß sie erst das Stichwort »El Salvador« abwarten mußten, um ihn »Schwein« und »Faschist« nennen zu können.

Nun war es an den Moderatoren, den Dialog mit der Jugend zu suchen. Doch Horst Schättle verwechselte die über Geißler erregten Hausbesetzer mit einer Politiker-Runde, die bei etwas hitziger TV-Debatte schnurstracks zur Solidarität der Demokraten zurückfindet, wenn der Diskussionsleiter nur empfiehlt: »In diesem Land herrscht Meinungsfreiheit.«

Doch die jungen Leute hielten nichts von der Herrschaft der Meinungsfreiheit, die Sendung wurde unterbrochen. Als der Dialog mit der Jugend nach einer Pausenmusik dann fortgesetzt wurde, war er endlich unverhüllt das, was die Repräsentanten unter einem Dialog mit der Jugend verstehen: die Unterweisung in gute Manieren. Wichtiger als Hausbesetzung und Jugendrevolte war jetzt die Einhaltung von Spielregeln und die Ausübung von Höflichkeit, zu der die Moderatoren nun unablässig aufriefen, als hätten sie es mit Anfängern der Tanzschule zu tun. Erst als nach über zwei Stunden der Anstandsunterricht ergebnislos unterbrochen wurde, fühlten sich die jungen Leute wieder gesprächsbereit. Bis vier Uhr in der Frühe redeten sie mit den Politikern, die sie eben »Fratzen« und »Gangster« genannt hatten, im Wiesbadener Lokal »Zur letzten Träne«.

Findling im TV-Studio

Werner Höfer im Gespräch mit einem unverhofften Gast

Etwas richtig Spontanes, Unvermitteltes wollte Werner Höfer den Fernsehzuschauern bieten, die noch einen Sinn für unverabredete Menschlichkeit haben: eine Talk-Show ohne Personalakten-Muff und ohne im Archiv präparierte Fragen, die Personen auf ihre Personalien reduzieren. Höfer wollte sich einfach überraschen lassen von »einem unverhofften Gast«, um mit dem, wer es auch sei, wenn er nur ein Mensch war, ein Gespräch aus dem Stegreif zu improvisieren. Für diese schöne Aufgabe, persönliches Interesse ohne Ansehen der Person aus dem Stand in sich zu entfachen und statt Spickzetteln Menschenliebe »auf den ersten Blick« sogleich parat zu haben, wenn der erwartete Überraschungsgast zur Studiotür hereinschneite, dazu war Höfer genau der richtige Mann.

Denn wer sonst könnte schon von sich sagen, er sei »auf nichts so sehr wie die Menschen« neugierig und es sei unter allen Wertgegenständen dieser Erde der Mensch ihm »am liebsten und wertvollsten«? Wer sonst unter den hartgesottenen Machern hat noch wie Höfer diesen untrüglichen Kolonialinstinkt des Züchters, der zum Beispiel die Berliner, und nicht dieses oder jenes Prachtexemplar, sondern die Berliner im Stück als »bestes Deutschland« zu taxieren weiß? Und wer schließlich außer Höfer wäre ehrlich imstande, sogar mit der Arbeitslosigkeit wie mit dem Menschen von nebenan zu plaudern von den 50er Jahren, in denen es noch »Sinn für Dankbarkeit« gab, die »heute gewichen« sei – und »daher die Wachstumskrise«.

Sollte man ihm also nur irgendwen daherschicken, beim Menschen ist er anders als beim Wein nicht wählerisch, Werner Höfer wollte jetzt mal zeigen, wie man ohne diese schulbubenhafte Vorbereitung, einfach aus dem hohlen Bauch der Menschlichkeit so eine »Talk-Show«, wie sie das heute nennen, macht. Und dann kam er also – »der« Mensch. Werner Höfer musterte indigniert den munter eintretenden bärtigen Jüngling, den er auf den ersten Blick für einen Störenfried hielt, der sich ja wohl hoffentlich nur in der Tür geirrt hatte. Daß man seinen Namen bis zuletzt geheimhielt, gut, das war verabredet, aber daß man einem Menschenkenner wie ihm einen Menschen sandte, den er nicht mal vom Ansehn kannte, das war denn doch eine Zumutung.

Höfer suchte seinen unverhofften Gast nach Spuren der Gattungsverwandtschaft ab, fragte nach Film oder Fernsehen, ob vor oder hinter der Kamera, er kniffelte an dem Mann herum wie an einer Denksportaufgabe, ehe er sich endlich seiner guten Erziehung entsann und nach den Getränkewünschen forschte.

Leutselig gestand nun der Gastgeber, mit der unvorbereiteten Klassenarbeit, die ihm da gegenübersaß, nicht zurechtzukommen, und Reinhold Messner, so mußte die richtige Lösung heißen, verriet, wer er war, Bergsteiger, und also nicht, wie Höfer blitzschnell schloß und im Grunde ja sofort vermutet hatte, ein Mensch. Eine geschlagene Stunde lang wurde Messner auf die Bergsteigerei reduziert, von Weltmann Höfer in Steilwände und auf Gipfel abgeschoben, in eben die entlegene Welt, die nicht zu kennen, erst den Weltmann macht. So entschuldigte er sich auch häufig mit komplizenhaftem Schmunzeln für seine »dumme Fragen« und die »bergsteigerische Halbbildung«, zart andeutend, daß er sich eben nur in den wichtigen Dingen des Lebens auskennt.

Ungerührt von der quellklaren Intelligenz und der schneidend unsentimentalen Sensibilität, mit der Messner von den inneren, jeweils hauseigenen Geräuschen der Berge oder davon erzählt, daß eine Route von höchstem Schwierigkeitsgrad fast ohne alle technische Hilfsmittel bewältigt zu haben, sein bisher größtes Befreiungserlebnis gewesen sei, taub für diesen alpinen Anarchisten, saß Höfer da: ein Studio-Findling, der seit dem ersten »Frühschoppen« anno 52 nicht mehr von der Stelle gerückt ist.

Messners Lust gerade an der vollendeten Sinnlosigkeit des

Bergsteigens, das nicht wie die Weltraumfahrt, sich auf Umwegen mit Quarzuhren und Schichtbratpfannen als praktischer Dienst an der Menschheit legitimiert, sondern eben nichts als zwecklos ist, für Höfer blieb es eine Kuriosität, »so wie Kanaldurchschwimmen oder so was«. Statt diesen vom Glauben an die Sinnlosigkeit seiner Aktivitäten beseelten Heiligen im Alltag von Sparkonten, Herrenmode-Geschäften oder vereitelten Berufsaussichten aufzusuchen und dann vielleicht zu erfahren, daß der überhaupt keinen Alltag oder womöglich umgekehrt doch einen Bausparvertrag hat, Höfer wollte lieber wissen, wo denn so ein Gipfelstürmer, wenn er in die Wand steigt, seinen Personalausweis aufbewahrt und was er im tiefen Innern empfindet, wenn er nun da oben auf seinem Gipfel angekommen ist.

Es war, als ob ein Finanzbeamter und ein passionierter Roulettspieler sich über Geld unterhielten, und der Finanzbeamte faßte sich am Ende an die Ärmelschoner und sprach, erleichtert, daß sie noch da waren: »Es hat mir viel bedeutet, Sie kennengelernt zu haben!«

»Das verstehe, wer kann«

Über deutsche TV-Reporter

Wenn es nach den deutschen TV-Reportern bei der Fußball-Weltmeisterschaft ginge, dann hätte Marco Polo auch zu Hause bleiben können. In den Landkarten der ARD- und ZDF-Experten ist die Dritte Welt nicht eingetragen, und die Herren sind wirklich überrascht über das, was Indios, Neger und Wüstenbewohner mit einem Fußball zuwege bringen. »Die können ja nicht nur zum Torwart zurückspielen«, wunderte sich ZDF-Reporter Rolf Kramer, als die Elf aus Kamerun schier Unfaßbares tat, nämlich aufs Tor des Gegners zustürmte.

Der ARD-Kollege Rudi Michel hielt schon die bloße Beziehung Eckball und Algerien für derart komisch, daß er bei der dritten Ecke das Lachen nicht mehr unterdrücken konnte. »3:2 führt Algerien nach Ecken«, schlug sich der Mann vom Südwestfunk auf die Schenkel, als hätten die »Exoten« gerade wieder mal versucht, mit Messer und Gabel zu essen. Schiedsrichter aus

Hongkong und Libyen, Neger, die mit der Abseitsfalle operieren, Amateure aus der Sahara, die doch nicht in der Bundesliga spielen und trotzdem Tore schießen: »Das gibt's doch nicht, das kann doch nicht wahr sein, das verstehe, wer kann.«

Man muß den deutschen Fernseh-Kommentatoren bei ihrem Umgang mit den »Zwergen« dieser WM nicht einmal böse Absicht unterstellen. Sie können einfach nur nicht verstehen, was Länder, in denen das Jägerschnitzel fremd ist, bei einer Fußball-WM zu suchen haben. Fußball – das ist, wenn nicht gerade Deutschland spielt, für sie die schönste Nebensache, mit der man es nicht so genau nehmen muß. Gleich beim Eröffnungsspiel der Argentinier gegen Belgien gab ZDF-Reporter Werner Schneider die Belgier hartnäckig als Holländer aus. Belgien, Holland – in der Tat kein Unterschied, gemessen daran, daß beide nicht Deutschland sind.

Dieter Kürten stellte den Engländer Hoddle als Spieler jener Tottenham Hotspurs vor, die gerade gegen Arsenal den englischen Pokal gewonnen hatten. Zwar war der Gegner nicht Arsenal, sondern Queen's Park Rangers, aber das muß ein deutscher Fußball-Reporter nicht wissen, wenn er nur weiß, daß Schalke 04 nicht Schalke 05 heißt.

Aber je weniger sie davon haben, desto beflissener tragen sie zur Schau, was sie für Weltoffenheit und Vorurteilsfreiheit halten. Wie akkurat sie den Namen der Stadt Gijón auszusprechen gelernt haben, wie tapfer sie sich am Ende doch noch »Anerkennung und Respekt« für die algerische Mannschaft abtrotzen und wie sie selbst der kommunistischen Sowjet-Mannschaft, deren Fan Rudi Michel, weltoffen und doch verfassungstreu, »ja nun wirklich nicht ist«, das Menschenrecht auf einen Elfmeter zusprechen!

Nein, sie bemühen sich schon um Weltniveau, aber dann fürchten sie doch, von der Fremde überfremdet zu werden und in der von Vorurteilen befreiten Welt womöglich unerkannt und unbeachtet zu bleiben. ZDF-Reporter Schneider jedenfalls rief wie um Hilfe, als die Kamera beim Spiel der Spanier gegen Jugoslawien auf die Pressetribüne gerichtet war: »Da, der mit der Brille bin ich.« Und fügte resigniert hinzu: »Aber da sind ja noch mehr mit 'ner Brille«.

Tennis als Seelenspionage
Über Björn Borg

Die Lobeshymnen klingen wie Vorwürfe. Sein Spiel sei »perfekt« und »stereotyp«, seine Schläge »monoton« und »präzise«, er arbeite »wie ein Roboter«, der ungerührt sein Programm abspule. Noch diese Prädikate, mit denen die Experten den schwedischen Tennisspieler Björn Borg zum seelenlosen Ungetüm, zum »Eis-Borg« gestempelt haben, verraten jene Furcht vor der Unberührbarkeit, die auch Borgs Gegenspielern am meisten zu schaffen macht. So ängstigen beispielsweise den Spanier Manùel Orantes nicht die überrissenen Vorhand- und nicht die millimetergenauen Rückhand-Passierbälle Borgs. Ihn ängstigt »das steinerne Gesicht«, in dem »niemals ein Zeichen von Freude oder Enttäuschung« erscheint.

Wäre diese reglose Miene, die weder auf eine Fehlentscheidung des Schiedsrichters noch auf einen Netzroller oder Platzfehler sichtbar reagiert, tatsächlich der mimische Ausdruck sturer Roboter-Mentalität, keiner der Weltklassespieler würde und müßte der scheinbaren inneren Teilnahmslosigkeit Borgs eine so zentrale Bedeutung beimessen. Daß er aber alles andere als eine leblose Tennis-Maschine ist, daß hinter der regungslosen Physiognomie eine Witterung für den Gegner unablässig fiebert, das erst macht Borg zu jener aus der Elite der Tennis-Handwerker herausragenden Figur, die er ist.

Denn ebenso wie beim Schach entscheidet in der technisch gleichwertigen Weltspitze auch beim Tennis letztlich die Schärfe des psychischen Wahrnehmungsvermögens über die Gefährlichkeit und die Klasse eines Spielers. Wer das Seelenleben des Gegners derart ausspioniert, daß ihm kein Anzeichen von Ängstlichkeit, Resignation oder Entmutigung entgeht, der ist um so weiter im Vorteil, je weniger er selber der Psycho-Spionage Ansatzpunkte gibt. Während andere Spieler, wie etwa der Rumäne Ilie Nastase, die psychische Herrschaft durch verbale Kraftakte oder höhnische Gesten zu gewinnen versuchen, enthält sich Borg jeglicher Demonstration von Überlegenheit und vermittelt statt dessen durch seine unvorhersehbare Spielweise dem Gegner das Gefühl, ausgeliefert und immer schon durchschaut zu sein.

So entmutigte Borg den Amerikaner Jimmy Connors beim

Halbfinal-Spiel in Wimbledon nicht etwa durch eigene Fehlerlosigkeit. Im Gegenteil, er traf an diesem Tag häufiger als sonst die Bälle mit dem Rahmen, so daß einer sich gar hoch unter das Tribünendach verirrte. Und überhaupt war mit dem bloßen Auge nie so recht zu erkennen, warum Connors weit unterlegen war. Wie viele Erfolge Borgs resultierte auch dieser aus unscheinbaren taktischen Improvisationen, mit denen er das Selbstvertrauen und den Rhythmus seiner Gegner stört. Da wirken selbst noch verunglückte Schläge wie kalkulierte Testbälle, ob der Gegner schon so entnervt ist, daß ihm auch das Einfachste nicht mehr gelingt. Nach solchen Erkenntnissen, die Borg ebenso instinktiv einholt, wie er sie umsetzt, richtet sich sein Spiel.

Kein Wunder daher, daß er sich im Wimbledon-Finale mit seinem gleichmütigen Gegner Roscoe Tanner so schwer tat, weil der sich von vornherein gegen alle äußeren Einflüsse in der einen Devise, nämlich anzugreifen, eingemauert hatte. Für Borg schien das Spiel gegen den durch nichts zu beeindruckenden Tanner jene Begegnung der dritten Art gewesen zu sein, die sonst andere mit ihm haben. Noch Minuten nach seinem mühseligen Sieg saß er kopfschüttelnd da wie jemand, der einen schweren Alptraum hatte und nur mühsam in die Realität zurückfindet.

Die Theologen des Attentats

Über die Medien und den Papst-Anschlag

Die Worte des Abscheus, der Verachtung, des Entsetzens über das Papst-Attentat gingen den Journalisten flott von den Lippen. Obwohl es eigentlich nicht ihr Beruf ist, Kondolenzbotschaften zu verfassen, lösen Anschläge auf hochgestellte Persönlichkeiten des öffentlichen Lebens – je hochgestellter, desto mehr – bei Journalisten eine ebenso mechanische wie kopflose Beileids- und Bekenntniswut aus, die weder informativen noch analytischen Wert hat und die eben deshalb stutzig macht bei einem Berufsstand, der für Information und Analyse gesellschaftlicher Realität zuständig ist.

Was will uns denn Matthias Walden sagen mit dem Bekenntnis, ihn habe nach den Schüssen von Rom »lähmendes Entsetzen erfüllt«? Oder zu welchem Zweck behauptet Günter Zehm in der WELT, die Kugeln des Attentäters hätten auch ihn »getroffen und im Mark verletzt«, eine Behauptung, die zudem auch noch nachweislich unzutreffend ist?

Warum beteuern die Kommentatoren unisono ihre Fassungslosigkeit über die Tat, ihre Verachtung für den Attentäter, ihre Anteilnahme für sein Opfer: Warum beteuerten sie so flehentlich, wie man Unschuld beteuert? Man muß kein Psychoanalytiker sein, um in der journalistischen Offenbarungsoffensive, um in der von öffentlichkeitswirksamen Attentaten regelmäßig ausgelösten moralischen Ketten-Erektion eine Verdrängungsmechanik am Werk zu sehen, die den Tatbestand zu leugnen sucht, daß die größtmögliche Öffentlichkeit heischende Mentalität des Attentäters mit der an Auflage und Einschaltquote lebensnotwendig gebundenen Berufsauffassung in den Medien korrespondiert.

Bei dem Anschlag auf den Papst wurden zufällig auch zwei Amerikanerinnen namens Rose Hall und Anne Ordre, durch einen Querschläger verletzt, eine von ihnen lebensgefährlich. Während die Medien beim Papst jeden Zentimeter der operativ entfernten Darmteile nachmaßen, über seine seltene Blutgruppe A Rh-negativ informierten, Körpertemperatur, Blutdruck, Herzfrequenz des Heiligen Vaters mitteilten, langte es bei den »allen Menschen guten Willens« zugetanen Journalisten für die beiden das Großereignis störenden Frauen nur zu schlampigem Desinteresse. Auch zwei Frauen seien leicht verletzt worden, hörte man im ZDF zum Abschluß des Attentat-Blocks. Anderntags las man, eine von ihnen sei lebensgefährlich verletzt worden, die andere, eine Pilgerin aus Jamaika, habe nur einen Streifschuß erhalten. Wieder einen Tag später verwandelte sich die Frau aus Jamaika in eine Amerikanerin, über den Gesundheitszustand des anderen journalistischen Abfallproduktes erfuhr man aus der FAZ, es sei außer Lebensgefahr, die FRANKFURTER RUNDSCHAU meldete am selben Tag das gerade Gegenteil: seitdem ist die Frau journalistisch gestorben.

»Für den politischen Mörder«, schreibt Günter Zehm voll Abscheu in der WELT, »kann sein Opfer nicht groß genug sein.« Und Zehm fährt fort, »die schneidende Verachtung« des Attentäters »gegenüber dem Normalen« zu geißeln. Einfacher und unfreiwilliger kann man die Prinzipien, nach denen sich in den Medien der Nachrichtenwert von Ereignissen bemißt, gar nicht beschreiben.

Weil die strukturelle Ähnlichkeit zwischen der Prominentenmentalität des Attentäters und der Papstfixierung der Medien nun einmal Tatsache ist, wird das verwerfliche Monstrum folgerichtig und unversehens gerade denjenigen zum willkommenen Helfershelfer, die ihn und seine Tat mit demonstrativer Fassungslosigkeit nicht zu verstehen vorgeben.

So schöpft ausgerechnet jener Matthias Walden, der – »Hat Gott die Welt verlassen?« – das Attentat auf den Papst eben noch für ein Zeichen des nahenden Weltuntergangs hielt, gleich darauf schon Hoffnung aus der unbegreiflichen Tat: »Weckt das jetzt endlich die Schlafenden?« Daß durch ein Attentat die Welt verändert werden könnte, man weiß, mit wem Walden diese Hoffnung teilt.

Lieder für die Anti-Strauß-Fans

Über Wolf Biermanns Wahlkampf-Tournee

Wenn der Hamburger Liedermacher Wolf Biermann mit der Gitarre auf Reisen geht, dann steht unweigerlich Oppositionelles auf dem Programm. Selbst wenn ihm Strauß, die Grünen, der Wahlausgang und überhaupt diese Bundesrepublik gleichgültig wären, selbst wenn ihm die Litanei vom Nazi Carstens oder das ewig gleiche Lied von den bösen Bossen nun selber zum Halse heraushinge, er müßte dennoch in alter Weise mit neuen Weisen weiterprotestieren. Denn so und nicht anders will das Publikum nun einmal seinen Biermann haben: als den politisierenden Gitarristen, der die Mächtigen mit dem Plektrum davonjagt und die Herrschaft des Kapitals mit Langspielplatten und Liederabenden bekämpft.

In mehr als einem Jahrzehnt hat man sich an die Melodie dieses Protestes so sehr gewöhnt, ist man mit dem mal den Tränen nahen, dann wieder allen Übeln trotzenden Sänger des Barlach- oder Guevara-Liedes derart vertraut geworden, daß jede Stiländerung den Biermann-Fan etwa genauso verstimmen würde, wie es Peter Alexander täte, wenn er seiner kleinen Gemeinde nicht länger mit der »Kleinen Kneipe«, sondern mit Schlagern gegen

Berufsverbot und Isolationsfolter käme.

Am Sonntag vergangener Woche begann Wolf Biermann in Kiel eine Tournee (Motto: »Es grünt so grün«) durch 23 Städte der Bundesrepublik. Obwohl er vor Jahren entschlossen war, sich nicht »als eine sogenannte Bereicherung in den wie auch immer verwelkten oder blühenden Strauß des westdeutschen Kulturlebens einbinden zu lassen«, sah er sich nun genötigt, dieses Prinzip seiner höheren Verantwortung als Lead-Singer der Linken zu opfern, der in Wahlzeiten seine Stimme erheben muß, damit die oppositionellen Biermann-Anhänger nicht herrenlos an die Urnen geistern. Mit der Selbstverständlichkeit des Führers, von dem das Volk ein Wort zur Lage der Nation erwartet, begründet Biermann seinen Aufbruch in die Konzertsäle: »Ich muß ja auf die Tatsache reagieren, daß bei der nächsten Bundestagswahl folgenschwere Entscheidungen getroffen werden.«

Um sich für die Wahlkampf-Tournee schon mal einzusingen, trat Biermann vor Wochen in Volker Lechtenbrinks radikal betulicher ARD-Show »Lieder & Leute« oder im ZDF bei der Verleihung des Mainzer Kleinkunstpreises auf, wo er zwar ein Wanderlied gegen Carstens nicht singen durfte, dafür aber einen weiteren Zensur-Orden einstrich, den er nun auch in seinen Konzerten vorzeigt zum Zeichen dafür, wie sehr die Herrschenden immer noch vor seinen Liedern zittern. Daß hingegen er selber in steinalter Frische der Draufgänger geblieben ist, der es mit Strauß genauso aufnimmt wie mit der ungezogenen Atomkraft, der er tüchtig den Hintern versohlt, oder mit dem Faschismus, dem er die Ohren langzieht, diese Erkenntnis zumindest kann man aus Biermanns neuen Liedern gewinnen.

Und auch die bewährten Gesten des Schmerzes etwa über das Unrecht an den Zigeunern, das er neu in sein Repertoire aufgenommen hat, beherrscht Biermann immer noch und rauft sich eingedenk des Unfaßlichen das Haar, als habe er just im Moment furchtbare Nachricht aus Treblinka erhalten; auch seine Spontaneität hat die Jahre überdauert wie ein Grabstein, indem er etwa sein Lied vom »Gemütlichen Faschismus« ohne ersichtlichen Grund, spontan eben, abbricht und das Publikum auffordert, zu »schreien, wenn die Verstärker-Anlage nicht gut ist«, die freilich bestens funktioniert; und auch bei Wörtern wie Auschwitz stellt sich immer noch die mimische Totenwache des für Leiden am Faschismus zuständigen Mannes ein: und die Musik spielt dazu.

Wer sich von der Zeit, von veränderten privaten und politischen Verhältnissen so wenig hat anhaben lassen wie Biermann in seinen Liedern, der taugt schlecht zum politischen Sänger, wenn denn politische Lieder mehr sein sollen als Vereinshymnen für den Anti-Strauß-Fan-Club oder Vertonungen der altersschwachen Ideologie vom kleineren Übel. So singt er auch nicht politische Lieder, sondern Lieder, deren ganzer Inhalt sich darin erschöpft zu beweisen, daß er nach wie vor der linke Barde ist. »Schmidt, das ist der deutsche Herbst. Zieht euch warm an, Kinder«, dräut Biermann mit verlorener Stimme, um dann härtere Saiten aufzuziehen: »Wenn erst der Strauß das Sagen hat, kommt der deutsche Winter.«

Wo es auf Sinn ankäme, stellt Biermann lediglich Gesinnungslyrik zum Mitklatschen her. Kein Wunder daher, daß mit jedem Lied gegen Gewerkschaftsbosse, gegen den »atomaren Wahnsinn«, gegen Strauß mit »seiner feisten Fratze« oder gegen jenen aufgebrachten Fußballfan, der bei Biermann nicht »Schiedsrichter ans Telephon«, sondern »Müller nach Auschwitz« brüllt, kein Wunder, daß während dieser Stichwort-Lieder die Stimmung so gut ist wie im »Blauen Bock«.

Publikationsnachweise:

Das Evangelium der kritischen Opportunisten, Spiegel 35/1982
Der blanke Haß der schönen Seelen, Spiegel 31/1982
Der rasende Mitläufer, Spiegel 39/1983
Ein Radikaler für alle Fälle, Spiegel 48/1981
Aus amtlichen Höhen, Spiegel 3/1980
Die Zerstörung einer Legende, Spiegel 52/1979
Alle sind irgendwie ausstoßungswert, Spiegel 8/1978
Melancholie ist sein Parfüm, Zeit 49/1974
Ein Genosse auf der Suche nach sich selbst, Zeit 46/1973
Ein furchtbarer Kunstrichter, Spiegel 34/1978
Sinnverkäufer im Außendienst, Spiegel, nichterschienene Grundfassung 1982
Der Anti-Nazi, Spiegel 22/1978
»Mein Tod soll meine Sache sein«, Spiegel 44/1978
Vatertagstour durch den Raketenwald, Spiegel 41/1983
Wer hat Angst vor den Neo-Nazis, Spiegel 20/1982
Auferstehung der Kultur in Deutschland, »Doppelkopf«, Frankfurt 1979.
Lebenshilfe: Lerne leiden ohne zu klagen, Zeit 34/76
Nichts als Bildungslücken, Spiegel 13/1980
Der eiserne Griff der Verehrer, Spiegel 4/1983
»Sie sind eine wirkliche Schriftstellerin«, Spiegel 21/1983
Erste Hilfe, Spiegel 46/1982
Merkwürdige Distanz, Szene, Hamburg 1986
Mein Kampf gegen die Zigarette, Zeit-Magazin 23/74
Ein Gerücht namens Heidegger, Zeit-Magazin 50/1974
Ein Kind von Traurigkeit, Zeit-Magazin 46-47/1976
»Was lesen die denn bloß«, Spiegel 28/1984
»Danke fürs Dabeisein«, Spiegel 27/76
Der geliebte Patient, Spiegel 43/1979
Bonns erster Kammerdiener, Spiegel 14/1977
Findling im TV-Studio, Spiegel 41/1977
»Schweine, Fratzen, Gangster«, Spiegel 8/1981
»Das verstehe wer kann«, Spiegel 26/1982
Tennis als Seelenspionage, Spiegel 29/1979
Theologen des Attentats, Spiegel 22/1981
Lieder für Anti-Strauß-Fans, Spiegel 20/1980